C. Rohde-Dachser

Im Schatten des Kirschbaums

Christa Rohde-Dachser

Im Schatten des Kirschbaums

Psychoanalytische Dialoge

Verlag Hans Huber
Bern · Göttingen · Toronto · Seattle

Das Bild auf dem Umschlag ist ein Ausschnitt aus einem bemalten japanischen Fächer der späten Tokugawa-Periode (1. Hälfte des 19. Jahrhunderts).

Für die Erlaubnis, einzelne Beiträge, die in Sammelbänden oder Zeitschriften bereits früher erschienen sind, hier in überarbeiteter Form nochmals verwenden zu dürfen, danken Autorin und Verlag den im Quellenverzeichnis genannten Verlagen.

Die Deutsche Bibliothek – CIP-Einheitsaufnahme

Rohde-Dachser, Christa:
Im Schatten des Kirschbaums : psychoanalytische Dialoge /
Christa Rohde-Dachser. – 1. Aufl. – Bern ; Göttingen ; Toronto
; Seattle : Huber, 1994
ISBN 3-456-82515-3

1. Nachdruck 1995

Satz: SATZSPIEGEL, Göttingen
Druck: Druckerei Odermatt AG, Dallenwil
Printed in Switzerland

Inhaltsverzeichnis

Vorwort

Das Bleibende im Wandel.

Der Kirschbaum blühte, schwarz war mein Haar.
Ich tanzte in der Gefährtenschar.
Der Kirschbaum blühte, grau war mein Haar,
und die Blüte war jung, wie sie damals war.
Auf eines lächelnden Gottes Geheiß
blüht er nun wieder. Mein Haar ward weiß.

Tagore

Dieses Buch ist das Ergebnis einer jahrzehntelangen Auseinandersetzung mit der Theorie und Praxis der Psychoanalyse. Es spiegelt die Erfahrungen wider, die ich während meiner langjährigen Tätigkeit an der Psychiatrischen Klinik der Medizinischen Hochschule Hannover und später als Hochschullehrerin für Psychoanalyse an der Universität Frankfurt gesammelt habe. An der Medizinischen Hochschule Hannover waren es vorwiegend klinische Erfahrungen, die in diese Auseinandersetzungen eingingen. Die Aufgabe, als Hochschullehrerin die Theorien der Psychoanalyse einem größeren Kreis durchaus kritischer Studenten nahe zu bringen, hat meinen eigenen kritischen Blick gegenüber den theoretischen Aussagen der Psychoanalyse geschärft und immer wieder zu der Frage hingeführt, welche von ihnen der wissenschaftlichen Entwicklung der Zeit standhalten und welche einer Revision bedürfen. Im nachhinein glaube ich, daß sich auch meine eigene Beziehung zur Psychoanalyse dabei gewandelt hat. Ich habe sie immer stärker als eine Theorie der zwischenmenschlichen Beziehungen zu verstehen gelernt, die insbesondere mit dem Konzept der unbewußten Phantasie, der Übertragungs-Gegenübertragungs-Konstellation und dem szenischen Verstehen ein Instrumentarium zur Verfügung hat, das es erlaubt, zwischenmenschliche Beziehungen in einer Vollständigkeit zu erfassen, wie dies aus meiner Sicht bis heute keiner anderen Wissenschaft möglich ist.

Um diesen Wandel darzustellen, möchte ich auf das Symbol des Kirschbaums zurückgreifen, dem auch das Gedicht von Tagore gilt, das ich diesem Vorwort vorangestellt habe. Das gleiche Gedicht erscheint in diesem Buch noch ein zweites Mal: Es steht am Schluß des letzten Kapitels und schließt damit jenen Kreislauf, in dem Ende und Anfang ineinander übergehen, so wie auch der Kirschbaum immer wieder aufs Neue blüht, während das menschliche Leben seinen Lauf nimmt und der Tod sich als endgültig erweist. Der Blick auf den Kirschbaum verbindet sich dort vor allem mit dem Gefühl des Abschiednehmens, der mit dem Bewußtsein der eigenen Vergänglichkeit einhergeht und auch dem Analytiker die Begrenztheit der eigenen Möglichkeiten verdeutlicht. Er zeugt aber auch von dem Vertrauen auf etwas, das weiterbesteht und das Leben des einzelnen Menschen überdauert. An den Anfang dieses Vorwortes gestellt, in welchem eine Ausschau auf die Themen geliefert werden soll, die in diesem Buch behandelt werden, erhält das Symbol des Kirschbaums eine andere Bedeutung. Es weist vor allem auf den Zusammenhang von Bleiben und Wandel hin, an dem sichtbar wird, wie neue Erfahrungen sich mit der Vorstellung des Bestehenden verbinden, und wie umgekehrt das Bleibende sich an neue Entwicklungen nur anzupassen vermag, wenn es auch die Kategorie der Veränderung einbezieht. Auch die Psychoanalyse ist diesem Prozeß unterworfen.

Im Schatten des Kirschbaums als einem solchen Symbol von Bleiben und Wandel möchte ich mich nunmehr dem Inhalt dieses Buches zuwenden. Das Buch ist eine psychoanalytische Auseinandersetzung mit Problemen, Konflikten und Lösungsversuchen, die mich in den letzten Jahren in Vorträgen, Vorlesungen und Seminaren und in meinen psychoanalytischen Behandlungen beschäftigt haben und nach einem Resümee verlangen. Eine Reihe der in diesem Buch versammelten Kapitel sind bereits früher – zumeist in Zeitschriften – publiziert worden. Keine dieser Publikationen wurde aber unverändert in dieses Buch übernommen. Ich habe jedes einzelne Manuskript sorgfältig überarbeitet und mich dabei immer wieder gefragt, welche der dort getroffenen Aussagen ich noch heute vertrete und welche mittlerweile nach einer neuen Diktion verlangen. Teile des Buches sind auf diese Weise neu geschrieben worden. Durchgesehen ist auch die Literatur, die in früheren Publikationen zitiert worden ist; neue Literaturangaben sind immer dort eingearbeitet worden, wo die Psychoanalyse und ihre Nachbarwissenschaften sich seither fortentwickelt haben. Alle in diesem Buch behandelten psychoanalytischen Themen sind insofern auf dem neuesten wissenschaftlichen Stand, auch wenn ich mich mit einigen von ihnen schon längere Zeit beschäftigt habe.

Die zwölf Kapitel dieses Buches befassen sich in der einen oder anderen Form alle mit *zwischenmenschlichen Beziehungen*. Manche unter ihnen behandeln allgemein-menschliche Konflikte, andere gehen eher auf die therapeutische Beziehung ein. Einige Kapitel sind stärker theorieorientiert (z. B. das vierte und elfte Kapitel), andere versuchen eher, unmittelbare Erfahrungen wiederzugeben. In einigen Kapiteln kommt vor allem die Auseinandersetzung mit jenen psychoanalytischen Theorien zum Tragen, von denen ich glaube, daß sie endgültig verabschiedet werden sollten, weil sie die unvorbelastete Aufnahme der therapeutischen Beziehung erschweren statt fördern. Die letzten Kapitel befassen sich überwiegend mit dem Schicksal dieser therapeutischen Beziehung. Die Kapitel sind so angeordnet, daß es nicht notwendig ist, sie der Reihe nach zu lesen, auch wenn sie an einzelnen Stellen aufeinander Bezug nehmen.

Der *erste Teil des Buches* befaßt sich ganz allgemein mit zwischenmenschlichen Dialogen. Er zeigt, welche Formen ein solcher Dialog annehmen kann, was zu seinem Gelingen beiträgt, aber auch, wie er in chronische Vereinsamung führen kann. Das erste Kapitel versucht, in einer Art Drama die drängende Suche einer Frau nach einer befriedigenden zwischenmenschlichen Beziehung zu beschreiben. Es zeigt gleichzeitig, wie schwer es ist, das Ziel dieser Suche in Worte zu fassen, das der vorsprachlichen Phase der menschlichen Entwicklung entstammt und von daher einer eher «namenlosen» Sehnsucht entspricht. Ich selbst habe versucht, sie mit dem Ausdruck einer «zweisamen Einsamkeit» zu beschreiben, in Anlehnung an Albert Camus, der diesen Ausdruck in seinen Tagebüchern prägte, um seine Erfahrung des Aufwachsens an der Seite einer tauben Mutter darzustellen. – Das zweite Kapitel beschäftigt sich mit dem Ringen um Empathie, das sich vor allem in masochistischen Phantasien niederschlägt. In diesen Phantasien wird eine Dreiecksbeziehung konstruiert, in der der Folterer, der Gequälte und der oder die Zuschauer durch die identifikatorische Erfahrung des Schmerzes miteinander verschmolzen sind. Die Zufügung von Gewalt erzeugt gleichzeitig Widerstand gegen diese Verschmelzung. Der Widerstand sichert die Identität des Urhebers der Phantasie, die der Überschreitung der eigenen Ichgrenzen dient. – Im dritten Kapitel möchte ich mich mit verschiedenen psychoanalytischen Theorien befassen, die das Problem der Näheangst auf einer allgemeineren Ebene zu erklären suchen: der psychoanalytischen Triebtheorie, der psychoanalytischen Ich-Psychologie, der psychoanalytischen Selbstpsychologie und der psychoanalytischen Objektbeziehungspsychologie. Auch dabei wird deutlich, wie es in der Nähesituation vor allem um die Aufrechterhaltung der eigenen Identität geht, die als bedroht empfunden wird. Gleichzeitig kann die Erfahrung von Nähe das innere Bild des Anderen verändern, je nach der Gefühlserfahrung, die in der Nähesituation gemacht wird. Beschrieben wird eine psychoanalytische Psychotherapie, in der es vor allem um die Rücknahme dieser Projektionen geht. – Im vierten Kapitel wird auf ödipale Dreieckssituationen eingegangen, wie sie vor allem bei narzißtischen und bei Borderlinestörungen vorkommen. Es handelt sich dabei aber um keinen typischen ödipalen Konflikt. Statt dessen wird eine dyadische Beziehung konstruiert, aus der der Dritte ausgeschlossen ist. Die Phantasie vom ausgeschlossenen Dritten, der in dieser Funktion aber unbedingt präsent bleiben muß, sichert die Identität des Patienten in der (scheinbaren) Dyade.

Der *zweite Teil des Buches* befaßt sich mit psychoanalytischen Theorien, deren Aussagen so stark mit gesamtkulturellen Denkverboten verflochten sind, daß sie unbemerkt diese Denkverbote unterstützen, anstatt zu ihrer Aufklärung beizutragen. Dies gilt zum einen für die psychoanalytische Borderline-Theorie, insofern dort die Ätiologie der Borderlinestörungen auf eine konstitutionell gesteigerte Aggression und/oder auf ein Kindheitstrauma zurückgeführt wird, die Aggression des Patienten aber gleichzeitig als eigene, in der Regel auf die Umwelt projizierte Aggression verstanden wird, ohne zu fragen, ob diese Umwelt nicht tatsächlich feindlich war (und ist). Im fünften Kapitel habe ich dieses Thema aufgegriffen und mich dabei gleichzeitig der Frage zugewandt, warum Borderlinestörungen vor allem bei Frauen vorkommen. In meinen bisherigen Veröffentlichungen zum Borderline-Thema habe ich diese Geschlechtsspezifität der Borderlinestörungen nicht in gleicher Weise berücksichtigt. Um so wichtiger erscheint es mir, dies in diesem Buche nachzuholen. Ich werde dabei insbesondere auf die Frage des sexuellen Mißbrauchs in der Kindheit eingehen, der Mädchen etwa doppelt so häufig trifft wie Jungen. Eine Erklärung des Frauenüberhangs unter den Borderlinestörungen muß nach jetzt vorliegenden Forschungsergebnissen vor allem auf diesem Hintergrund gesehen werden. – Das sechste Kapitel nimmt traditionelle Theorien der Weiblichkeit innerhalb der Psychoanalyse auf, berücksichtigt aber auch neuere feministische Theorien zur weiblichen Sozialisation. Gezeigt wird, wie *alle* diese Theorien – die traditionelle Theorie der Weiblichkeit von Sigmund Freud ebenso wie etwa die feministische Sozialisationstheorie von Chodorow – unbewußte Phantasien widerspiegeln, die jeweils geschlechtsspezifisch sind und dazu dienen, die eigene Geschlechtsidentität zu stützen. Von daher stellt sich die Frage, ob es überhaupt *eine* psychoanalytische Theorie der Weiblichkeit geben kann. Offen bleibt auch, wie weit in Theorien über die Geschlechterdifferenz nicht grundsätzlich gesellschaftliche Geschlechtsstereotype wiederholt und bekräftigt werden. – Mit Sicherheit gilt diese Feststellung für die psychoanalytischen Theorien über *männliche und weibliche Homosexualität*, denen das siebte Kapitel gewidmet ist. Ich selbst habe bei meiner Beschäftigung mit traditionellen psychoanalytischen Theorien über Homosexualität immer wieder bemerkt, wie oft ich innerlich bei meinen Patienten und Patientinnen nach einem Zusammenhang zwischen Homosexualität und neurotischen Symptomen gesucht habe, obwohl ein solcher Zusammenhang nach heutigen wissenschaftlichen Erkenntnissen keinesfalls klar begründet werden kann. Ich bin heute froh um diese Konfrontation mit der auch für die Psychoanalyse gültigen Neigung, gesellschaftliche Vorurteile über bestimmte Personengruppen durch theoretisch begründete Pathologisierungen dieser Gruppen zu unterstützen und zu bekräftigen. Die im zweiten Teil dieses Buches aufgeführten psychoanalytischen Theorien zeigen, wie notwendig es ist, die psychoanalytische Selbstreflexion auch auf die Theorien der Psychoanalyse anzuwenden und nicht ohne weiteres auf ihre gesellschaftliche Wertneutralität zu vertrauen.

Im *dritten Teil des Buches* möchte ich mich der Klinik der Psychoanalyse zuwenden. Die Fragen, die in diesen Kapiteln aufgegriffen werden, sind das Resümee meiner über 15-jährigen Tätigkeit an der Psychiatrischen Klinik der Medizinischen Hochschule Hannover. Im achten Kapitel habe ich jene Weiterentwicklungen der psychoanalytischen Behandlungstechnik dargestellt, die vor allem die Einschätzung des Beziehungsaspekts innerhalb der psychoanalytischen Behandlung betreffen, man könnte auch sagen: die Betrachtung der therapeutischen Beziehung im Hier und Jetzt. – Im neunten Kapitel soll dann gezeigt werden, wie die psychoanalytische Traumbearbeitung auch in der therapeutischen Beziehung mit schwerer gestörten Patienten eine wichtige Rolle spielen kann. – Das zehnte Kapitel befaßt sich mit Erklärungsmodellen für das Scheitern psychoanalytischer Psychotherapie. Damit wird eine Tradition der Psychoanalyse aufgenommen, die auf Freud zurückgeführt werden kann, für den die Frage des Scheiterns einer psychoanalytischen Behandlung immer wieder Anlaß war, sich über die Gründe dieses Scheiterns Rechenschaft abzulegen und die psychoanalytische Theorie auf der Grundlage dieser Erkenntnisse weiter zu entwickeln. – Das elfte Kapitel befaßt sich im Anschluß daran mit der Frage, ob die psychoanalytische Beziehung wirklich eine dyadische Beziehung ist, oder ob diese Dyade nicht durch die Ausklammerung Dritter erkauft wird, mit denen der Patient sich in einer engen (primären) Beziehung befindet. Insbesondere gilt dies für die Partnerbeziehung des Patienten. Ich selber habe den Einfluß der Lehranalyse auf die Partnerbeziehung zunächst als Lehranalysandin und später passiv in der Partnerrolle erlebt. Die Erörterung der Rolle des Dritten für die psychoanalytische Beziehung erscheint mir von daher von besonderer Wichtigkeit. Dies ist der Grund, warum der Aufsatz trotz seiner überwiegend soziologischen Sprache in dieses Buch aufgenommen wurde.

In das letzte Kapitel, das sich mit der Frage der Zeit und der Zeitbegrenzung in der Psychoanalyse auseinandersetzt, geht auch die Erfahrung mit ein, daß Zeit etwas ist, das innerhalb der psychoanalytischen Behandlung unbeschränkter angeboten wird als in jeder anderen Form von Psychotherapie. Aber selbst dort stellt sich früher oder später die Frage der Begrenzung der Zeit. Um so stärker muß die Erfahrung des «zu wenig» in der psychoanalytischen Kurztherapie zum Tragen kommen. Die Frage nach der Zeit koppelt sich von daher eng mit der Frage des Zeitpunkts der Beendigung einer Psychoanalyse oder psychoanalytischen Psychotherapie. Das Kapitel endet mit dem Gedicht von Tagore, das unter anderem zeigt, wie das Erlebnis der Kürze der Zeit sich nicht mit der Frage der Therapiedauer erschöpft, sondern eng mit der Frage der Kürze des menschlichen Lebens und der eigenen Vergänglichkeit im Kreislauf des Bleibenden verknüpft ist.

Soweit der Hinweis auf die Themen, die in diesem Buch zur Darstellung gelangen. Im übrigen habe ich an keiner Stelle dieses Buches ausdrücklich eine geschlechtsspezifische Schreibweise eingeführt. Ich fand die dazu notwendige Sprache schlichtweg zu umständlich und habe mich mit der Hoffnung getröstet, daß mir mein zunehmend geschlechtsspezifisches Denken auch abgenommen wird, wenn ich es nicht mit einer geschlechtsspezifischen Schreibweise unter Beweis stelle. Vielleicht irre ich mich aber in diesem Punkt. Es wäre mir mittlerweile wohler, ich hätte die Mühe einer genaueren geschlechtsspezifischen Diktion auf mich genommen. So muß ich mich der Kritik stellen, daß «Analytiker» oder «Patient» – um nur zwei Beispiele zu nennen – in diesem Buch sich jeweils auf beide Geschlechter beziehen sollen, obwohl gerade diese sprachliche Konstruktion immer wieder der traditionellen Vorstellung «Mensch = Mann» in die Hände arbeitet.

«Das Bleibende im Wandel» – so habe ich dieses Vorwort überschrieben. Es gilt einem Buch, das unter anderem zeigen soll, wie es möglich ist, unter dem

Dach der Psychoanalyse Erfahrungen des Wandels zu machen, die nicht zur Abkehr von der Psychoanalyse führen, sondern zeigen, wie reichhaltig die verschiedenen Anwendungen der Psychoanalyse sein können und wie die Psychoanalyse als eine Lehre von der zwischenmenschlichen Beziehung dabei immer stärkere Beachtung erfährt. Ich möchte Leserinnen und Leser einladen, mich bei diesen Erfahrungen zu begleiten, so wie man auch im Schatten des Kirschbaums ein wenig niedersitzen kann, um das Sonnenspiel in den Zweigen zu erleben, sich an den Blüten zu erfreuen oder die Früchte zu genießen, dem Spiel der Schatten zuzusehen und gleichzeitig zu wissen, daß es immer unsere eigenen Projektionen sind, mit denen wir den jeweiligen Wahrnehmungen ihre Bedeutung verleihen.

Hannover, Ostern 1994 — Christa Rohde-Dachser

Teil A
Gefährdete Dialoge

Im ersten Teil dieses Buches möchte ich das oft verzweifelte Ringen um die Beziehung zu einem wichtigen Anderen darstellen, durch das eine Sehnsucht gestillt werden soll, welche in einer Zeit entstand, als die Sprache des Kindes nur unzureichend entwickelt war – eine Sehnsucht, die deshalb oft keinen Namen hat, um das zugrundeliegende Trauma des Kindes und die Art seiner Suche auf angemessene Weise zu beschreiben.

Das *erste Kapitel* dieses Buches versucht in einer Art Drama mit mehreren Akten zu zeigen, wie diese Sehnsucht, die vielleicht am ehesten als drängender Wunsch nach affektiver Spiegelung beschrieben werden kann, ihren Anfang nimmt und die spätere Lebensgeschichte eines Menschen unter Umständen entscheidend prägt. Es wird aber auch von den Bewältigungsmöglichkeiten dieser Erfahrung die Rede sein, wie sie u. a. Albert Camus in der Schilderung seiner Kindheit mit einer tauben Mutter eindrucksvoll dargestellt hat. Auch in den masochistischen Inszenierungen, mit denen sich das *zweite Kapitel* dieses Abschnitts befaßt, geht es um den Versuch eines zwischenmenschlichen Dialogs. Dabei wird ein phantasiertes sadomasochistisches Szenarium hergestellt, in dem durch das Zufügen und Erleiden von Schmerz eine Nähe zwischen Peiniger und Gequältem erzeugt wird, in der die Ichgrenzen übersprungen werden. Gleichzeitig führt das Erleiden des Schmerzes dazu, diese Ichgrenzen sogar noch in der Hingabe an den Schmerz immer wieder aufs Neue zu bestätigen.

Im *dritten Kapitel* möchte ich mich dann mit jenen Formen der Näheangst befassen, die in der psychoanalytischen Theorie als Angst vor einem phantasierten Inzest, als Angst vor Verlust der Ichgrenzen, als Angst vor Verlust des Selbst und insbesondere als Angst vor Verlust der eigenen Identität beschrieben werden. Ich werde dabei auch Möglichkeiten einer psychoanalytischen Therapie der Näheangst aufzeigen. Im *letzten Kapitel dieses Abschnitts* soll dargestellt werden, wie bei narzißtischen und bei Borderline-Persönlichkeitsstörungen die ödipale Dreieckskonstellation dazu verwendet werden kann, eine intensive Nähe zu einem anderen Objekt herzustellen, während der (in der Regel gegengeschlechtliche) Dritte aus dieser Beziehung ausgeschlossen wird, dabei aber gleichzeitig in einer Weise präsent bleibt, daß die Phantasie vom «ausgeschlossenen Dritten» die Aufrechterhaltung der eigenen Identität garantiert.

Kapitel 1
Skizzen einer zweisamen Einsamkeit – das Verfehlen des Andern und die Möglichkeiten der Reparation

«Wo bist du, wo bist du, mein geliebtes Land?
Gesucht, geahnt und nie gekannt!
Das Land, das Land so hoffnungsgrün,
das Land, wo meine Rosen blühn,
wo meine Freunde wandelnd gehn,
wo meine Toten auferstehn,
das Land, das meine Sprache spricht,
oh Land, wo bist du?»

Aus Schuberts Lied «Der Wanderer»
(Text: Schmidt von Lübeck).

«Die alten Fragen, die alten Antworten,
da geht nichts drüber» *(S. Beckett).*

In meiner psychotherapeutischen Tätigkeit sind mir immer wieder Patienten begegnet, deren Hauptklage darin bestand, daß sie sich, solange sie denken konnten, auf eine schwer faßbare Weise innerlich einsam fühlten. Ihr Erleben war von einem vagen Gefühl des Alleinseins, einer nicht zu durchbrechenden inneren Isolierung getönt, die sich oft besonders schmerzhaft in Nähesituationen bemerkbar machte und die Patienten veranlaßte, sich wieder in die innere Abkapselung zurückzuziehen, deren Überwindung ihnen als unmöglich erschienen war. Bei mir verstärkte sich dabei zunehmend der Eindruck, daß allein mit den Kategorien der psychoanalytischen Triebtheorie diese tiefreichende Form der Beziehungsstörung nicht ausreichend erfaßt werden konnte. Andere Erklärungen schienen notwendig, um die Unüberwindlichkeit der geschilderten inneren Isolierung verstehbar zu machen. Ich möchte in diesem Kapitel eine solche Erklärung versuchen, indem ich die leidvollen Erfahrungen dieser Patienten mit dem Ausfall des empathischen Objekts in der frühen Kindheit in Verbindung bringe, zusammen mit der Schwierigkeit, diese Erfahrungen später in der Begegnung mit anderen wichtigen Beziehungspersonen entsprechend zu korrigieren.

1. Vom Ausfall des empathischen Objekts in der frühen Kindheit

Um ein sicheres, kohärentes Bild seiner selbst und – damit eng verbunden – ein Gefühl persönlicher Identität zu entwickeln, bedarf ein Kind praktisch von Geburt an der Erfahrung einer ausreichend empathischen Antwort auf sein Dasein und Sosein durch die Mutter in einem ständigen, für beide Teile befriedigenden Dialog (Spitz 1965; Winnicott 1967; Kohut 1971; McDougall 1978; Stern 1985). Dabei spielt anfangs vor allem der visuelle Kontakt zwischen Mutter und Kind eine wichtige Rolle (dazu u. a. Wright 1991). Von Kohut (1971) stammt die berühmte Formulierung vom «Glanz im Auge der Mutter», mit dem diese auf ihr Kind antwortet und ihm damit ermöglicht, ein Bild von sich zu internalisieren, in dem es sich als jemanden erkennen kann, der einen privilegierten Platz in den Augen eines anderen besitzt, der ihn anschaut und mit ihm spricht (McDougall 1978). Ganz ähnlich betont Winnicott die Rolle der Mutter, dem Säugling sein eigenes Selbst zurückzuspiegeln:

> Was erblickt das Kind, das der Mutter ins Gesicht schaut? Ich vermute im allgemeinen das, was es in sich selbst erblickt. Mit anderen Worten: Die Mutter schaut das Kind an, und *wie sie schaut, hängt davon ab, was sie selbst erblickt* (Winnicott 1967, S. 129, Hervorhebung im Original).

Das Selbstbild des Menschen formt sich danach in einem ständigen Austauschprozeß mit einem Gegenüber, einem ununterbrochenen Kreislauf von Introjektionen, Projektionen und projektiven Identifizierungen. Um ein Gefühl persönlicher Ganzheit und Identität entwickeln zu können, bedarf das Kind dabei nicht nur einer möglichst umfassenden, sondern vor allem einer ganzheitlichen Resonanz, die sich auf das Gesamt seiner Person bezieht und nicht nur auf einzelne Körperteile oder -funktionen (Kohut 1971). Stern (1985) beschreibt im gleichen Zusammenhang vor allem die affektive Gemeinsamkeit, die sich durch eine geglückte Abstimmung *(affect attunement)* zwischen Mutter und Kind herstellt, und fügt hinzu:

> Gefühlszustände, auf die sich nie ein anderer Mensch einstimmt, wird man nur allein, isoliert vom interpersonalen Kontext mitteilbarer und potentiell gemeinsamer Erfahrungen, erleben. Auf dem Spiel steht dabei nichts Geringeres als die Gestalt und die Größe des gemeinsam mit dem Anderen erlebbaren inneren Universums (Stern 1985, S. 217).

Aspekte des Selbst, die niemals eine empathische Spiegelung erfahren haben, können auch im psychischen Innenraum nicht symbolisch abgebildet und deshalb auch nicht in die Selbstrepräsentanz integriert werden. Sie bleiben als «stumme Zonen der Psyche» (Benedetti 1983) im Unbewußten erhalten. Wenn größere Segmente des Selbst auf diese Weise zur Nicht-Existenz verurteilt werden, könnte man mit Benedetti auch von «Todeslöchern» sprechen, die in solchen Fällen die psychische Landschaft übersäen und das Identitäts-Gefühl des Individuums auszuhöhlen drohen. Diese Bedrohung ist eine existentielle.

McDougall (1978) betont, daß die Aufrechterhaltung eines Gefühls persönlicher Identität ein menschliches Grundbedürfnis darstellt, das an Intensität und Bedeutung dem biologischen Selbsterhaltungstrieb vergleichbar ist und einen unablässigen Kampf gegen den psychischen Tod führt (vgl. a. a. O., S. 293). Was aber, wenn die Aufmerksamkeit und die Gefühlsintensität der Mutter immer wieder vom Kind weg auf irgendeine schmerzhafte Situation gelenkt werden, in welcher das Kind keinen Platz hat und ihr Blick dem Kind (wie entspiegeltes Glas) gar nichts zurückspiegelt (McDougall 1978)? Was, wenn das Kind auf Dauer die Erfahrung macht, nicht das zurückzubekommen, was es selbst gibt, zu schauen und sich im Blick der Mutter nicht wiederzuerkennen (Winnicott 1967)? Was, wenn es bemerkt, wieviele Gefühle die Mutter nicht mit ihm teilt (Stern 1985)? Um in einer solchen Situation psychisch überleben zu können, muß ein Kind Ersatzlösungen finden; es muß den Spiegel, der nicht vorhanden ist, erschaffen, um sich zu versichern, daß es psychisch existiert. Da es dabei auf sich selbst verwiesen ist, haben solche Ersatzlösungen immer eine narzißtische Prägung. Narziß schafft sich im Mythos bekanntlich diese Spiegelung, indem er in eine Quelle blickt und sich in das von dort zurückgeworfene Bild verliebt. Sollte auch diese narzißtische Selbstliebe in der tiefsten Schicht noch eine aus der Not geborene Ersatzlösung sein, wie McDougall vermutet, wenn sie schreibt:

> Möglicherweise umfaßt der Kreis, den er (Narziß, CRD) um sich schlägt, einen Raum voller Sehnsucht und Verzweiflung, und vielleicht ist die scheinbare Selbstzufriedenheit, die von dem Bild des Narziß ausgeht, eine Illusion des Betrachters. Könnten wir nicht auch unterstellen, daß dieses schwächliche Blumenkind, das sein eigenes Bild erblickt, im Wasser nach einem verlorenen Objekt sucht, welches es selbst nicht ist, sondern die *Anerkennung seiner selbst in den Augen eines Anderen?* (S. 292, Hervorhebung im Original).

Mit der gleichen Frage möchte ich in diesem und dem nächsten Kapitel den Schicksalen von Patienten nachgehen, die diese Anerkennung in einer Zeit, die für ihre weitere Entwicklung mit großer Wahrscheinlichkeit entscheidend war, vermißten. Ich werde zunächst die damit verbundenen traumatischen Erfahrungen beschreiben und zeigen, wie die Suche nach dem empathischen Objekt in der Folge zu einem bestimmenden Lebensthema werden kann. Im nächsten Kapitel werde ich mich der Frage zuwenden, inwieweit auch masochistische Phantasien bei bestimmten Patienten als Lösung eines solchen «Ringens um Empathie» verstanden werden können.

2. Der fehlgeschlagene Dialog: Ein Lebensdrehbuch

Die früh programmierte und seither immer wieder neu erfahrene Vergeblichkeit der Suche nach einem empathischen Objekt läßt sich paradigmatisch in einer Art Drama, richtiger: in einer Tragödie mit mehreren Akten beschreiben, die mit der unbarmherzigen Folgerichtigkeit aufeinanderfolgen, wie sie eben einer Tragödie eigen ist. Ihr Drehbuch könnte lauten:

1. Akt: Im Kinderzimmer. Ein kleines Kind, sagen wir: ein Mädchen, weint. Wir wissen nicht, warum. Vielleicht hat es sich verletzt, vielleicht ein Spielzeug verloren, vielleicht hat es vor etwas Angst, ist hungrig oder müde. Vielleicht sehnt es sich aber auch einfach danach, mit der Mutter Kontakt aufzunehmen. Die Mutter hört nicht auf das Weinen, sondern beschäftigt sich weiter mit einer Hausarbeit. Das Kind weint lauter und schlägt in einer Mischung von Wut und Verzweiflung schließlich mit dem Kopf auf ein Spielzeug. Sein Weinen verrät nunmehr auch einen körperlichen Schmerz.

Die Mutter (ungeduldig): «Was ist denn jetzt schon wieder!» Das Kind zeigt auf eine kleine Beule, die sich auf seiner Stirn abzuzeichnen beginnt.
Die Mutter (tröstend): «Das tut doch nicht weh!»
Das Kind beginnt wieder zu weinen.
Die Mutter versucht jetzt ein Ablenkungsmanöver: «Schau, der Teddybär!», oder auch: «Komm, geh spielen!»
Das Kind schüttelt protestierend den Kopf.
Mutter (ärgerlich): «Nun stell Dich doch nicht immer so an!» Als das Kind weiter weint, greift die Mutter zu einer Erklärung, die ihr selbst offensichtlich einzuleuchten scheint: «Ich glaube, Du bist müde!»
Das Kind protestiert schwach.
Mutter (jetzt sehr überzeugend): «Das kommt davon, wenn man so wenig schläft wie Du.»

Sie nimmt das Kind tröstend auf: «Komm, wir machen ein Mittagsschläfchen.» Das Kind beginnt sich zu wehren und will von ihrem Arm herunterrutschen. Die Mutter reagiert zornig mit der (rein rhetorischen) Frage: «Warum mußt Du bloß dauernd jammern?», dann, ohne eine Antwort abzuwarten, mit zunehmendem Vorwurf: «Andere Kinder sind doch auch vergnügt! Ich tue alles für Dich, und Du quengelst nur den ganzen Tag! Du machst mich noch kaputt!»
Das Kind weint jetzt nur noch leise und zieht sich schließlich still in eine Ecke des Zimmers zurück. *Die Mutter (verzweifelt):* «Ich weiß nicht, was ich falsch mache.»

Der *zweite Akt* spielt zwanzig Jahre später. Aus dem Mädchen ist eine junge Frau geworden. Schauplatz ist das Wohnzimmer eines jungen Ehepaares, Akteure sind die Frau und ihr Ehemann. Die Frau zu dem heimkehrenden Ehemann: «Ich habe so auf Dich gewartet!»

Mann: «Ich habe Dir doch gesagt, daß es spät werden wird.»
Frau: «Das habe ich ganz vergessen.»
Mann: «Du bist selbst schuld, wenn Du nicht hinhörst auf das, was ich sage.»
Frau: «Ich war einfach traurig, weil Du nicht da warst».

Mann: «Du willst mir bloß ein schlechtes Gewissen machen. Ich kenn' Dich doch.»

Die Frau (zunehmend verzweifelt und dem Weinen nahe): «Bitte, versteh mich doch!»

Mann: «Was, um Himmels willen, soll ich denn verstehen?»

Die Frau beginnt in einer Mischung aus Wut und Hilflosigkeit zu weinen.

Mann: «Hör bloß auf zu heulen, das hat mir noch gefehlt!» Dann, abwiegelnd: «Ich glaube, Du bist einfach überanstrengt. Leg Dich hin.»

Frau: «Ich weiß nicht, ob ich müde bin. Ich könnte schreien.»

Mann: «Nun werde bloß nicht hysterisch. Schlaf Dich aus und morgen sieht die Welt wieder anders aus.»

Frau, schon halb resigniert: «Ich möchte aber mit Dir reden.»

Mann (wegwerfend): «Du siehst doch, was dabei herauskommt!» Er verläßt das Zimmer, die Frau sackt erschöpft in sich zusammen.

Ich überlasse es der Phantasie des Lesers, sich den *dritten Akt* auszumalen, in dem die Frau, nunmehr selbst Mutter, am Dialog mit ihrem Kind scheitert und das Drehbuch für die nächste Generation seinen Anfang nimmt.

Unser Stück geht weiter mit dem *vierten Akt*, wieder zwanzig Jahre später. Auf der Bühne steht wieder unsere Protagonistin, nunmehr eine Frau in fortgeschrittenen Jahren. Wir werden Zeuge eines Telefongesprächs zwischen ihr und ihrer Mutter, die irgendwo anders lebt, vielleicht in einem Altersheim, vereinsamt, immer häufiger von Depressionen heimgesucht, zunehmend aber auch von einer schleichenden Todesangst, die sich manchmal bis zur Panik steigert, ohne daß jemand anders diese Angst sieht oder hört.

Mutter: «Ich wollte wieder einmal Deine Stimme hören.»

Tochter (unangenehm berührt, weil sie den Vorwurf fürchtet, die Mutter lange nicht besucht zu haben): «Nett, daß Du anrufst.»

Mutter: «Ich habe Dich lange nicht mehr gesehen. Wie geht es Dir?»

Tochter (beginnt sich automatisch zu verteidigen): «Du weißt doch, daß ich viel zu tun habe.»

Mutter (eingeschüchtert, mit einem Unterton von Verbitterung): «Ich weiß, Du hast ein volles Leben und wenig Zeit, an mich zu denken.»

Tochter: «Ich kann diese ewigen Vorwürfe nicht mehr hören. Schließlich habe ich Dir immer wieder gesagt, Du sollst Dir Gesellschaft suchen oder Dir ein Hobby zulegen. Du könntest es gut haben, wenn Du nur wolltest.»

Mutter (beginnt zu weinen): «Was habe ich bloß falsch gemacht, daß Du mich so behandelst?»

Tochter (kurz entschlossen): «Das kann ich Dir auch nicht sagen. Ich weiß nur, daß ich mich jedesmal mies fühle, wenn Du angerufen hast, und daß ich mich von Dir nicht länger erpressen lasse.» Sie legt den Hörer auf.

Kurze Zeit danach erhält die Tochter die Nachricht, daß die Mutter schwer erkrankt ist und nach ihr fragt. Obwohl sie sofort hinfährt, kommt sie zu spät. Man sagt ihr, die Mutter sei vor einer Stunde gestorben, schneller, als man habe voraussehen können. Die Tochter spürt für einen Augenblick eisige Starre in sich, dann beginnt sie alle notwendigen Formalitäten zu erledigen. Am Grab der Mutter empfindet sie nichts und schämt sich fast ein bißchen wegen dieser Empfindungslosigkeit. In den darauffolgenden Monaten registriert sie bei sich eine unerklärliche Veränderung. Sie schläft schlecht, beginnt an Gewicht zu verlieren, die Arbeit geht ihr nicht mehr so recht von der Hand. Wenn sie an ihre Mutter denkt, kommt sie ins Grübeln. Wie ein Zwangsgedanke verfolgt sie in solchen Momenten die Vorstellung, sie hätte mit ihrer Mutter noch etwas besprechen, klären müssen. Sie kann nicht aufhören, darüber nachzudenken, was das sein könnte, was da in ihr nach Worten ringt. Die Grübeleien beherrschen ihr Denken so, daß für die Trauer um die Mutter kein Raum mehr bleibt. Statt dessen ruft sie in ihren schlaflosen Nächten die Mutter innerlich zurück, um in einen imaginierten Dialog mit ihr zu treten, der immer wieder stockt, wenn sie registriert, daß sie in ihren Phantasien nur Gewesenes repetiert.

In dieser Sackgasse konsultiert sie einen Nervenarzt. Und hier beginnt der *fünfte und vorläufig letzte Akt* unseres Drehbuchs. Weil die Rolle des Psychiaters weniger festgeschrieben ist als die der früheren Akteure, hat dieser Akt verschiedene Versionen, in denen es sich entscheidet, ob die Geschichte endgültig tragisch (d. h. ausweglos) oder aber mit einer glücklicheren Wendung endet.

Erste Version: Der Psychiater erklärt unserer Protagonistin, die nun zur Patientin geworden ist, sie sei überanstrengt und verschreibt ihr einen Tranquilizer oder ein Antidepressivum. Die Patientin gehört von da an zu seiner Dauerklientel. Ihr Zustand bessert sich unter der medikamentösen Behandlung. Sie fühlt sich wieder funktionsfähig, wenn auch auf die Unterstützung des Psychopharmakons angewiesen. Es verschafft ihr Beruhigung, daß der Arzt die Dosierung überwacht. Leichteren Rezidiven, die einen Zweifel an der Dauerhaftigkeit des Behandlungserfolgs aufkommen lassen, begegnet der Arzt mit einer höheren Dosierung oder einem Wechsel des Präparats. Die Patientin schöpft daraufhin wieder neue Hoffnung.

Zweite Version: Der konsultierte Psychiater ist gleichzeitig Psychotherapeut. Er diagnostiziert den Zustand der Patientin als neurotische Depression, wahrscheinlich Zeichen einer fortbestehenden pathologischen Bindung an die mittlerweile verstorbene Mutter, die dazu führt, daß die Patientin sich innerlich nicht aggressiv von ihr distanzieren kann. In dieser Hypothese wird er durch die Klagen bestärkt, die die Patientin über ihre Mutter führt. Er schlägt ihr eine Psychotherapie vor, in der es dann vor allem darum geht, der Patientin diese aggressive Auseinandersetzung zu ermöglichen. Die Patientin akzeptiert dankbar, daß ein Mensch bereit ist, auf sie einzugehen, und beginnt allmählich, die

Sprache ihres Psychotherapeuten zu erlernen. Am Ende der Behandlung kann sie ihre bisher nur vage wahrgenommenen Konflikte in dieser Sprache verbalisieren, und sie hat gelernt, mit ihren Enttäuschungen und Aggressionen umzugehen. Die Schuldgefühle gegenüber ihrer Mutter halten sich in Grenzen. Ihr früheres Ohnmachtsgefühl hat einem gewissen Lebensoptimismus Platz gemacht; zwischendurch immer wieder einschießende Erlebnisse von «Leere, Sinnlosigkeit und Unglück», wie sie Balint (1968, S. 133) als Resultat eines versperrten Zugangs zum wahren Selbst beschreibt, werden von der Patientin möglichst bagatellisiert. Mit ihrem Psychotherapeuten hat sie sich darauf geeinigt, daß es sich dabei um unbearbeitete neurotische Reste handelt, die sie, wenn schon nicht dem eigenen Versagen, dann dem in der Psychotherapie deutlich gewordenen Versagen ihrer Mutter anlastet. Keinesfalls möchte sie die Arbeit ihres machtvollen Therapeuten in Zweifel ziehen, dessen unbeschädigtes Bild für sie eine wichtige Sicherheitsgarantie darstellt.

Schließlich noch eine *dritte Version*: Darin trifft unsere Protagonistin in ihrer Not auf einen Psychoanalytiker, der sie anhört und ihr dann vielleicht so antwortet: «Ich kann verstehen, daß Sie klagen. Es scheint, als hätten Sie nie wirklich erlebt, daß Sie sich verständlich machen können und daß ein anderer Mensch bereit ist, Sie zu verstehen. So, als ob Sie keine Sprache hätten oder aber eine Sprache, die außer Ihnen niemand spricht. Wahrscheinlich hat dies bereits in der Beziehung zu Ihrer Mutter angefangen, als Sie noch ein ganz kleines Kind waren, und sich in Ihrem späteren Leben mit anderen wichtigen Beziehungspersonen fortgesetzt. So ist es nur folgerichtig, daß Sie jetzt das Gefühl haben, mit Ihrer Mutter unbedingt noch etwas klären zu müssen. Sie können sie nicht loslassen, und zwar nicht nur, weil Sie Ihnen vielleicht noch etwas schuldet, sondern weil zwischen Ihnen beiden so vieles ungesagt geblieben ist. In Ihren Phantasien versuchen Sie, sich eine Gelegenheit für dieses Gespräch zu schaffen, weil der Gedanke unerträglich wäre, in Ihrer Suche endgültig gescheitert zu sein. Ich möchte hören, was diese Suche für Sie bedeutet hat und immer noch bedeutet. Ich möchte *Ihre* Sprache kennenlernen.»

Wir wissen nichts über den Verlauf und das Ende einer auf diese Weise eingeleiteten Psychoanalyse, aber wenn sich an dieser Stelle hier zunächst der Bühnenvorhang senkt, gehen wir aus dem Theater mit dem Gefühl, daß es für die Akteurin vielleicht doch noch eine Chance gibt.

3. Bedingungen für die Entgleisung des Dialogs

Wie könnte man die Traumatisierung eines Menschen beschreiben, die in einer so tiefreichenden und umfassenden Beziehungsstörung mündet? Die Frage ist vermutlich falsch gestellt, denn das Trauma ist die Beziehungsstörung. Balint, den ich bereits zitiert habe, beschreibt sie als

> «eine Dauersituation, in der es zu schmerzlichen Mißverständnissen kommt, einem ‹Nichtzusammenpassen› von Individuum und Umwelt. In der Regel ist dieses Individuum ein Kind, das der Welt der Erwachsenen gegenübersteht. In einzelnen Fällen kommt es vor, daß ein oder sogar mehrere Erwachsene auf der Seite des Kindes stehen, meist aber muß das unreife schwache Individuum aus eigener Kraft mit der traumatischen Situation fertig werden. Entweder ist gar keine Hilfe vorhanden, oder die Hilfe ist von solcher Art, daß sie nur eine Fortsetzung des Mißverstehens ist und dem Kind deshalb nichts nützen kann» (1968, S. 101).

Ein Mißverstehen also, das sich nicht mit einer vordergründigen Schuldzuweisung (natürlich an die Mutter, wen sonst?) abtun läßt, sondern nach dessen strukturellen Bedingungen wir suchen müssen. Dabei will ich den von Mahler (1968) beschriebenen Fall außer acht lassen, daß bestimmte Kinder – möglicherweise aus einer anlagebedingten Disposition heraus – nicht in der Lage sind, die von der Mutter angebotenen Hilfeleistungen adäquat für sich zu nutzen. Vernachlässigen wir auch die oft übersehene Möglichkeit, daß ein Kind aufgrund ungünstiger Bedingungen wie z. B. ein schweres körperliches Leiden an seine Pflegeperson Anforderungen stellt, die für die sogenannte «durchschnittlich gute Mutter» (Winnicott) grundsätzlich nicht zu bewältigen sind. Ich spreche vom gesunden Neugeborenen, dessen Beziehung zur Umwelt vor allem durch das mütterliche Objekt repräsentiert ist – eine Beziehung, in der Mutter und Kind aneinander libidinöse Befriedigung finden. Spitz (1957, 1963, 1965) beschreibt, wie der Aufbau einer geglückten dialogischen Interaktion zwischen Mutter und Kind von dieser allerersten Lebensphase an die Entwicklung des Kindes bestimmt. Die Art und Weise, in welcher die kindlichen Initiativen von der Mutter aufgenommen und erwidert werden, hinterläßt im Gedächtnis des Kindes unauslöschbare Erinnerungsspuren, die die Richtung seiner weiteren Initiativen bestimmen. Es entsteht ein Kreisprozeß, in welchem sich das Ich des Kindes allmählich strukturiert und seine Erinnerungen sich zu ersten Beziehungserwartungen formen. Die Entgleisung des Dialogs durch fortgesetzte sinnlose Interaktionen führt zu einer Schädigung der heranreifenden Persönlichkeit des Kindes; ihr Ausmaß hängt vom Niveau der bereits erreichten Strukturbildung und der Ichstärke des Kindes ab (Spitz 1964, S. 147). Welches aber sind die Bedingungen für diese Entgleisung?

Offensichtlich ist, daß eine Mutter, wie ich sie eingangs in der fiktiven Kinderzimmerszene beschrieben habe, nicht in der Lage ist, auf die Gefühlsäußerungen ihres Kindes einfühlsam und verstehend einzugehen. Wir könnten auch sagen, daß sie an einer ziemlich schweren Empathiestörung leidet. Als «Empathie» möchte ich dabei mit Kohut (1959) die Fähigkeit bezeichnen, sich verstehend in den anderen einzufühlen. Empathie wiederum setzt die Möglichkeit der Introspektion voraus und ist an sie gebunden: Die introspektive Wahrnehmung der eigenen Gefühlswelt ermöglicht die sinngerechte Deutung von Signalen des

Anderen, den gefühlsmäßigen Rückschluß auf seine Innenbefindlichkeit, die der Sinneswahrnehmung allein nicht zugänglich ist.

Beides – Empathie und Introspektion – werden im Laufe des Sozialisationsprozesses im Umgang mit wichtigen Beziehungspersonen erlernt, aber auch verlernt. Was die Beziehungspersonen – die Mutter, von der hier vor allem die Rede ist, aber auch der Vater, die Geschwister und andere – an das Kind weitergeben, sind dabei jene Beziehungserfahrungen, die sie selber mitbringen. Um bei der Mutter zu bleiben: Auch sie hat selbstverständlich ihre Vorgeschichte. Auch sie hat (mit ihrer eigenen Mutter) einmal erfahren, welche ihrer Gefühle teilbar sind und welche nicht, und an welchen Stellen ihr ihre Mutter mit Abneigung und Geringschätzung begegnete (Stern 1985, S. 173). Im Umgang mit ihrem eigenen Kind werden diese Züge ihrer eigenen Mutter wieder lebendig, die auf diese Weise wie ein «Gespenst Kinderzimmer» (Fraiberg et al. 1975) anwesend ist. Die Verweigerung der Empathie setzt sich damit über die Generationen fort, kann also allein von daher niemals einem einzelnen (hier der Mutter) angelastet werden.

Sichtbar werden von diesem Prozeß allerdings nur die Wünsche und Ängste der Mutter, die diese auf ihr Kind projiziert und die sie daran hindern, das Kind als eigenständiges Wesen (unabhängig von ihren Projektionen) wahrzunehmen. Die wohl elementarste Form der Empathiestörung hängt dabei mit der Angst der Mutter vor dem Verlust der Ichgrenzen zusammen. Eine solche Angst ist immer Zeichen eines mangelhaften Individuationsprozesses. «Empathische Einfühlung in andere kann dann unmittelbar als Bedrohung der eigenen prekären Ich-Grenze erlebt werden. Der vorübergehende Besetzungsabzug vom Selbst-Bild, der für die Empathie notwendig ist, kann nur von einem Menschen geleistet werden, der sich seines Identitätsgefühls sicher ist» (Greenson 1961). «Die Unfähigkeit, den anderen wahrzunehmen und sich in ihn einzufühlen, ist immer eine Schutzmaßnahme gegen die Bedrohung der eigenen Identität, des eigenen Selbst» (Meyer zur Capellen 1980, S. 249). Eine unzureichende Individuation ist zudem oft mit Symbiosewünschen verbunden, die auf das Kind projiziert werden, so als ob es selber die gleichen Wünsche – und nur diese – habe, nach dem Motto: «Ich freue mich, also sind wir beide glücklich». Die Vorstellung vom anderen als Träger eigener Wünsche und Bedürfnisse hat in diesem Zusammenhang keinen Raum. Es sind vor allem die kindlichen Strebungen nach Autonomie, die dabei von der Mutter negiert und als nicht-existent behandelt werden.

In anderen Fällen kann die Mutter ihre eigene Selbstkohärenz nur aufrechterhalten, wenn sie ihre abgelehnten, schlechten Selbstanteile nach draußen projiziert, um sie dort dann entsprechend zu kontrollieren. Das eigene Kind bietet sich bevorzugt als ein solches Projektionsziel an (vgl. hierzu Richter 1963). Ein empathischer Bezug zum Projektionsobjekt würde dieses Abwehrmanöver zunichte machen. Ähnliches gilt für die Übertragungsverzerrungen, in denen das Kind parentifiziert, d. h. als Elternteil erlebt wird, vielleicht wie eine jammernd-einengende Mutter oder ein ödipaler Rivale; auch Bilder eines neidischen Geschwisters werden in diesem Zusammenhang oft auf das Kind projiziert. Äußerungen wie «Du bis wie Dein Vater» oder «wie meine Mutter» gehören in diesen Zusammenhang.

In Mutter-Kind-Beziehungen, in denen das Kind als eigenständiges Individuum wahrgenommen und anerkannt wird, ist die Empathiestörung im allgemeinen weniger gravierend. Der empathische Bezug kann hier zum Beispiel abreißen, wenn das Kind sich weigert, bestimmte Funktionen für die Aufrechterhaltung des narzißtischen Gleichgewichts eines Elternteils zu übernehmen. Kinder werden sehr häufig dazu mißbraucht, das Selbst-Ideal der Mutter oder auch beider Eltern entsprechend zu stützen. Vor allem müssen Kinder aber die Mutter in der Vorstellung bestätigen, eine gute, vielleicht sogar omnipotente Mutter zu sein. Das Leid des Kindes stellt diese Omnipotenz in Frage. Das gleiche gilt für Enttäuschungen, die es äußert, oder für aggressives Verhalten gegenüber der Mutter. Die Mutter reagiert auf solche Gefühlsäußerungen dann wie auf eine vom Kind beabsichtigte Kränkung und vermittelt ihm entsprechend, daß diese Gefühle böse sind.

Schließlich möchte ich noch eine Form der Empathiestörung erwähnen, die aus einer tiefen narzißtischen Verunsicherung der Mutter stammt und für das Kind verheerende Konsequenzen haben kann. Narzißtisch traumatisierte Mütter sind oft nicht in der Lage, den ungehemmten Bedürfnissen des Kindes nach bewundernder Spiegelung nachzukommen. Sie meinen statt dessen, den «Stolz» des Kindes oder das, was sie dafür halten, immer wieder dämpfen zu müssen und das Kind auf seine Grenzen hinzuweisen. Der gleichen Wurzel entspringt die Unfähigkeit der Mutter, die Idealisierung des Kindes anzunehmen (oft aus dem vagen Gefühl heraus, die begeisterte Liebe des Kindes nicht verdient zu haben). Erwachsene Patienten berichten oft noch nach vielen Jahren über ihre Enttäuschungen über ein zurückgewiesenes oder nicht beachtetes Geschenk durch die Mutter, oder über ihre verlegen-ironische Reaktion auf die Eröffnung des kleinen Sohnes, daß er später sie, und nur sie, heiraten werde, u. ä. Nicht-Lieben-Dürfen ist für ein heranwachsendes Kind nach meiner Erfahrung mindestens so traumatisierend wie die Erfahrung, nicht geliebt zu werden. Empathiestörungen der Mutter gegenüber den Liebesbedürfnissen des Kindes sind nach meiner Erfahrung häufiger, als man vermuten könnte, und mitverantwortlich für die später oft anzutreffende Verzweiflung des Patienten, voll von Liebesgefühlen zu sein, für diese Gefühle aber, nach einem Ausdruck von Searles (1958), «keine Adresse zu finden».

4. Formen der Entgleisung

Bisher haben wir uns damit befaßt, *warum* sich die Mutter ihrem Kind empathisch verweigert. Jetzt wollen wir betrachten, *wie* dies geschieht. Dabei wollen wir erneut das eingangs vorgestellte Drehbuch zu Hilfe nehmen.

In dem Dialog oder besser: Pseudo-Dialog des ersten Aktes sahen wir ein weinendes kleines Mädchen, das signalisiert, daß es irgendwie unglücklich ist und möchte, daß sich die Mutter ihm zuwendet. Dabei bleibt das Signal zunächst relativ undifferenziert. Das Kind sagt nicht deutlich, was ihm fehlt. Wir spüren, daß es die Hilfe der Mutter braucht, um sein Unbehagen in klare Sprache zu übersetzen. Die Mutter reagiert zunächst überhaupt nicht; man könnte vielleicht sagen, sie stellt sich taub. Damit vermittelt sie dem Kind indirekt die doppelte Botschaft, daß sie am Befinden des Kindes nicht interessiert ist, aber auch, daß das Signal zu leise ist, um eine Reaktion zu stimulieren. Beide Botschaften beantwortet das Kind, indem es zunächst lauter weint und sich – als die Mutter immer noch nicht reagiert – eine körperliche Verletzung zufügt. Nunmehr fragt die Mutter ungeduldig: «Was ist denn jetzt schon wieder?» Auch diese Reaktion hat Double-Bind-Charakter: Sie enthält eine verbale Aufforderung zur Mitteilung eines Gefühls, während der Ton verrät, daß die Gefühlsäußerungen der Mutter lästig sind. «Schon wieder!» ist das Stichwort, welches den Fehlschlag der Interaktion bereits an dieser Stelle vorprogrammiert. Der Dialog wird *eingeordnet*, und zwar in eine Kette vorausgegangener, ähnlich fataler Interaktionszirkel. Die Mutter definiert ihn für sich damit automatisch bereits hier als bloße sinnlose Wiederholung gleichartiger Vorerfahrungen, die sie verhindern möchte, während sie in ihrem manifesten Verhalten die Kommunikation mit dem Kind aufnimmt und seine Hoffnung schürt, daß die Begegnung dieses Mal vielleicht gelingt.

Das Kind in unserem Beispiel zeigt der Mutter nun, daß es sich verletzt hat, daß ihm etwas weh tut und daß es in der körperlichen Mißempfindung die Ursache seines Unbehagens vermutet. Die Mutter versucht das Kind zu beruhigen, indem sie ihm versichert, daß das doch nicht weh tue. Das bei vielen Müttern anzutreffende, oft ganz eingefahrene und auf der bewußten Ebene als Tröstung intendierte Reaktionsmuster setzt der kindlichen Gefühlsdefinition «Es tut weh» eine andere Definition entgegen, die lautet «Es tut nicht weh». Wenn sich das Kind der Definition der Mutter anschließt, muß es in Verwirrung geraten. Es spürt den Schmerz, gekoppelt mit dem Gefühl der Kränkung über die eigene Verletzbarkeit, während die Mutter ihm erklärt, der Schmerz sei gar nicht existent. Bestenfalls kann es daraus für sich den Rückschluß ziehen, daß seine Gefühlswahrnehmung irrig ist, ohne zu wissen, wie dieser Irrtum denn nun zu korrigieren sei.

Die basale Verunsicherung zusammen mit dem Bedürfnis, die Mutter doch noch zu erreichen, bringt das Kind in unserem Paradigma dazu, wieder lauter zu weinen. In diesem Weinen liegt sein ganzer ohnmächtiger Protest. Die Mutter offeriert ihm daraufhin eine andere Lösung: «Schau, der Teddybär» oder: «Geh spielen!» Das heißt gleichzeitig: «Du sollst nicht mehr an Deine Schmerzen denken.» Das bewußt gut gemeinte Ablenkungsmanöver enthält die latente Botschaft: «Spielen ist gut – Weinen ist schlecht. Ich mag Dich, wenn Du glücklich bist oder vielleicht auch nur, wenn Du mich zufrieden läßt. Ich mag Dich nicht, wenn Du leidest.» Bei einem relativ ich-starken Kind führt ein solches

Ablenkungsmanöver – wie auch in unserem Beispiel – in aller Regel zu einer Verstärkung des Protests. Die Mutter nimmt diesen Protest zum Anlaß, um das Verhalten des Kindes nunmehr als «Trotz» zu definieren. Trotzreaktionen aber sind nach den von ihr gelernten Regeln «böse»; sie müssen unterbunden werden und geben ihr außerdem das Recht, nunmehr selbst ärgerlich zu reagieren. Das Kind erlebt, daß sein Insistieren nur dazu führt, die Mutter wütend zu machen. Immerhin ist es ihm aber gelungen, bei der Mutter eine Gefühlsregung zu provozieren, auch wenn diese nicht von der Empathie getragen ist, die das Kind sich wünscht. Damit kommt leicht ein Interaktionszirkel in Gang, den das Kind später immer wieder neu provozieren wird. Es versucht damit, diejenige Gefühlsreaktion der Mutter abzurufen, die es als die ihr einzig verfügbare emotionale Antwort kennengelernt hat. Die Mutter wird dadurch im nachhinein in ihrer Auffassung vom «bloßen» Trotzcharakter der kindlichen Initiativen bestätigt und der fatale Kreislauf von Provokation und strafender Gegenprovokation ist eingerichtet.

Die generalisierende Definition kindlicher Unmutsäußerungen als «Trotz» ist jedoch nur eine, wenn auch sehr verbreitete Variante der mütterlichen Möglichkeiten, die Gefühle ihres Kindes zu benennen oder entsprechend umzudeuten. Mindestens ebenso häufig machen Mütter nach meiner Erfahrung den Versuch, unbequeme Gefühle beim Kind als körperliches Unbehagen zu interpretieren. Da das Kind keine andere Sprache lernen kann als die der Mutter (Balint 1968), übernimmt es auch ihre Etikettierung für Gefühle wie Ärger, Enttäuschung, Sehnsucht, Angst und Einsamkeit. Entsprechende Gefühlsaufwallungen verknüpfen sich für das Kind später dann mit der Vorstellung: «Ich bin hungrig» oder: «Ich bin müde». Beim Erwachsenen trift man dann oft auf ganz unangepaßte Reaktionsmuster, wie z. B. schlagartig einsetzende Müdigkeit mitten in einer anfangs ganz produktiv verlaufenden Auseinandersetzung mit dem Partner, der verblüfft registriert, daß sein Gegenüber ihm eröffnet, er müsse nun sofort zu Bett, weil (so die Rationalisierung) der Tag sehr anstrengend gewesen sei. Es handelt sich dabei oft weniger um eine Abwehrreaktion, wie man zunächst vermuten könnte, sondern um ein echtes «Ersatzgefühl» (Fanita English 1971/72). Das bizarrste Beispiel eines solchen Ersatzgefühls begegnete mir bei einem erwachsenen Patienten, der anstelle des Hungergefühls regelmäßig einen anwachsenden Schmerz im Kiefer empfand, der abklang, wenn er Nahrung zu sich nahm. Das Symptom war mittlerweile vielfach determiniert; in der psychotherapeutischen Behandlung konnte jedoch rekonstruiert werden, daß die Mutter dieses Patienten ihre Kinder in den ersten Lebensjahren nach einem strengen reformerischen Diätplan abgefüttert hatte, dessen Regeln nicht zu hinterfragen waren. Wenn die Kinder unruhig waren und quengelten, hieß es einfach: «Das Kind zahnt.»

Die Umdeutung von Gefühlen ins Körperliche ist häufig damit verbunden, daß die Mutter dem Kind die Schuld für die unglückliche Situation zuschiebt: «Siehst Du, jetzt bist Du müde. Dabei hab' ich Dir immer gesagt, daß Du früher ins Bett gehen, besser essen, eine wärmere Jacke anziehen solltest, usw.» Diese subtile Schuldzuweisung vermittelt dem Kind, daß seine schmerzhaften Gefühle die verdiente Strafe für Ungehorsam oder Unvernunft darstellen. Später koppeln sich körperliche Mißempfindungen dann leicht mit Schuldgefühlen, weil das Über-Ich die mütterlichen Anklagen integriert hat und nunmehr seinerseits strafend reagiert. Das eigene Unglück wird auf diese Weise zur eigenen Schuld. In ihrer Empathie gestörte Mütter (und Väter!) haben darüber hinaus zur Beschreibung kindlicher Gefühlsverfassungen oft eine Reihe stereotyper abwertender Etikettierungen bereit, die innerhalb der Familie manchmal über Generationen hinweg weitergegeben werden, und gegen die das Kind so vergeblich ankämpft wie gegen eine solide Mauer. «Es quengelt», «es ist schlecht gelaunt», «es hat wieder seinen schlechten Tag», «es sucht Streit» oder auch «es braucht halt wieder seine Abreibung» sind Behauptungen, die zu Pseudoerklärungen umfunktioniert werden, mit denen sich Erwachsene ein für allemal der Aufgabe entledigen, sich weiter mit der Bedeutung kindlicher Gefühlsäußerungen zu befassen. Die Dehumanisierung der kindlichen Gefühle verläuft hier nach einem ähnlichen Muster wie die Reaktion auf das unangepaßte Verhalten des erwachsenen neurotischen oder psychotischen Patienten, von dem man sagt, daß er halt «spinnt».

Schädigender noch als diese defensiven Reaktionen sind vermutlich jene Botschaften der Mutter, in denen sie dem Kind verbal oder averbal vermittelt, daß es ihr mit seinen Gefühlen Schaden zufüge. «Du bist schuld, wenn ich traurig bin, weinen muß, krank werde oder gar sterbe», ist eine Botschaft, die das in solchen Fällen meist hochsensibilisierte Kind oft so aufnimmt, daß es sich nun seinerseits empathisch in die Mutter einfühlt, die es schonen oder am Leben erhalten möchte, und seine Gefühle nach ihren Wünschen steuert.

5. Die Reaktion des Kindes: Defensive und kompensierende Verarbeitungsweisen

Kinder können auf die Empathiestörung der Mutter auf eine eher defensive oder aber auf eine eher kompensierende Weise reagieren (Kohut 1977).

Zu den defensiven Reaktionen des Kindes zählt die Bereitschaft, sich vorwiegend auf die averbalen Botschaften der Mutter einzustellen, mit denen diese zu verstehen gibt, daß das Kind in seinem jeweiligen Sosein für sie eine Bedrohung darstellt. Der latente Dialog gewinnt vor diesem Hintergrund für das Kind eine zentrale Bedeutung, während die manifeste Kommunikation mit der Mutter, und damit auch ihre reiferen Ich-Leistungen, an Gewicht verlieren. Das gleiche gilt später für andere wichtige Beziehungspersonen, zum Beispiel den Partner, dessen Bemühungen um einen wechselseitigen Dialog dann oft als eine Art Betrugsmanöver abgetan werden, das lediglich die dahinterliegenden latenten Absichten verschleiern und einen aufs Glatteis führen soll. Dem liegt die Phantasie zugrunde, daß erst dann ein wirklich sinnvoller Dialog möglich ist, wenn der andere sich zu seiner Latenz bekennt. Wolberg (1973) bezeichnet dies als eine für Borderline-Patienten spezifische Form der Empathiestörung. Mir kam allerdings manchmal der Gedanke, ob eine solche Neigung zu selektiver Empathie nicht auch eine Motivation für die Berufswahl zum Psychoanalytiker sein könnte, hat man es dort doch professionell ständig mit der Einfühlung in die Latenz des Patienten zu tun.

Ein Kind, dem die Mutter in der beschriebenen Weise grob unempathisch gegenübersteht, hat darüber hinaus internalisiert, welches die Gefahren sind, die mit einer möglichen Verständigung einhergehen. Es hat – mit anderen Worten – unbewußt auch die Ängste der Mutter übernommen. Später wird es sich vor einer empathischen Beziehung dann oft in der gleichen Weise schützen, wie die Mutter dies getan hat. Die Suche nach dem empathischen Objekt, die nie wirklich aufgegeben und oft sogar mit verzweifelter Intensität betrieben wird, ist allein von daher oft zum Scheitern verurteilt. Denn es geht nicht nur darum, daß die im Zuge der Identifikation mit der Mutter übernommenen Interaktionsmodi ungeeignet sind, einen von Empathie getragenen Dialog mit einem anderen Menschen aufzubauen. Es geht auch darum, daß das so dringlich herbeigesehnte Objekt, wäre es zu wirklicher Einfühlung bereit, auch alle jene Gefahren verkörpern würde, derentwegen der Dialog zum ersten Mal entgleiste. Einer meiner Patienten, der wegen einer schweren sadomasochistischen Perversion eine psychoanalytische Behandlung begann, in der ihn monatelang fast ausschließlich die Frage beschäftigte, ob ich wohl in der Lage wäre, ihn wirklich zu verstehen, schilderte in einer Sitzung einen Traum, in welchem er aus einer nicht näher zu begründenden, ihm aber völlig einsichtigen inneren Logik heraus eine Frau mit einer Pistole verfolgte und schließlich erschoß. Nach einigem Hin und Her rückte er fast triumphierend mit der Begründung für diesen Tötungsakt heraus. Er sagte: «Sie wußte zuviel.» Jeder Psychoanalytiker kennt vermutlich Patienten, deren immer wiederkehrende Klage darin besteht, daß niemand sie wirklich verstehe, und die gleichzeitig alles tun, um sich dieses Weltbild immmer wieder zu bestätigen. In vielen Fällen dürfte dieses Arrangement, das vordergründig wie ein masochistisch getönter Wiederholungszwang anmutet, den hier beschriebenen Abwehrcharakter haben.

Manchmal hat man darüber hinaus den Eindruck, daß die Patienten mit der Vorstellung des Nicht-Verstanden-Werdens auch etwas existentiell Bedeutsames für sich gewinnen, das jenseits des masochistischen Triumphes liegt. Ich habe immer wieder gefunden, daß Patienten, die neben einer schwer empathiegestörten Mutter aufwuchsen und als Kind zutiefst einsam waren, dieses Einsamkeitsgefühl später zu einer Art Identität ausbauten, in welcher sie sich selbst mit allen Eigenschaften eines chronischen Außenseiters ausstatteten, um dieses Selbstbild dann narzißtisch zu besetzen. Einer meiner Patienten, der sein grundlegendes Lebensgefühl sehr plastisch mit der Metapher beschrieb, er passe in diese Welt «wie ein Schwein aufs Sofa», und der äußerst kämpferisch reagierte, wenn ich dieses Außenseitergefühl in irgendeiner Weise hinterfragte, gestand nach einer längeren Analyse verschämt, daß er Hermann Hesses «Steppenwolf» wie eine Bibel bei sich trage und sich voll mit der Titelfigur identifiziere. Dabei beschäftigte ihn vor allem die Frage: «Wenn ich kein Steppenwolf bin, wer bin ich dann?» Diese Frage war für diesen Patienten deshalb so brennend, weil er den Ausfall der empathischen Objektbeziehung in der frühen Kindheit mit einer solchen Außenseiterphantasie ganz gut gekittet hatte. Sie lieferte ihm so etwas wie eine «private» Identität, die es ihm erlaubte, sich äußerlich anzupassen und doch «er selber» zu sein.

Darunter bleibt das Wissen um den erlittenen Verlust aber virulent und kommt unter der Analyse in vielfältiger Weise zum Tragen. Ich erinnere mich an Patienten, die diese Verlusterfahrung in teilweise eidetisch ausgestalteten Bildern formulierten: dem farblosen Gesicht einer Mutter mit leeren Augenhöhlen und ohne Mund; einer mütterlichen Frauengestalt, die zur Umarmung einlädt, hinter ihrem Rücken aber ein Messer bereithält, und die man zerfleischen muß, um «an ihr Inneres heranzukommen»; den Köpfen der eigenen (verstorbenen) Eltern, die aus der Erde auftauchen und wie gläserne Skulpturen aussehen, usw. Einer meiner Patienten, der seine spärlichen Beziehungen zu Frauen nur mit ganz dürren Worten beschreiben konnte, schilderte mir seine Qual über die Vergeblichkeit seiner Beziehungssuche einmal mit einem Bild, das einer der Höllen in einem tibetanischen Orakel-Spiel entstammte (zitiert nach dem literarischen Original-Text):

> In dieser Hölle wandert man durch Wälder, deren Bäume messerscharfe Blätter haben. Auf der Spitze eines solchen Baumes entdeckst Du einen schönen und verführerischen Liebespartner von früher. Während Du auf den Baum kletterst, zerstören die heißen scharfen Blätter Deinen Körper. Erreichst Du schließlich den Wipfel, so hörst Du die begehrte Person von unten rufen. In diesem Augenblick kehren sich die Spitzen der Blätter nach oben. Nach einem schmerzlichen Abstieg ist die Erscheinung wieder in den Baumwipfel verschwunden. Durch ihr aus «Unwissenheit» entstandenes Verlangen geblendet, hören die Opfer dieser Täuschung nie auf, einem Phantom nachzujagen und zerrissen zu werden (Tatz u. Kent 1977, S. 68).

Das von diesem Patienten gewählte Gleichnis für seine immerwährende Suche und das damit verbundene Erlebnis der Vergeblichkeit enthält – wie ich meine – auch die indirekte Antwort auf die Frage, warum Menschen nicht aufhören können, nach dem empathischen Objekt zu suchen, auch wenn sie sich dabei selber zerfleischen: Was sie festhalten, ist das Phantom des «guten» empathischen oder vielleicht besser: des antreffbaren Objekts, auch oder gerade dann, wenn sich das reale Objekt immer wieder entzieht. Verleugnet wird dabei, daß das antreffbare und das sich entziehende Objekt Aspekte der gleichen Person darstellen. Die beiden Objektvorstellungen werden statt dessen in der Phantasie voneinander separiert, «gespalten». Es handelt sich um den gleichen Mechanismus, mit dem auch andere «gute» und «böse» Objektvorstellungen immer dann voneinander getrennt gehalten werden, wenn ihr Zusammentreffen mit dem Erlebnis einer unerträglichen Ambivalenz verbunden wäre (Kernberg 1975; Rohde-Dachser 1979). Die an der nicht empathischen Mutter erlittene

Enttäuschung führt tendenziell zu einer Spaltung der Selbst- und Objektvorstellungen, die der Realitätsprüfung entzogen bleiben. Sie halten gleichzeitig eine Hoffnung aufrecht, die von der «Unkündbarkeit der Verheißung» (Schenk 1984) zeugt.

Unter einigermaßen günstigen Voraussetzungen gibt es aber auch *Kompensationsmöglichkeiten*, die dem Individuum zur Verfügung stehen, um sich für den Ausfall des empathischen Objekts in der frühen Kindheit auf eine eher kreative Weise zu entschädigen. Ich möchte dazu zwei literarische Beispiele erwähnen, aus denen sichtbar wird, wie solche Kompensationsmöglichkeiten aussehen können.

Das erste führt in die *Welt der Märchen*, wo uns das Thema der Erlösung aus einem Zustand der Sprachlosigkeit häufiger begegnet. Ich habe Andersens Märchen von der *Seejungfrau* ausgewählt, weil die Sprachlosigkeit dort eine besondere Rolle spielt. Das kleine Meermädchen liebt ein Idol: die versunkene Statue eines Prinzen, die sie Tag für Tag sehnsüchtig umschwimmt. Als es ihr schließlich erlaubt ist, an die Wasseroberfläche zu steigen, begegnet sie dem lebenden Ebenbild ihres Idols, einem Prinzen, den sie vor dem Ertrinken rettet. Sie verliebt sich in den bewußtlosen Jüngling und versucht von da an alles, um ihm wiederzubegegnen. Die dazu notwendige menschliche Gestalt erlangt sie unter grauenvollen Gefahren von einer Hexe, die ihr dafür aber ihre Zunge abverlangt. Die Seejungfrau bringt das Opfer und ist deshalb zur Sprachlosigkeit verurteilt, als sie ihrem Prinzen wiederbegegnet. Der Prinz verliebt sich trotzdem in sie, und zwar nicht nur wegen ihrer schönen Gestalt, sondern weil ihr die Gabe des Tanzes in einem so außerordentlichen Maße verliehen ist, daß der junge Mann nicht aufhören kann, ihr zuzusehen. Sie scheitert zwar letztlich an der Treulosigkeit ihres Geliebten, darf aber weiter auf Erlösung hoffen, weil sie sich geweigert hat, ihr Leben durch seinen Tod zu retten.

Von psychoanalytischen Experten ist diese Geschichte von der Seejungfrau häufiger so interpretiert worden, daß die Frau ihre phallischen Phantasien (hier im Symbol der Zunge und des Nixenschwanzes dargestellt) opfern müsse, um zu ihrer Weiblichkeit zu gelangen. Ich möchte hier eine andere Interpretation vorschlagen, die die Kompensation der Sprachlosigkeit in den Mittelpunkt stellt: Trotz der Bosheit der Hexe, die ihr die Sprache raubt, findet das Meermädchen einen Ausdruck für ihre Gefühle, der nonverbaler Art ist: den Tanz. Ihr Körper drückt aus, was ihre Sprache nicht vermag, und sie kann einen anderen Menschen damit für sich gewinnen.

Man darf vermuten, daß viele schöpferische Leistungen auch auf dem Gebiet der darstellenden Kunst, vor allem aber der Musik, unter anderem die Erfahrung kompensieren, daß Worte nicht geeignet sind oder nicht ausreichen, die eigenen Gefühle und inneren Bilder auf einer zwischenmenschlichen Ebene zu kommunizieren.

Am Beispiel von *Albert Camus*, von dem viele nicht wissen, daß seine Mutter taub war, möchte ich schließlich zeigen, wie es gerade phantasiebegabten Kindern gelingen kann, anstelle der emotional nicht antreffbaren Mutter mit der nicht-menschlichen Natur in einen Dialog zu treten, und wie es angesichts der Sprachlosigkeit der Mutter zu einer besonderen Besetzung der Sprachfunktionen kommen kann, mit deren Hilfe sich jemand verbale Mitteilungsmöglichkeiten schaffen kann, die die Kommunikationsmöglichkeiten des Durchschnittsmenschen weit übersteigen. Ich zitiere aus Camus' eigener biographischer Schilderung (1937):

> In der Armut liegt eine Einsamkeit, aber es ist eine Einsamkeit, die jedem Ding seinen Wert verleiht. Von einem gewissen Grad des Reichtums an scheinen sogar der Himmel und die sternenübersäte Nacht selbstverständliche Güter. Auf der unteren Sprosse der Leiter jedoch gewinnt der Himmel wieder seinen ungeschmälerten Sinn: Er ist eine köstliche Gnade. Sommernächte, unerforschliche Geheimnisse, in denen Sterne aufsprühten! Hinter dem Jungen lag ein stinkender Gang, und sein Stühlchen mit dem eingebrochenen Sitz sackte ein wenig unter ihm ab. Aber mit erhobenen Augen schlürfte er die reine Nacht.
>
> Die Mutter des Jungen verharrte ebenfalls schweigend. Es kam vor, daß sie gefragt wurde: «Woran denkst Du?» – «An nichts», antwortete sie. Und das stimmte wohl. Alles ist da, also nichts. Ihr Leben, ihre Anliegen, ihre Kinder begnügten sich damit, da zu sein, mit einer zu selbstverständlichen Anwesenheit, als daß sie noch empfunden wurde...
>
> Wenn der Junge in diesem Augenblick eintritt, erkennt er die schmale Gestalt mit den knochigen Schultern und bleibt stehen: Er hat Angst. Er beginnt viele Dinge zu erfühlen. Er ist sich seines eigenen Seins noch kaum bewußt geworden. Aber dieses kreatürliche Schweigen tut ihm so weh, daß er weinen möchte. Er hat Mitleid mit seiner Mutter – heißt das, daß er sie liebt? Sie hat ihn nie liebkost, sie wüßte nicht, wie. So verharrt er lange Minuten reglos und betrachtet sie. Indem er sich fremd fühlt, wird er sich seines Kummers bewußt. Sie hört ihn nie, denn sie ist taub.
>
> Sie denkt an nichts. Draußen Licht und Lärm, hier Stille und Dunkel. Der Junge wird heranwachsen, lernen. Man zieht ihn groß und wird Dankbarkeit von ihm fordern, als erspare man ihm den Schmerz. Seine Mutter wird immer schweigsam bleiben. Er indessen wird fortschreiten im Schmerz. Ein Mann sein, darauf kommt es an (S. 38 ff.).

Nichts wäre geeigneter, um das Thema dieses Kapitels abzuschließen, als dieses – ich zitiere nochmals Camus (S. 43) – «trostlose und zärtliche Bild einer zweisamen Einsamkeit».

Kapitel 2
Ringen um Empathie – ein Interpretationsversuch masochistischer Inszenierungen

Masochistische Manifestationen sind – wie jede komplexe psychische Aktivität – mehrfach determiniert und dienen vielfältigen Funktionen (Stolorow 1975). *Eine* dieser Funktionen möchte ich in diesem Kapitel eingehender untersuchen. Ich knüpfe dabei an die These des vorigen Kapitels an, in der es um den Ausfall des empathischen Objekts in der frühen Kindheit ging, um zu zeigen, daß eine im traditionellen Sinne pervers-masochistische Phantasietätigkeit auch als ein kreativer Versuch des Ich verstanden werden kann, einen psychischen Mangel auszugleichen, der als die Unfähigkeit beschrieben werden kann, ein empathisches inneres Objekt als psychische Struktur zu etablieren. Im folgenden werde ich versuchen, diese These zu begründen und ihre therapeutische Relevanz herauszuarbeiten.

Dazu werde ich zunächst drei Patienten schildern, in deren Analyse das Ringen um Empathie eine zentrale Rolle spielte, und die alle drei daneben ausgedehnte masochistische Phantasien pflegten. Ich werde in diesem Zusammenhang auch die wichtigsten psychoanalytischen Theorien darstellen, die allgemein zum Verständnis dieser masochistischen Phänomene herangezogen werden, um mich anschließend der Frage zuzuwenden, wie weit solche Phantasien auch dazu dienen können, sich sozusagen in eigener Regie ein empathisches Objekt zu erschaffen. Schließlich möchte ich zeigen, wie dieses Objekt sich während der psychoanalytischen Behandlung in die therapeutische Beziehung hinein verlagert, und dabei auch auf bedeutsame Übertragungs-Gegenübertragungs-Konstellationen eingehen, die diesen psychotherapeutischen Prozeß begleiten.

1. Drei kasuistische Vignetten

Berichtet wird über drei Patienten, die in den vergangenen Jahren mit sehr unterschiedlichen Eingangssymptomen bei mir um eine psychoanalytische Behandlung nachsuchten, um innerhalb der psychoanalytischen Behandlung dann sehr bald und für mich ganz unerwartet um ein Thema zu kreisen begannen, das sich am treffendsten als «Ringen um Empathie» beschreiben läßt.

Der *erste Patient* hatte sich zunächst an einen Psychiater gewandt, weil er befürchtete, seine zwanghaft autodestruktiven Praktiken, in denen er sich Brustwarzen und Genitalien mit Zigaretten verbrannte oder auch mit Säure verätzte, nicht mehr kontrollieren zu können und sich irreversible körperliche Schäden zuzufügen. Unter der Analyse trat dieses Problem jedoch sehr bald in den Hintergrund. Statt dessen befaßte sich der Patient nunmehr intensiv mit dem Scheitern seiner Suche nach einem anderen Menschen, der bereit gewesen wäre, ihm nicht nur mit oberflächlicher Sympathie zu begegnen, sondern sich emotional wirklich auf ihn einzustimmen. Die Vergeblichkeit dieser Suche hatte ihn in der Vergangenheit öfters an den Rand des Suizids geführt und war auch der häufigste Anlaß für seine selbstquälerischen Rituale. – Der hochintelligente, ungewöhnlich phantasiebegabte Patient war mit einer Mutter aufgewachsen, die auf die spontanen Lebensäußerungen des Kindes offenbar nur mit Ängstlichkeit und rigiden Moralprinzipien reagieren konnte. Ein wirklicher Dialog hatte nie stattgefunden, so daß der Patient früh auf sich selbst und seine Phantasien zurückverwiesen war. Die Partnerbeziehungen des nunmehr erwachsenen Patienten scheiterten ganz analog am Mißlingen echter Kommunikation, obwohl der Patient sich gerade darum hartnäckig bemühte. Er selbst konnte nicht genau angeben, wie diese aus seiner Sicht «entscheidenden» Gespräche hätten aussehen können, aber das Ungesagte, nie mehr Mitteilbare trieb ihn nach dem endgültigen Rückzug der jeweiligen Partnerin immer wieder zu massiven autodestruktiven Praktiken. In der Analyse versuchte er lange Zeit hindurch ganz analog, mich in einer fast gewalttätig anmutenden Weise zu einer Stellungnahme zu zwingen, um sich zu vergewissern, daß ich mich ihm nicht innerlich entzog.

Der *zweite Patient* hatte sich in Behandlung begeben, weil er sich durch ein chronisches, unüberwindbares Gefühl von Passivität in seinem Studium ebenso wie in seinen zwischenmenschlichen Beziehungen handlungsunfähig fühlte. Er verbrachte sein Leben – für ihn selbst unerklärlich – in einer Art Wartezustand, der Atmosphäre in Thomas Mann's «Zauberberg» vergleichbar, in dem er wie gelähmt zusah, wie die Zeit verstrich, ohne irgendeine Initiative ergreifen zu können. In seinen Träumen tauchte in dieser Zeit häufiger ein sprachgehemmter Junge auf, dem ein furchtbares Verbrechen zur Last gelegt wurde, der sich aber wegen seiner Sprachhemmung nicht verteidigen konnte und deshalb die ungerechten Vorwürfe stumm über sich ergehen lassen mußte. Der Patient selbst hatte in der Vorpubertät eine (mittlerweile behobene) Sprachstörung in Form von Anlautstottern entwickelt, die seine ganze spätere Schulzeit zur Qual machte und bewirkte, daß er sich aus dem Kreis der Gleichaltrigen zurückzog. – In der Analyse begann er seinen Zustand allmählich als den eines Menschen zu verstehen, der sein Leben, praktisch seit er denken konnte, als eine einzige ungeheuerliche Kränkung empfand, in der er sich von aller Welt abgelehnt oder –

schlimmer noch – einfach übergangen fühlte, und dem es deshalb nicht zuzumuten war, über diese Kränkung hinweg einfach zur Tagesordnung überzugehen, so als ob nichts geschehen wäre. Der Patient wartete auf eine Entschuldigung, eine Wiedergutmachung, die er jedoch nicht aktiv einfordern konnte, weil ihm das Gefühl des Gekränktseins den Mund verschloß und weil er befürchtete, sich mit der Verlautbarung dieser ihm selbst nur verschwommen wahrnehmbaren Befindlichkeit lediglich neue Kränkungen einzuheimsen.

Ein *dritter Patient* schließlich schilderte in der Psychotherapie vor allem seinen chronischen Haß auf Frauen, von denen er glaubte, daß sie ihm in boshafter Absicht ihre Brüste, für ihn der Inbegriff aller lust- und lebensspendenden Möglichkeiten, vorenthielten, während sie sein Begehren danach gleichzeitig immer wieder auf sadistische Weise provozierten. Er war entschlossen, keiner Frau mehr dieses Begehren zu gönnen und verbrachte sein Leben in bewußt gewollter, gleichzeitig aber schmerzhaft empfundener Isolierung. In dieser Isolierung suchte er immer wieder Zuflucht zu einem Tagtraum, in welchem sich der Held mit Hilfe einer Zeitmaschine in eine ferne Zukunft versetzte, eine Zeit nach der Weltkatastrophe, wo nur mehr wenige Menschen mit den Relikten einer Zivilisation lebten, deren Bedeutung sie nicht mehr kannten. Der Tagtraum gipfelte für den Patienten in der Szene, wo der Held auf seiner Reise einer Frau begegnet, die sich abends stumm zu ihm ans Feuer setzt, um ihn nach einer langen Pause, während derer auch der Mann sich schweigend verhält, schließlich zu fragen: *«Willst Du denn nicht wissen, wer ich bin und woher ich komme?»*

In diesem Satz verdichtet sich – wie ich glaube – nun aber auch das zentrale Anliegen aller drei der hier geschilderten Patienten, ein Anliegen, das man vielleicht am ehesten als Wunsch nach «Gesehenwerden», nach «Verstandenwerden», oder – um mit Michael Balint (1968) zu sprechen – als «Wunsch nach Erkanntwerden» bezeichnen könnte. Versteht man mit Kohut (1959) Empathie als «die Fähigkeit, sich in einen anderen einzufühlen», so könnte man auch sagen: diese Patienten ringen offenbar um ein Objekt, das bereit ist, sich empathisch auf sie einzustellen, das Augen hat zu sehen und Ohren hat zu hören und beides vor dem Patienten nicht verschließt, sondern öffnet, um ihn in seinem Kern wahrzunehmen. Gleichzeitig scheinen sie zutiefst davon überzeugt, daß ihnen diese Empathie nicht selbstverständlich gewährt wird, sondern daß sie verzweifelt erkämpft werden muß. Ihre Tragik besteht darin, daß der Kampf vergeblich bleibt.

Die ausgesandten Notsignale erreichen das Gegenüber nicht, sie verändern nichts an der Gleichgültigkeit des Objekts, bewirken allenfalls, daß es aggressiv reagiert oder sich entzieht. Offenbar wird dieser Kampf mit ungeeigneten Mitteln ausgetragen, ohne daß die Patienten in der Lage wären, aus dieser Erfahrung heraus ihre Strategie zu verändern. Im Gegenteil: Ihr Ringen eskaliert nach dem Muster, das Watzlawick et al. (1967) als «Mehr-Desselben-Lösung» bezeichnet haben, während sich immer stärkere Gefühle der Enttäuschung, der

Resignation, des Hasses und der Selbstverachtung der Sehnsucht nach dem Empathie-Erlebnis beimengen, die trotzdem nicht aufgegeben wird.

Es wäre nun ein Leichtes, nachzuweisen, daß alle drei der hier geschilderten Patienten in ihrer frühen Kindheit auf verschiedene Weise die elementare Einfühlung einer wichtigen Beziehungsperson, vor allem der Mutter, entbehrten, daß Mutter und Kind sich bereits in den ersten Lebensjahren – aus welchen Gründen auch immer – im «Dialog» (Spitz 1963) verfehlten und miteinander keine Beziehung aufbauen konnten, die dem Kind als Modell einer von wechselseitiger Einfühlung getragenen Kommunikation hätte dienen können. Ich möchte diesen biographischen Aspekt hier jedoch vernachlässigen und mich statt dessen der Frage zuwenden, *wie* die von mir beschriebenen Patienten diese existentielle frühkindliche Entbehrung bewältigten.

An dieser Stelle scheint mir nun auffällig, daß alle drei Patienten jenseits ihres gemeinsamen Themas, das ich mit «Ringen um Empathie» umschrieben habe, noch eine weitere Übereinstimmung aufwiesen, die in ihrem vollen Umfang ebenfalls erst unter der Analyse deutlich wurde. Alle drei Patienten pflegten nämlich heimlich ausgedehnte masochistische Phantasien, mit denen sie einerseits einen Zustand quälender innerer Leere zu überbrücken versuchten, die aber auch eine wesentliche Vorbedingung für ihre sexuelle Triebbefriedigung darstellten. Konnte es sein, daß dieses Zusammentreffen von «Ringen um Empathie» als zentralem Lebensthema und (im traditionellen Sinne) pervers-masochistischer Phantasietätigkeit mehr war als bloßer Zufall? Um dieser Frage, die mir anfangs selbst ein wenig abwegig erschien, weiter nachzugehen, scheint es sinnvoll, die masochistischen Phantasiegebilde der geschilderten Patienten genauer zu betrachten.

Der gemeinsame Kern aller Phantasien bestand in der Vorstellung, daß ein Mensch, mit dem der Patient sich identifizierte, von einem oder mehreren anderen überwältigt, gefesselt, gedemütigt und gequält wird. Diese Vorstellung wurde dann auf verschiedene Weise weiter entfaltet. In einem Fall spielte auch realiter das Ritual der Selbstfesselung eine Rolle, zusammen mit der Phantasie, daß eine Frau in diesem hilflosen Zustand traktiert und vergewaltigt wird. Der Patient identifizierte sich mit dem Opfer, trat in seinen Phantasien aber auch manchmal als Retter auf den Plan, um die Frau aus den Händen ihrer Peiniger, deren Geschlecht nicht genau bestimmt war, zu befreien und an den Bösewichten in einer Art Rollenumkehr fürchterliche Rache zu nehmen.

Ein anderer Patient phantasierte regelmäßig, daß er von Frauen gefangen genommen wird, die ihn durch Folter zu einem Geständnis pressen wollen. Er erleidet in diesem Phantasieverhör die schlimmsten körperlichen Qualen, bis er schließlich das gewünschte Geständnis macht. Danach wird er von den Frauen liebevoll in die Arme genommen, gestreichelt, getröstet, seine Wunden werden verbunden.

Nur einer von meinen drei Patienten fügte sich im Zusammenhang mit solchen Phantasien auch real körperliche Schmerzen zu. Auch er beschrieb jedoch die dieses Ritual begleitenden *Phantasien* als das eigentlich stimulierende Element; der körperliche Schmerz war für ihn eine Art zusätzliches Reizmittel, wenn die Phantasie allein keine sexuelle Erregungssteigerung mehr bewirkte. In dieser Phantasie ging es ebenfalls um Geschlagen- und Gequältwerden durch eine Frau, die ihm gleichzeitig die Erektion verbot oder ihn dafür bestrafte, um ihn am Ende der Prozedur ebenfalls liebevoll – wie zur Belohnung – in die Arme zu schließen.

Derartige Phantasiegebilde wirken auf einen Betrachter zunächst befremdlich, werden in ihnen doch gedanklich Situationen aufgesucht und offensichtlich lustvoll genossen, die Menschen sonst eher zu meiden suchen. Dies galt – wie ausdrücklich betont werden soll – *realiter* auch für die hier beschriebenen Patienten. Mit einer einzigen Ausnahme hatten alle eher Angst vor körperlichen Schmerzen und auch der Patient, der sich selbst solche Schmerzen zufügte, strahlte nicht vor Begeisterung, wenn er zum Zahnarzt mußte. Seine Schmerzlust war streng auf das ausgestanzte sadomasochistische Ritual begrenzt. Alle Patienten waren überdies eher überempfindlich gegenüber Kränkungen und realen Demütigungen und widersetzten sich derartigen Erfahrungen auf heftige Weise. Sie schämten sich ihrer masochistischen Phantasien, die sie außerhalb des sexuellen Aktes als ichfremd, peinlich und nicht mit ihrer Selbstvorstellung vereinbar empfanden. Trotzdem konnten (und wollten) sie nicht von ihnen lassen. Dieses scheinbar so widersinnige Phänomen drängt nach einer Erklärung.

2. Traditionelle psychoanalytische Hypothesen zum psychodynamischen Verständnis masochistischer Phantasietätigkeit

Das Phänomen des Masochismus, insbesondere seine Unvereinbarkeit mit dem von Freud postulierten Lustprinzip, war immer schon ein zentrales Thema der Psychoanalyse. Im Verlauf ihrer Geschichte entwickelte sie für diese Phänomene deshalb auch eine ganze Reihe theoretischer Erklärungen, die hier nicht alle aufgezählt werden können (vgl. hierzu Grunert 1981). Stichwortartig sei jedoch daran erinnert, daß Freud (1905) den Masochismus anfänglich den polymorph-perversen Partialtrieben zuordnete und später – nach der Einführung der Todestriebthese – dann einen *femininen*, einen *erogenen* und einen *moralischen Masochismus* unterschied (Freud 1919, 1920 a, 1924 c). Es handelt sich dabei um einen triebtheoretischen Ansatz, in dem die (phantasierte oder reale) Unterwerfung unter einen Anderen mit der Furcht erklärt wird, der Andere könnte fürchterliche Rache nehmen, würde man sich ihm widersetzen. Dies gilt insbesondere für den heranwachsenden Knaben, der aus dieser Furcht heraus die aggressiv-rivalisierende Auseinandersetzung mit dem Vater vermeidet und seine sexuellen Wünsche, die der Mutter gelten, in eine masochistische Position verkehrt. Er benimmt sich dann so, als wäre er eine Frau, die sich dem Vater hingibt, anstatt mit ihm in Konkurrenz zu treten (von daher auch der leicht irreführende Name «femininer Masochismus»). Freud hat darüber hinaus ebenso wie später Reich (1933) und Reik (1940/41) den Masochismus als Ausdruck eines Strafbedürfnisses aufgefaßt, mit dem ein sadistisches Über-Ich besänftigt und die Angst vor einer schlimmeren Strafe (in der Regel Kastration) gebändigt werden soll. Gleichzeitig wird der Masochismus als Kehrseite des Sadismus verstanden, der hier auf das Ich zurückgewendet wird.

Mit der Entwicklung der psychoanalytischen Ich-Psychologie und des Narzißmus-Konzepts wurden diese triebdynamischen Hypothesen um Annahmen ergänzt, die sich vor allem auf die strukturbildende Funktion der Perversion beziehen. Morgenthaler beschrieb 1974 diese Funktion mit der Metapher der «Plombe», die einem defekten Selbst als Prothese dienen kann, weil sie vor allem die nicht integrierbare archaische Aggression in sich aufnimmt und auf diese Weise die Aufrechterhaltung des narzißtischen Gleichgewichts gewährleistet. Ähnlich sieht auch Stolorow (1975) in masochistischen Einstellungen und Verhaltensweisen verfehlte und manchmal primitiv sexualisierte Bemühungen, «die strukturelle Kohärenz, zeitliche Stabilität und positive affektive Färbung einer gefährdeten oder zerfallenden Selbstrepräsentanz wieder herzustellen und aufrecht zu erhalten» (S. 96). Für ihn besteht die primäre Angst des Masochisten in der Furcht vor der strukturellen Auflösung der Selbstrepräsentanz. Auf diesem Hintergrund vermutet er eine enge Verbindung zwischen masochistischen Phänomenen und narzißtischer Pathologie. Die masochistische Suche nach akuten Schmerzerfahrungen bei einem Individuum mit diffuser oder zerfallender Selbstrepräsentanz ist aus dieser Sicht vor allem ein Mittel, ein Gefühl des Real- und Lebendigseins herzustellen und sicher zu sein, als abgegrenztes, kohärentes Selbst zu existieren (Panken 1973; Stolorow 1975).

3. Die Kreation des empathischen Objekts in der masochistichen Phantasie

Obwohl die hier referierten Konzepte durchaus schlüssige Erklärungsmodelle des Masochismus liefern, waren sie nicht in der Lage, die psychoanalytische Behandlung der in diesem Kapitel beschriebenen Patienten entscheidend voranzubringen. Sie brachten auch keinen Aufschluß über einen möglichen Zusammenhang mit der Suche dieser Patienten nach einem empathischen Objekt. Ich meinte diesen Zusammenhang schließlich in einer Sitzung zu verstehen, in welcher einer meiner Patienten schilderte, wie er sich ganz bewußt schon früh von seiner Mutter abgewandt hatte, weil er sich von ihr nach vielen vergeblichen Anläufen keine empathische Resonanz mehr erwartete, um dann weiter zu berichten, wie er sich tags zuvor wieder stundenlang selbst gefesselt und gequält hatte.

Ich sagte ihm: «Vielleicht ist dies jetzt Ihr Weg, einem anderen Menschen wenigstens in der Phantasie zu zeigen, wie sehr Sie gelitten haben und immer noch leiden.» Der Patient reagierte darauf zunächst mit Verwirrung, fragte dann zögernd, ob ich meinen Satz nochmals wiederholen könnte, um dann lange bewegt zu schweigen. Die Atmosphäre in der Behandlung veränderte sich von da an gründlich. Wenn er jetzt von seinen Selbstquälereien sprach, die zunehmend seltener wurden und nur mehr während längerer Unterbrechungen der Analyse in der alten Intensität wieder in den Vordergrund traten, fehlte das quälende und gleichzeitig beschämende Gefühl von Isolierung und Vergeblichkeit, das diese Schilderungen sonst begleitete und wenig von der Lust verspüren ließ, die der Patient nach seinen eigenen Worten bei seinen masochistischen Selbstquälereien empfand. Aus der dumpfen Vereinzelung, die sich auch mir in den Sitzungen oft schmerzhaft mitgeteilt hatte, war plötzlich Kommunikation entstanden. Dabei hatte sich auch meine Sicht des Patienten verändert.

Ich sah mich plötzlich einem Menschen gegenüber, der mit den Schilderungen seiner Perversion nicht mehr eine im Grunde klägliche Ersatzlösung für sein Versagen in realen zwischenmenschlichen Beziehungen demonstrierte, sondern der mir damit Zugang gewährte zu seiner eigenen, vor Menschenaugen sonst sorgfältig verborgenen Leidensgeschichte, die er in seiner Perversion und den damit verknüpften Phantasien immer wieder aufs Neue in Szene setzte.

Dieses Leiden wollte gesehen und nachempfunden werden. Es wollte ausgesprochen werden, obwohl die Worte dafür nicht (oder noch nicht) zur Verfügung standen, und es suchte nach Linderung und Trost; in der ständigen Wiederholung suchte es nach einem Ende. Natürlich ging es dabei immer auch um Rache und Wiedergutmachung, aber diese Ziele schienen an Bedeutung zu verlieren, je näher sich der Patient seinem – wie ich glaube – eigentlichen Ziel fühlte, nämlich mit seinem seelischen Schmerz (Khan 1979) auf ein empathisches Objekt, hier den Analytiker, zu treffen.

Seine Erfahrung bisher war gewesen, daß ihm diese Empathie verweigert wurde, daß er allenfalls versuchen konnte, sie sich zu erzwingen. In seinem masochistischen Arrangement geschah dies, indem er den von ihm selbst kreierten sadistischen Partner durch die Brutalität der Szene praktisch dazu nötigte, sich in die Schmerzen seines Opfers hineinzuversetzen. Die Frauen, die ihn quälten, *mußten* sich vorstellen, was ihr Opfer empfand, und sie *mußten* sich dazu bekennen, daß sie es waren, die ihm diese Leiden zufügten. In seiner Phantasie verlieh der Patient diesem Leiden auch einen Sinn: Es war nicht Gleichgültigkeit, Stumpfheit oder Unbezogenheit, die seine Peiniger motivierten. Sie waren an ihm interessiert, wollten ihn leiden lassen, registrierten dabei seine Reaktion, um ihn schließlich zu belohnen und zärtlich in die Arme zu nehmen. So gesehen, war das Leiden also immer nur vorübergehend, eine Art Feuerprobe, von der man sicher sein konnte, daß ihr Ende spätestens dann nahe war, wenn der Schmerz unerträglich wurde. Bei Kafka fand ich in einem ähnlichen Zusammenhang einmal das Bibelwort zitiert: «Diesen sollt Ihr mir nicht wieder einsperren. Dieser hat genug gelitten, er kommt zu mir.» Das empathische Objekt wird hier also im buchstäblichen Sinne «herbeigelitten» und im orgiastischen Triumph – wenn auch illusionär – für einen Augenblick erreicht.

Die Frau, die den Patienten nach der Feuerprobe umarmt, hat mit der Peinigerin nichts mehr gemeinsam, sonst wäre die Umarmung nicht möglich. Sie war es, die die ganze Zeit hindurch ersehnt wurde, und nicht die Marter noch der, der sie zufügte. Der Peiniger ist in dieser emotionalen Logik eine andere Person als die liebend Umarmende, die ihn zum Verschwinden bringt. Es ist, als hätte der Patient unter der phantasierten Folter auch für den sadistischen Partner mitgesühnt, so daß dieser abtreten kann, verschwinden, ohne eine Spur zu hinterlassen. Vielleicht kann man sagen, daß die Umarmung zum Schluß der Folterszene auch so etwas wie Versöhnung beinhaltet, so als wollte der Patient damit ausdrücken: «Ich könnte Dir das, was gewesen ist, verzeihen, wenn Du nur verstehst, was ich gelitten habe und jetzt in anderer Gestalt bei mir bleibst.» So gesehen, wären es in der tiefsten Schicht also liebende Gefühle, die in der sadomasochistischen Phantasie ihren Ausdruck suchen, die äußerlich von Haß und Grausamkeit geprägt erscheint (vgl. hierzu auch Berliner 1958).

Damit wird eine intentionale Ausrichtung masochistischer Phantasietätigkeit postuliert, die mit der Unverzichtbarkeit des empathischen Objekts zusammenhängt. Wo dieses Objekt nicht oder nur ganz unzureichend erfahren werden konnte, entsteht eine Lücke, die manche Menschen ein Leben lang zu schließen versuchen. Worte allein erweisen sich dabei oft als ungeeignet, die Verständigung zu leisten, weil die Gefühle des Patienten nie von einem anderen adäquat benannt, «gespiegelt» worden sind, und weil der Patient nach seiner Erfahrung mit den ihm zur Verfügung stehenden Ausdrucksmöglichkeiten unfähig ist, bei seinem Gegenüber die gewünschte Resonanz zu erzeugen. Das prägende Kindheitstrauma bleibt also im wahrsten Sinne des Wortes «präverbaler» Natur und muß in einer (phantasierten oder realen) Handlung inszeniert werden, in der es immer wiederholt wird, während der Patient gleichzeitig unter dieser Wiederholung leidet und nach ihrer Aufhebung strebt.

Es scheint, als ob diese Patienten mit schlafwandlerischer Sicherheit auf ihrer Phantasiebühne ihre Leidensgeschichte in Szene setzten, nach einem Drehbuch, das – wenn auch in verschlüsselter, primärprozeßhafter Sprache und verwoben mit ihren Überlebensstrategien – die traumatische Kindheitssituation oft bis in Einzelheiten hinein widerspiegelt: Die erlebte Übermacht der anderen, die eigene Ohnmacht und Hilflosigkeit, oft auch Sprachlosigkeit; die Gleichgültigkeit des Objekts, seine Unbarmherzigkeit, seine mangelnde Empathie gegenüber den kindlichen Signalen, sein Nichtreagieren ebenso wie die dem Patienten zugefügte Verkrüppelung durch das Verbot, ein eigenständiger Mensch mit einem eigenen Willen zu werden, ein Mann oder eine Frau zu sein; das Nichtgeliebtwerden, vielleicht aber auch das Verbot, zu lieben.* Es scheint, als bringe der Patient in der masochistischen Phantasie sozusagen die Wahrheit ans Licht,

* Vgl. hierzu Stoller 1975, S. 101 ff.; ebenso die Rekonstruktion der Kindheit und Jugend von Jürgen Bartsch anhand der von ihm selbst geschilderten Details seiner sadomasochistischen Phantasien und Morde durch Alice Miller 1980, S. 233 ff.

bereit, sie um den Preis neuen Schmerzes zu bezeugen. In der phantasierten Situation äußerster Demütigung und Hilflosigkeit erweist sich dabei auf paradoxe Weise gerade auch die Stärke eines solchen Menschen, die darin besteht, daß er nicht resigniert, nicht den autistischen Rückzug antritt, sondern weiterkämpft um etwas, das ihm als unverzichtbares Recht erscheint.

Gleichzeitig beinhaltet die scheinbar autoerotische Phantasie einen sozialen Akt. Sie ist als Mehrpersonenstück kreiert, in dem Kommunikation stattfindet, wenigstens mit einem phantasierten Partner und einem phantasierten Publikum. Der Patient kann sicher sein, daß – anders als in seiner äußeren Realität – der Zuschauerraum bei diesem Drama niemals leer bleibt – ist er doch nicht nur sein eigener Regisseur, sondern immer auch sein eigener Betrachter. Unbewußt versteht er den Sinn der Inszenierung; er gibt sich also die empathische Antwort mit den Mitteln, die ihm verfügbar sind. In diesem Erlebnis scheint die Ohnmacht aufgehoben; sie kehrt sich um in orgiastischen Triumph. Auch Stolorow (1975) hebt die mögliche Spiegelfunktion eines realen oder imaginierten Publikums im masochistischen Akt hervor, vor dem der Patient sein Elend dramatisch darstellen kann. Dabei kann der spezifische Inhalt der Reaktion, die der Masochist von seinem Publikum wünscht, unterschiedlich sein (Anteilnahme, Sympathie, Spott, Erschrecken u. ä.). In jedem Fall – so Stolorow – gehe es darum, eine Wirkung auszulösen, nicht ignoriert zu werden (a. a. O., S. 100).

4. Die Überführung der masochistischen Inszenierung von der innerpsychischen Bühne auf die Ebene der therapeutischen Beziehung

Während der psychoanalytischen Behandlung wird dieses phantasierte Szenarium in die Beziehung zum Psychoanalytiker hinein verlagert. Nunmehr ist *er* das reale Gegenüber, mit dem das Ringen um Empathie ausgetragen wird. Sein Ausgang ist oft ungewiß; er hängt nach meiner Erfahrung entscheidend davon ab, welche der in dem masochistischen Mehrpersonenstück bereitgestellten Rollen der Analytiker vom Patienten zugewiesen bekommt und (bewußt oder unbewußt) auch übernimmt.

4.1 Der Analytiker als unfreiwilliger sadistischer Widerpart

In ihrer allgegenwärtigen Erwartung von Kritik und Bestrafung, die unter der Analyse unweigerlich in den Dienst des Widerstandes tritt (Berliner 1958), neigen solche Patienten besonders leicht dazu, die Interventionen des Analytikers ebenso wie sein Schweigen als Ausdruck von Mißbilligung oder Feindseligkeit zu interpretieren. Damit entfaltet sich aber früher oder später fast zwangsläufig eine Übertragungskonstellation, in welcher der Patient dem Analytiker die Rolle des sadistischen Parts in seiner Inszenierung anträgt, während er selbst sich als mißverstandenes, mißbrauchtes Opfer fühlt und versucht, dies dem Analytiker entsprechend nachzuweisen. Auch der geduldigste Analytiker gerät unter diesen Umständen in die Versuchung, gereizt zu reagieren. Dies wiederum verstärkt das masochistische Übertragungsangebot des Patienten. Auf diese Weise kann eine sadomasochistische Kollusion entstehen, die zur Verfestigung tendiert und manchmal nur mehr mit dem Abbruch der Analyse beendet werden kann.

Nach meiner Erfahrung sind es vor allem verfrühte Deutungen des aggressiven, sadistischen Aspektes der sadomasochistischen Inszenierung, die den Weg für eine solche pathologische Entwicklung bahnen. Meist stützt sich der Analytiker dabei auf theoretische Prämissen, die Berliner (a. a. O., S. 56) ausdrücklich als «falsch» bezeichnet, nämlich die Vorstellung, daß der masochistische Patient leiden möchte, weil Schmerz und Demütigung für ihn eine verkappte sexuelle Lust darstellen, und/oder weil er sein Strafbedürfnis befriedigen muß, das aus seinen Schuldgefühlen über seine inzestuösen oder aggressiven Wünsche stammt, und/oder weil seine selbstschädigende Haltung Ausdruck seines latenten, dem Analytiker geltenden Sadismus ist.

Deutungen, die von solchen theoretischen Voraussetzungen ausgehen, werden vom Patienten meist (zu Recht!) als unempathisch erlebt, als Kritik und als Angriff, mit dem er erneut zum Störenfried oder zum Schuldigen gestempelt werden soll, anstatt im Analytiker den erhofften Beistand bei seinen unbeholfenen Versuchen zu finden, seine *wirkliche* innere Not zu artikulieren. In der Supervision entsprechender Fälle fiel mir immer wieder auf, daß das Insistieren des Analytikers auf der Deutung des aggressiven Aspekts der masochistischen Inszenierung vor allem der unbewußten Gegenübertragungsangst entsprang, vom Patienten erfolgreich in den masochistischen Part des Drehbuchs hineingedrängt zu werden, sobald dessen sadistische Latenz aus der Kontrolle entlassen wurde. Aber auch eine ausgesprochen passiv-abwartende Haltung des Analytikers kann zu einer sadomasochistischen Verstrickung führen, gegen die sie häufig gerade schützen soll: der passive Analytiker wird vom Patienten dann als sadistischer Voyeur erlebt, der sich insgeheim an der Abhängigkeit und am Leiden seines Patienten weidet.

Anders als in diesen eher malignen Beziehungskonstellationen, zu denen meist auch die Abwehr des Analytikers ihr Teil beiträgt, ist es oft aber auch gerade die Empathie des Analytikers, gegen die der Patient sich zur Wehr setzt, so als könne oder wolle er von der Rolle des mißverstandenen, zurückgewiesenen und gedemütigten Opfers nicht lassen. Das Vorurteil, daß ein solcher Patient im Grund leiden *wolle* und sein Ringen um Empathie in der Analyse nur ein Vorwand dafür sei, sich diese insgeheim gesuchte Erfahrung immer wieder aufs Neue zu verschaffen, wird damit scheinbar bestätigt. Berliner (1958) war es, der wohl am eindringlichsten darauf aufmerksam gemacht hat, daß die ersehnte, nicht aber wirklich erwartete Erfahrung von unambivalenter, liebender Zuwendung für manche Patienten eine vitale Bedrohung darstellt, gegen die sie sich mit ihrer masochistischen Weltinterpretation zu schützen suchen. Die Bedrohung resultiert aus der Tatsache, daß mit der Zuwendung des Objekts (hier also des Analytikers) präödipale libidinöse Bedürfnisse aktiviert werden, die tief und intensiv mit Versagung assoziiert sind (vgl. Berliner, S. 60).

Was dann ausagiert wird, ist

> weder das libidinöse Bedürfnis als solches, noch die Abwehr dagegen. Es ist immer der gesamte Konflikt, das libidinöse Streben zusammen mit den äußeren und inneren Kräften, die diesem entgegenstehen. Die Person braucht Liebe, kann sie jedoch nie finden. Was sie findet, ist nur frustrierte, unglückliche Liebe, ein erneutes Ausagieren der ursprünglichen Situation, mit der sie identifiziert ist. Wenn es so aussieht, als könne das Sehnen nach Liebe eine Erfüllung finden, werden unter Umständen gleichzeitig die Gegenkräfte, die aus tiefen unbewußten Quellen stammen, so heftig stimuliert und intensiviert, daß das Individuum an dieser Erfüllung zugrunde gehen muß (Berliner, S. 60).

In einem solchen Kontext drücken die an den Analytiker adressierten hartnäckigen Klagen und Anklagen also vor allem die Angst des Patienten vor der Erfüllung seiner sehnsüchtigsten Erwartung aus. Unbewußt phantasiert der Patient diese Erfüllung aber nicht als Erlösung, sondern im Gegenteil als Katastrophe, die mit seinem Untergang oder dem Untergang beider Beteiligten enden und deshalb rechtzeitig verhindert werden muß. Das Wissen um diesen Zusammenhang ist für den Analytiker nicht nur von Bedeutung, um die Risiken einer solchen Behandlung angemessen einzuschätzen. Es kann ihm auch eine unaufdringliche empathische Einstellung gegenüber einem Patienten erleichtern, der gerade dieses empathische Entgegenkommen immer wieder zurückweist und mit dem ganzen Widersinn masochistischer Logik darauf besteht, daß ihm nicht zu helfen sei, der Analytiker ihm aber auch nicht wirklich helfen wolle.

Die Rolle eines solchen unaufdringlichen Zeugen seelischen Schmerzes (Khan 1979) oder auch die eines im guten Sinne reagierenden, nämlich «antwortenden Objekts» (Heigl-Evers 1980) sind Alternativen zu der des sadistischen Widerparts in der sadomasochistischen Inszenierung; sie bilden die Basis für eine anders geartete Übertragungskonstellation im Ringen um Empathie in der therapeutischen Beziehung.

4.2 Der Analytiker als unaufdringlicher Zeuge seelischen Schmerzes

Für Khan besteht der innere Kern jeder masochistischen Phantasie oder Praxis in einem seelischen Schmerz, der erlebt wurde und verloren ging, und an dessen Stelle es zur Ausbildung von (masochistischen) Deckphantasien kam (Khan 1979, S. 312). Seelischer Schmerz, der keine solche symbolische Repräsentanz innerhalb der Psyche gefunden hat, sondern radikal «verworfen» (McDougall 1978, S. 388) wurde, tendiert dagegen zur Somatisierung.

> Wenn es dem Körper allein überlassen bleibt, eine (unvermeidlich) biologische Reaktion auf psychische Konflikte und seelische Schmerzen zu entwickeln, dann sind seine Erfin-

> dungen schon von ihrer Definition her in Worten nicht wiederzugeben. Der Analytiker lauscht hier etwas Unaussprechlichem, einer unsagbaren Nichtigkeit, die eigentlich eine Metapher des Todes ist (McDougall, S. 22).

Der derart in der Somatisierung «verstummte» seelische Schmerz äußert sich dann als organische Erkrankung, die erst dann seelisch repräsentiert werden kann, wenn sie Schmerzen, nunmehr jedoch körperliche Schmerzen verursacht. Der ursprünglich seelische Schmerz wird auf diese Weise zum körperlichen und – da ein anderes Ausdrucksmittel dem Patienten nicht zur Verfügung steht – in dieser verleiblichten Form dann auch zum hauptsächlichen Vehikel des Ringens um Empathie, nunmehr jedoch innerhalb des institutionellen Settings der Organmedizin, in dem sich der Patient sozial legitim als (körperlich!) Leidender einem anderen präsentieren kann, der kraft seiner Rolle verpflichtet ist, die Darbietung ernst zu nehmen und auf sie zu reagieren: dem Arzt. Häufig genug gelingt es dem Patienten auf diese Weise tatsächlich, einen medizinischen Apparat in Bewegung zu setzen, der ihm vielfältige, oft schmerzhafte und sogar verstümmelnde körperliche Eingriffe zumutet, die am Zustand des Patienten auf Dauer aber nichts ändern und deshalb nach Wiederholung drängen (vgl. dazu auch die Studie von Pflanz zum sog. «Münchhausen-Syndrom», 1968; ebenso Plaßmann 1989).

Darf man vermuten, daß solche Patienten dem Arzt ihre seelische Not in der Chiffre der Organsprache präsentieren, weil ihnen nur diese Sprache zur Verfügung steht, verbunden mit der unbewußten Erwartung, daß der oft schmerzhafte, ebenfalls körperliche Eingriff, auf dem sie häufig mit großer Hartnäckigkeit bestehen, ihnen eine Erlösung aus dieser Not verschafft? Muß diese Klage immer wiederholt werden, weil das Körpersymptom für den Patienten das einzig mögliche Kommunikationsmedium für ein in Wirklichkeit anders geartetes, existentielles Leidensgefühl darstellt, das nach Mitteilung verlangt? Wird diese Mitteilung an den Arzt adressiert, weil dieser aus seiner Rolle heraus reagieren *muß*, wenn sich ihm ein Mensch als körperlich Kranker anbietet, das Körpersymptom hier also eine Reaktion erzwingt, von der der Patient glaubt, daß sie ihm auf andere Weise freiwillig niemals gewährt würde?

Das nicht objektivierbare oder auf unerklärliche Weise therapieresistente Schmerzsyndrom wäre nach dieser inneren Logik dann jenseits des sekundären Krankheitsgewinns primär unverzichtbar, weil es für den Patienten die einzige Möglichkeit darstellt, sich mit dem Teil seines Selbst in ein System zwischenmenschlicher Beziehungen einzubinden, der in seiner Stummheit und Fragilität anders nicht artikuliert werden kann und deshalb darauf angewiesen ist, sich in der Krankheit mitzuteilen. Wenn dies so ist, wird die empathische Antwort des Arztes im allgemeinen nur darin bestehen können, die Notwendigkeit der Krankheit bzw. der Körperklage, in der sie ausgedrückt wird, zu akzeptieren und mit seiner medizinischen Autorität gleichzeitig der Provokation des Patienten zu widerstehen, die auf den körperlichen Eingriff drängt.

Den Patienten vor diesen selbstschädigenden Tendenzen zu schützen und ihn dabei trotzdem als Leidenden ernst zu nehmen, ist sicherlich keine leichte Aufgabe. Ihre Bewältigung wird davon abhängen, inwieweit der geforderte Arzt den Sinn der Krankheit seines Patienten versteht, der sich nicht mit der medizinischen Diagnose zur Deckung bringen läßt. Und sie wird davon abhängen, inwieweit er das Ausmaß der Kränkung begreift, die ein solcher Patient empfinden muß, wenn ihn sein Arzt mit der Feststellung «Sie haben nichts» entläßt. Für den Analytiker ergibt sich im gleichen Zusammenhang die Notwendigkeit, dem Körpersymptom seines Patienten mehr Aufmerksamkeit zu schenken, als dies im psychoanalytischen Dialog sonst üblich ist, um die körperliche Schmerzerfahrung in eine psychische zu verwandeln bzw. zurückzuverwandeln.

Wenn wir nach dem Wesen des seelischen Schmerzes fragen, der sich hinter der masochistischen Deckphantasie verbirgt, dann zeigt sich, daß dieser seelische Schmerz in topographischen oder Strukturmodellen nicht definierbar ist. Er wird – so Khan – vom Selbst erlebt, während die verschiedenen schmerzlichen Affekte in den Erfahrungsbereich des Ich gehören. In der masochistischen Phantasie erschafft sich das Ich mit wirklichen oder imaginierten Gestalten einen solchen Affekt und damit eine stets verfügbare Atmosphäre von Schmerz, die der Kontrolle des Ich unterliegt und libidinisiert werden kann. Auf diese Weise schützt das Ich das Selbst vor einem seelischen Schmerz, der es zusammen mit dem Ich auszulöschen droht (a. a. O., S. 304 f.).

Folgt man dieser Vorstellung, dann muß es bei der Analyse der masochistischen Deckphantasie darum gehen, den durch sie signalisierten und gleichzeitig abgewehrten seelischen Schmerz dem Patienten vorstellbar und erlebbar zu machen, ohne ihn damit zu zerstören. Dieser seelische Schmerz will gesehen werden, und zwar von einem unaufdringlichen Zeugen, der auch nicht das voreilige Bedürfnis hat, den Kummer zu stillen. Khan ist sogar der Auffassung, «daß eben dieses Bedürfnis des Menschen, ein *Anderer* möge in Schweigen und Zurückhaltung Zeuge seines seelischen Schmerzes sein, den Gedanken der Allgegenwart Gottes im menschlichen Leben schuf» (S. 302, Hervorhebung durch den Autor). Seelischer Schmerz, der sich ohne einen solchen allgegenwärtigen Anderen in einem von Objekten entvölkerten psychischen Raum ereignet, ist vernichtend und verwandelt ein sonst toleriertes und akzeptiertes Leiden deshalb leicht in seine pathologischen Substitute (a. a. O.).

Die Zurückführung des masochistischen Ersatzgefühles in den (ursprünglichen) authentischen seelischen Schmerz wird mit Hilfe eines Analytikers möglich, der selbst davon überzeugt ist, daß ein solcher Schmerz nicht tötet und dem Patienten durch seine unaufdringliche Anwesenheit dazu verhilft, diese bisher stumme Zone seiner Psyche zu beleben und den dabei erfahrenen Schmerz als Teil seines Selbstgefühls zu akzeptieren. Mit dieser Zurückhaltung respektiert der Analytiker gleichzeitig die auto-erotische Abwehr des Patienten und gerät nicht so leicht in die Rolle des eindringenden Verfolgers, gegen den diese Abwehr ursprünglich einmal errichtet wurde.

Eine aktivere Haltung kann dort angebracht sein, wo das ursprüngliche Objekt sich nicht so sehr aufdrängte, als vielmehr entzog. Masochistische Phantasiegebilde sind ja sehr oft der Versuch, frühe Erfahrungen mit einem gleichgültigen, nicht ansprechbaren und auch nicht irritierbaren, also letztlich «immunen» Objekt durch die Imagination einer Figur zu korrigieren, die absichtlich leiden läßt oder die auf Leiden reagiert. In der Analyse solcher Patienten ist es deshalb von besonderer Bedeutung, daß der Analytiker dem Patienten als reagierendes (mitfühlendes, aber auch irritierbares) Objekt erlebbar wird.

Für manche Patienten ist es eine völlig neue Erfahrung, daß sie in der Lage sind, bei einem Gegenüber überhaupt irgendetwas zu bewirken. Eine solche Erfahrung ist jedoch nicht nur unabdingbare Voraussetzung, um sich selbst im Denken und Handeln empathisch auf einen anderen zu beziehen. Sie bremst auch wirksam die Tendenz zur paranoiden Verkennung des Analytikers und seiner Motive, zu der solche Patienten leicht immer dann tendieren, wenn sie durch eine falsch verstandene Abstinenz des Analytikers darauf verwiesen werden, die Analytiker-Patient-Beziehung mit der archaisch-destruktiven Welt ihrer internalisierten Selbst- und Objektrepräsentanzen zu bevölkern (vgl. Rohde-Dachser 1982).

5. Schlußbemerkung

Der Patient, der in der therapeutischen Beziehung mit einem derart nach Bedarf unaufdringlich anwesenden, aber auch antwortenden Analytiker fähig wurde, seinen authentischen seelischen Schmerz zu erleben und um den Sinn seiner masochistischen Inszenierung weiß, ist nicht mehr zwingend auf die Empathie eines anderen angewiesen, weil er jetzt in der Lage ist, sich selbst zu verstehen und seine jeweilige Befindlichkeit auch in einem inneren Gespräch mit sich selbst empathisch zu spiegeln.

Damit ist der strukturelle Mangel aufgehoben, den ich eingangs als die Unfähigkeit beschrieben habe, ein empathisches, das Selbst des Patienten spiegelndes inneres Objekt als psychische Struktur zu etablieren. Mit ihm entfällt auch die Notwendigkeit, das fehlende empathische Objekt in der masochistischen Phantasie zu kreieren. Wo die Funktion solcher Inszenierungen hauptsächlich darin bestand, den Ausfall des empathischen inneren Objektes zu kompensieren, werden sie deshalb in diesem Prozeß überflüssig oder unterliegen zumindest einem Funktionswandel, in dem es dann nicht mehr um das psychische Überleben geht, sondern um einen ubiquitären sexuellen Erlebens- und Verhaltensmodus, eine mögliche Form der Selbstexpression neben anderen, zwischen denen für das Individuum eine Wahlmöglichkeit besteht.

McDougall stellt in ihrem «Plädoyer für eine gewisse Anormalität» (1978) die Frage, wie man einen Menschen, der früh auf den Dialog mit sich selbst, einen narzißtischen Dialog also, zurückverwiesen wurde und deshalb gewohnt ist, nur auf sich selbst zu hören, dazu bringen kann, etwas anderes zu hören und in sich aufzunehmen (a. a. O., S. 322). Wollte man die hier propagierte therapeutische Haltung auf ihre knappste Formel bringen, dann könnte die Antwort lauten: «Indem man zunächst ihm zuhört und ihm signalisiert, daß man ihn hören möchte.»

Kapitel 3
Zum Problem der Näheangst – theoretische und klinische Aspekte

1. Das Phänomen der Näheangst

In diesem Kapitel geht es um das Problem der Näheangst. Näheangst gehört zu jenem menschlichen Grundkonflikt, in dem die Nähe zu einem anderen ersehnt wird. Gleichzeitig wird diese Nähe aber auch als Gefahr erlebt und von daher wiederum gemieden. Der Konflikt führt zu einem charakteristischen Schwanken zwischen Nähe und Distanz, der oft zum Scheitern einer Beziehung führt und Schmerz, Wut und Verzweiflung hinterläßt. Für manche Menschen kann dieser Konflikt zum leidvollen Grundthema ihres Lebens werden, zu einem unlösbaren Dilemma, das sie dann manchmal auch in die Praxis des Psychoanalytikers führt. Dort berichten sie dann oft von einer Serie gescheiterter zwischenmenschlicher Beziehungen. Hinter der individuellen Vielfalt der Klagen zeichnet sich dabei ein Grundmuster ab, das die Beschwerdeschilderungen oft wie ein roter Faden durchzieht: Ein Anderer wird ersehnt, gesucht, begehrt, und – manchmal nach großen Anstrengungen – auch erreicht. In dem Augenblick jedoch, wo wirkliche Nähe entstehen könnte, verändert sich, manchmal fast schlagartig, das Grundgefühl des Patienten: Sein Interesse erlischt, schlägt in Gleichgültigkeit um; Gefühle der Wut, der Angst oder gar des Ekels treten anstelle des Nähe-Wunsches; oft sind es auch einfach körperliche Mißempfindungen oder Organbeschwerden, die sich störend einmischen. Der zunächst unerklärliche Umschwung in der Befindlichkeit führt zu einer reflektorischen Rückzugsbewegung, mit der der Patient wieder Distanz gewinnt; die Annäherung kann dann erneut einsetzen, mit immer gleichem Resultat.

2. Psychoanalytische Theorien zur Erklärung der Näheangst

In der zeitgenössischen Psychoanalyse stehen verschiedene theoretische Modelle zur Verfügung, um diese oft als ich-fremd empfundene, vom Patienten nur beschränkt beeinflußbare Pendelbewegung zwischen Nähe und Distanz gegenüber einem bedeutsamen Objekt zu erklären. Neben der *psychoanalytischen Triebtheorie* sind dies die *psychoanalytische Selbstpsychologie*, die *psychoana-*

lytische Ich-Psychologie und die *psychoanalytische Theorie der Objektbeziehungen*. Ich werde die Hypothesen zur Erklärung der Näheangst aus den ersten drei Theorien hier lediglich kurz referieren, um mich anschließend ausführlicher der psychoanalytischen Theorie der Objektbeziehungen zuzuwenden.

Triebpsychologisch gesehen, könnte der unvermutete Rückzug des Patienten aus einer ursprünglich begehrten Nähe-Situation als Reaktion auf die Mobilisierung eines verpönten Triebwunsches verstanden werden, der inzestuöser Natur ist und wegen der mit ihm verbundenen infantilen Ängste nicht ins Bewußtsein treten darf. Die Nähe zum Anderen, insbesondere erotische und sexuelle Situationen, werden hier solange gesucht und ertragen, bis die intime Situation den verdrängten inzestuösen Triebwunsch stimuliert und sich damit für den Patienten unbewußt in eine Bedrohung verkehrt, auf die er mit Flucht reagiert.

Aus der Sicht der psychoanalytischen Selbstpsychologie (Kohut 1971, 1977) beinhaltet Nähe zu einem bedeutsamen Objekt demgegenüber vor allem eine erhöhte narzißtische Verwundbarkeit. In der Nähe-Situation können zentrale Selbstkonzepte in Frage gestellt werden, Größenvorstellungen an der Realität scheitern, lang gehegte Beziehungsphantasien wie Seifenblasen zerplatzen.

> Beispiele für solche narzißtischen Verletzungen gibt es viele. Ich beschränke mich auf die tragisch-komische Geschichte eines Patienten, dessen einmal vermutlich lebensrettender Tagtraum in einer von schweren Ehezerwürfnissen der Eltern belasteten Kindheit darin bestanden hatte, mit der Mutter aus der Streitfamilie fort an einen heimlichen Ort im Wald zu ziehen, sie und sich selbst dort vor allem Bösen zu beschützen und ihr die Jagdbeute zu Füßen zu legen, die er (in dieser Phantasie) unter Lebensgefahr als Wilderer erlegt hatte. Er übertrug diesen Tagtraum später auf seine erste Liebesbeziehung, in der er immer wieder eine Szenerie zu schaffen suchte, die sich seinem Tagtraum annäherte. In seiner Analyse berichtete dieser Patient, wie der lapidare Satz seiner Freundin: «Ich mag Rehbraten nicht», den brutalen, lange nicht verwundenen Sturz aus dieser Beziehungsphantasie einleitete.

Das Interesse der psychoanalytischen Ich-Psychologie, eines dritten theoretischen Modells, um Näheangst zu konzeptualisieren, gilt demgegenüber weniger der in der Nähe auftretenden Befürchtung, als vielmehr den Bewältigungsstrategien, die dem Ich im Umgang mit dieser Befürchtung zur Verfügung stehen (vgl. Hartmann 1958; Blanck und Blanck 1974, 1979). Das jeweils verfügbare Potential an solchen Strategien ist stark situationsabhängig und kann mit dem jeweiligen Ich-Zustand eines Menschen variieren. Nähe-Situationen enthalten per definitionem einen regressiven Sog, der auch reifere, dem Patienten sonst verfügbare Ich-Funktionen mit erfassen kann. Das Ich kann zur Bewältigung der auftauchenden Konflikte dann nicht mehr auf reifere Abwehrmechanismen zurückgreifen, sondern muß sich gegen die auftauchenden archaischen Ängste mit primitiveren Schutzmechanismen (vor allem Spaltung,

Projektion und Verleugnung) verteidigen. Ausmaß und Inhalt der Näheangst korrespondieren deshalb immer eng mit dem Niveau der Ichfunktionen, das einem Menschen in der Nähesituation verfügbar bleibt.

Andere theoretische Ansätze konzentrieren sich stärker auf das theoretische Modell der Objektbeziehungen, das vor allem geeignet erscheint, das für die Nähe-Angst typische repetitive Kippen zwischen Nähewunsch und Distanzbedürfnis zu erklären und für unser Thema deshalb von besonderer Bedeutung ist. Zwei Ansätze der psychoanalytischen Objektbeziehungstheorie, nämlich den von Mahler et al. (1975) und von Kernberg (1975, 1976), möchte ich im folgenden eingehender untersuchen.

Mahler hat mit ihrer «Theorie von Loslösung und Individuation» ein Phasenmodell der kindlichen Entwicklung vorgelegt, das schwerpunktmäßig die ersten drei Lebensjahre umfaßt. Darin werden unter anderem auch die Schritte beschrieben, mit denen das Kind gegen Ende des zweiten Lebensjahres – nämlich in der sog. «Wiederannäherungsphase» – seine optimale Distanz zur Mutter zu bestimmen sucht. Es geht dabei um eine Pendelbewegung, in der das Kind sich abwechselnd von der Mutter entfernt und sich ihr wieder annähert. Die mit zunehmender Entfernung von der Mutter anwachsende Trennungsangst veranlaßt das Kind zur Umkehr und zur Wiederannäherung an die Mutter. Diese Wiederannäherung wiederum wird von einer Angst gebremst, die Mahler als «Angst vor Wiederverschlingung» bezeichnet. Unter bestimmten Bedingungen, zu denen vor allem die Nichtverfügbarkeit der Mutter gehört, kann es zu einer Fixierung auf die Konflikte der Wiederannäherungsphase kommen, die im Erwachsenenleben dazu führt, daß enge Beziehungen auch dort durch die beschriebene Pendelbewegung (vom Anderen weg und wieder zu ihm zurück) bestimmt werden.

Mahlers «Theorie von Loslösung und Individuation» ist in der Psychoanalyse heute allgemein akzeptiert. Dabei wird insbesondere das Modell der Wiederannäherungsphase oft fast routinemäßig herangezogen, um Schwierigkeiten der Nähe-Distanz-Regulation in engen zwischenmenschlichen Beziehungen zu erklären. Aus meiner Sicht weist es jedoch auch Schwächen auf, die seine klinische Brauchbarkeit einschränken.

Es enthält vor allem metaphorische Redewendungen, nämlich «Angst vor Wiederverschlingung» (häufig auch «Angst vor Verschlungenwerden»), die eine stark projektive Konnotation besitzen. Sie erzeugen fast zwingend die Phantasie, die in der Nähe zu befürchtende Gefahr komme von außen. Die Theoriesprache bestätigt hier also implizit die projektive Abwehr, mit der die Nähe-Angst – wie wir noch sehen werden – regelmäßig gekoppelt ist. Die Rede von der möglichen Wiederverschlingung suggeriert geradezu die Vorstellung von einem bösen äußeren Objekt, welches mit weit aufgesperrtem Rachen die Existenz oder doch wenigstens die Autonomie seines Opfers bedroht. Die Gefahr, daß Analytiker und Patient dann gemeinsam gegen den so georteten Feind (häufig den Partner des Patienten) zu Felde ziehen, scheint mir nicht immer ausreichend gebannt: die Sprache verrät es. Damit wird nicht grundsätzlich gegen die Verwendung von Metaphern innerhalb der Psychoanalyse Stellung genommen, wohl aber eine Aufklärung der in ihnen enthaltenen projektiven Denkfiguren gefordert (so auch Schafer 1976).

Die Theorie der Objektbeziehungen (Kernberg 1975, 1976) vermeidet solche projektiven Metaphern. Auch sonst erscheint Kernbergs Beschreibung der Entwicklung der frühen Objektbeziehungen in mancher Hinsicht geeigneter, das widersprüchliche Verhalten in der Nähe-Situation zu erklären. Für Kernberg sind die frühen Objektbeziehungen des Kindes Teil-Objektbeziehungen, d.h. Beziehungen, in denen das Kind das Objekt alternierend als «ganz gut» oder aber «ganz böse» wahrnimmt und dementsprechend die Nähe des Objekts sucht oder aber seine Nähe fürchtet. Die psychischen Repräsentanzen dieser Teilobjekte sind mit einem «ganz guten» oder «ganz bösen» Bild eines (Teil-)Selbst verbunden; den Selbst-Objekt-Repräsentanzen, die auf diese Weise entstehen, entspricht ein jeweils spezifischer Affekt. Zu den «ganz guten» Objektbildern gehört ein positives Selbstbild und ein ebenso positiver Affekt (z. B. Freude, Wohlbehagen, Geborgenheit). Beziehungsmuster mit einem «bösen Objekt» umfassen auch ein «böses» Selbst und eine negative Gefühlsvalenz. Folgt man Kernberg, dann ist diese Unterscheidung früher Erfahrungen nach dem Muster «lustvoll» vs. «unlustvoll» bzw. «gut» vs. «böse» das erste Strukturierungsprinzip, mit dem das Kind seine vielfältigen Erfahrungen mit den Objekten ordnet, einen ersten Auszug von Invarianz aus ihnen vornimmt. Die sich in diesem Prozeß allmählich herausbildenden «ganz guten» und «ganz bösen» Selbst-Objekt-Affekt-Einheiten integrieren sich später (im Verlauf des dritten Lebensjahres) allmählich zu realitätsgerechteren Beziehungsmustern; wir könnten auch sagen: zu Beziehungsmustern, die nicht nur Schwarz-Weiß-, sondern auch Grautöne zulassen.

Dies bedeutet jedoch nicht, daß die früheren, in gut und böse gespaltenen Objektbilder endgültig untergegangen sind. Unter regresssionsfördernden Bedingungen (d.h. unter Bedingungen, die einem Abbau höher organisierter Strukturen Vorschub leisten, wie dies in der Nähesituation leicht geschieht), können sie wieder wirksam werden und den sonst durchaus realitätsangepaßten Selbst- und Objektrepräsentanzen eines Individuums zumindest in dieser Situation die Färbung früherer, auf Spaltung basierender Imagines verleihen.*

Ein so regredierter Mensch erlebt und handelt dann, als ob diese Imagines eine Entsprechung in der Realität (z.B. in der Person des Partners) besäßen.

---

* Dies gilt auch dann, wenn diese gespaltenen Selbst- und Objektimagines erst zu einem späteren Zeitpunkt der kindlichen Entwicklung gebildet werden, wie neuere Ergebnisse der Säuglingsforschung nahelegen (Stern 1985). Danach speichert der Säugling in den ersten 18 Lebensmonaten seine Erfahrungen mit der Umwelt nach sensomotorischen Schemata. Eine dichotomische Aufteilung der Erfahrungen nach «ganz gut» und «ganz böse» setzt demgegenüber – folgt man Stern – die Fähigkeit zur Symbolisierung voraus, die der Säugling erst mit etwa 18 Lebensmonaten erwirbt. Für das klinische Bild der Regression mit dem Verlust reiferer Ichfunktionen einschließlich der Fähigkeit, die Objekte einigermaßen realistisch wahrzunehmen, ist diese entwicklungspsychologische Fragestellung aber nur von untergeordneter Bedeutung.

Die mit der Nähe-Angst verknüpfte Pendelbewegung läßt sich dann in der Weise beschreiben, daß es das Bild des guten Objekts und die mit ihm verknüpften positiven Gefühle sind, die den Patienten zum Partner hinführen, bis es in der Nähesituation zum Kippen dieses Bildes kommt, und zwar in eine böse Repräsentanz des Objekts, begleitet von negativen Gefühlen, die zur Flucht aus dieser Nähe führen und sie gleichzeitig rechtfertigen.

Die Frage ist, was dieses Unmkippen einleitet. Vieles deutet darauf hin, daß wir es mit Erfahrungen zu tun haben, die am ehesten als Verlust der primären Autonomie beschrieben werden können. «Primäre Autonomie» beruht auf der Fähigkeit, andere Affekte haben zu können als das Gegenüber. Sie wird – so Rainer Krause (1984) – etwa mit dem 18. Lebensmonat erworben und entspricht in vielem Margaret Mahlers «Angst vor Wiederverschlingung», die zur gleichen Zeit entwickelt wird und vermutlich auch als «Angst vor Identitätsverlust» beschrieben werden könnte. Ich ziehe den Ausdruck «primäre Autonomie» jedoch vor, nicht nur, weil er projektive Konnotationen vermeidet, sondern auch, weil er stärker die affektive Trennung betont, die mit dem Erleben von Identität einhergeht.

Wo enge Objektbeziehungen auch im Erwachsenenleben diese primäre Autonomie gefährden, bedarf es distanzregulierender Mechanismen, die die Selbsterhaltung sichern. Die selbsterhaltende Reaktion besteht dabei oft in der Aktivierung eines antagonistischen Affekts, z. B. einer Wutreaktion, die das Abrücken vom Objekt rechtfertigt. Wenn es sich dabei um fest eingefahrene, repetitive Muster der «Selbst-Verteidigung» handelt, sind sie für die Beziehung auf Dauer eine schwere Belastung, zumal dann, wenn sie im nachhinein mit einer Kausalverknüpfung verbunden werden, in der die Schuld für den Bruch der Nähesituation dem Partner zugeschoben wird. In der psychoanalytischen Behandlungs-Situation wird es dann darum gehen, diese repetitiven Muster zu erkennen und Alternativen zu entwickeln, die dem Patienten die Aufrechterhaltung der primären Autonomie (d. h. das Erleben eines eigenen Handlungsspielraums) in der Nähe-Situation ermöglichen, ohne mit den beschriebenen destruktiven Konsequenzen einherzugehen.

Im folgenden möchte ich ein therapeutisches Vorgehen beschreiben, das nach meinen Erfahrungen diese Voraussetzungen weitgehend erfüllt. Die Interventionen des Analytikers orientieren sich dabei vor allem an den inneren Bildern des Patienten vom nahen Anderen, die sehr oft unbewußt sind und erst langsam aufgedeckt werden müssen. Eine Orientierung am Affekt führt an dieser Stelle dagegen eher in die Konfusion, weil immer wieder schwer auszumachen ist, ob der Patient mit dem signalisierten Affekt auf ein Verhalten des Analytikers reagiert, oder ob der Affekt in Szene gesetzt wird, um sich vom Analytiker abzugrenzen und auf diese Weise die primäre Autonomie zu wahren. Die Patienten selbst empfinden ihre Affekte außerdem oft als etwas, was sich außerhalb ihrer Kontrolle ereignet und fühlen sich ihnen ausgeliefert. Die kognitiven Funktionen, vor allem die Funktion der Realitätsprüfung, werden demgegenüber als verläßlicher erlebt. Das hier vorgeschlagene therapeutische Vorgehen zielt deshalb darauf ab, die in der Therapie visualisierten Bilder des Objekts einer solchen Realitätsprüfung zu unterziehen.

3. Zur Therapie der Nähe-Angst

Daß mit intensiven Affekten, die sich auf ein Objekt richten, auch wechselnde innere Bilder einhergehen, selbst wenn sie – im Gegensatz zum Affekt – selten spontan registriert werden, läßt sich mit Hilfe eines kleinen Experimentes verdeutlichen, das ich erstmals im Rahmen meines Unterrichts über die Theorie der Borderline-Erkrankungen erprobte. Damals ging es mir um die Demonstration der These von Kernberg, daß der plötzliche Wechsel eines Affekts gegenüber einem wichtigen Objekt mit einer Veränderung der inneren Abbildung dieses Objekts einhergeht.

Die Teilnehmer der Gruppe, meistens Psychotherapie-Weiterbildungs-Kandidaten, wurden dabei aufgefordert, mit geschlossenen Augen das Bild eines ihnen wichtigen Menschen auf eine innere Leinwand zu projizieren. Sie sollten sich dieses Bild intensiv betrachten, um sich dann eine Situation vorzustellen, in welcher sie sich diesem Menschen ganz nahe fühlten, mit ihm glücklich waren. Nach einigen Minuten wurde diese Aufforderung verändert. Sie sollten den gleichen Menschen nunmehr in einer Situation visualisieren, in der er sie enttäuscht oder gekränkt hatte. Schließlich sollte der gleiche Mensch auf der inneren Leinwand als Abwesender abgebildet werden, also in einer Situation von Trennung.

Das Ergebnis überraschte mich damals zunächst ebenso wie die Teilnehmer. Fast alle Kandidaten berichteten, daß sich auf die Aufforderung hin lebhafte Bildvorstellungen eingestellt hätten: Manchmal ganze Szenen, oft aber auch einfach nur ein Gesicht mit überdeutlichen Augen oder fast nur aus einem Mund bestehend; Farbeindrücke anstelle von Formen; vage Konturen eines Körpers; Arme, die sich zärtlich um einen Körper schlingen; Haare, usw. Diese und andere Bilder veränderten sich abrupt in dem Moment, wo die Assoziation von Enttäuschung und Kränkung, später Trennung, eingeführt wurde. Bei mehreren Teilnehmern verschwanden die Bilder ganz; ein Gesicht mit vorher warmen braunen Augen hatte plötzlich nur mehr leere Augenhöhlen; aus anderen Bildern wich die Farbe, sie wurden grau oder schwarzweiß. Bei der Vorstellung von Trennung entfernte sich das Bild für einen Teilnehmer wie von einer Gummilinse weggezogen und wurde winzig.

Alle Teilnehmer berichteten im nachhinein übrigens übereinstimmend, daß sie sich in ihren zum Teil langen Lehranalysen kaum über die Existenz dieser Imagines Rechenschaft abgelegt hatten, sondern stets nur über die damit verbundenen Gefühle (Enttäuschung, Kränkung, Trennungsschmerz, Angst u. ä.). Vermutlich waren sie ebenso wie auch der Analytiker allzu selbstverständlich davon ausgegangen, daß die Repräsentanz des Objektes so konstant sei wie das reale Objekt und nur die Gefühle ihm gegenüber sich je nach Kontext veränderten.

Patienten fühlen sich in ihren engen Objektbeziehungen, die therapeutische Beziehung eingeschlossen, oft von heftigen Gefühlen erschüttert, denen sie sich ausgeliefert fühlen, die sich in ihre Beziehung mischen und mit denen sie oft kämpfen wie mit einem leibhaftigen Gegner. Dabei empfinden sie diese Gefühle selbst als realitätsunangemessen, ohne sie, bei aller Anstrengung, verändern zu können. In diesen Situationen ist es sinnvoll, ähnlich wie in dem beschriebenen Gruppenexperiment, mit dem Patienten zusammen systematisch die Selbst- und Objekt-Imagines zu erkunden, die diese Gefühle begleiten. Es handelt sich dabei um eine Aufforderung zum Bildern, nicht zum freien Einfall, und zwar in Zusammenhang mit dem gerade aktuellen Affekt. Der Patient erkennt dann oft erstaunt, daß seine scheinbar unverständlichen Gefühle keine Reaktion auf ein reales Objekt darstellen, sondern auf Imagines von oft unvermutet archaischem Charakter, und sich in diesem phantasierten Beziehungsmuster als völlig adäquat erweisen.

Winnicott (1965) nennt einen solchen Dialog, wo reale Objekte durch solche von subjektiver Natur ersetzt werden, eine «Sackgassen-Kommunikation» (S. 240) und stellt fest: «Es scheint keinen Zweifel zu geben, daß die ‹Sackgassen-Kommunikation› trotz der Nutzlosigkeit, die sie für den Betrachter hat, ganz real erscheint» (S. 241). Und als ob er den Einwand, hier würden Borderline-Phänomene beschrieben, vorwegnähme, fährt er fort:

> Es gibt im gesunden (d. h. in bezug auf die Entwicklung der Aufnahme von Beziehungen zum Objekt reifen) Menschen das Bedürfnis nach etwas, das dem Zustand des gespaltenen Menschen entspricht, bei dem ein Teil der gespaltenen Persönlichkeit schweigend mit subjektiven Objekten kommuniziert (a. a. O.).

Nach meiner Erfahrung vollzieht sich der Übergang von der realen Kommunikation hin zum Dialog mit inneren Objekten tatsächlich oft so unauffällig, daß weder der Patient noch seine Gesprächspartner dies immer rechtzeitig bemerken. Die Veränderung des Blick-Fixpunktes des Patienten ist dann manchmal das einzige (averbale) Signal dafür, daß der Patient während des Sprechens innerlich den Kommunikationspartner gewechselt hat. Hierzu eine – wie ich glaube – ganz eindrucksvolle kasuistische Vignette:

In einer Paartherapie konnte ich beobachten, wie der Ehemann mitten im Gespräch mit seiner Partnerin plötzlich den Blickkontakt mit ihr verlor und anfing, einen Punkt im Raum zu fixieren. Dabei setzte er seine Rede fort, in der er bereits des längeren dargestellt hatte, daß er sich nicht vorstellen könne, sich allein, d. h. ohne seine Frau, wirklich wohl zu fühlen. Er habe das Gefühl, als ob sie ihm das verbiete. Dann berichtete er einen Traum, wo er glücklich (ohne seine Frau) mit anderen Menschen auf der Straße tanzte. Danach sei er im Traum «nach Hause» gegangen, wo ihn seine Mutter bereits auf der Treppe erwartete. Ihr Gesicht war giftgrün; sie habe ausgesehen wie ein Vampir. Die Gestalt blickte ihn schweigend an und wies dabei auf eine verendende Katze im Treppenhaus, so als ob sie sagen wollte: «So wird es Dir auch ergehen, wenn Du Dich von mir entfernst!» – Im Anschluß an diesen Traumbericht begann der Patient unverzüglich damit, den Traum zu interpretieren, den Blick immer noch fest auf den imaginären Punkt im Raum gerichtet. Dabei zog er für sich die Schlußfolgerung, daß er allein nicht glücklich sein dürfe, und daß seine Frau sicher nicht ehrlich sei, wenn sie ihn auffordere, doch einmal etwas ohne sie zu unternehmen. Er sei sicher, sie wolle ihm damit nur eine Falle stellen.

An dieser Stelle unterbrach ich ihn und forderte ihn auf, seine Partnerin anzusehen. Er schien irgendwie zu erwachen und einen Moment lang völlig überrascht, das Gesicht seiner Frau nicht giftgrün und vampirhaft vorzufinden. «Was sehen Sie?» fragte ich ihn. Sein bis dahin ungemein gequälter Gesichtsausdruck veränderte sich daraufhin schlagartig. Er strahlte seine Frau an und sagte: «Hübsch ist sie!» Dann konnte er schildern, daß ihm noch einen Augenblick zuvor überhaupt nicht aufgefallen war, daß er nicht mit seiner Frau, sondern mit einer Traumgestalt gesprochen hatte, auch, daß es für ihn selbstverständlich gewesen war, daß «Nachhausekommen» bedeutete, zur Mutter zu gehen, obwohl er dort real schon längst nicht mehr wohnte.

In diesem Beispiel wurde ein Patient im Rahmen einer Paar-Therapie aktiv (und erfolgreich!) mit der Realität seiner Partnerin konfrontiert. In der dyadischen psychoanalytischen Situation würde an die Stelle einer solchen Konfrontation typischerweise eine Deutung treten.

Hier sollten zwei Deutungsmuster unterschieden werden, und zwar in Abhängigkeit von der jeweiligen Ebene der Objektbeziehung, auf der der Patient sich gerade bewegt. Auf der Ebene ganzer (konstanter) Objektbeziehungen könnte eine solche Deutung lauten: «Sie befürchten, daß Ihre Frau Sie in ähnlicher Weise Ihrer Selbständigkeit berauben könnte, wie Sie das als Kind früher bei Ihrer Mutter erlebt haben.» Der Patient wird auf diese Weise aufgefordert, die gegenwärtige Befürchtung auf ihren Realitätsgehalt hin zu untersuchen, wobei Vergangenheit und Gegenwart miteinander verglichen, aber auch voneinander differenziert werden. Das Aufdecken der Übertragung (man könnte hier auch von einer Übertragungsdeutung sprechen), bewirkt sehr oft die Einsicht, daß die vom Patienten geäußerte Befürchtung zumindest übertrieben war, sofern sie nicht überhaupt hinfällig wird. Prinzipiell könnte sich die Befürchtung des Patienten in diesem Beispiel jedoch auch als real erweisen; die Annahme, daß Mutter und Ehefrau (oder auch der Therapeut) gleich einengend sind und auch die Macht haben, ihre Wünsche auf ganz ähnliche Weise durchzusetzen, wird zumindest nicht von vornherein ausgeschlossen, sondern überprüft und gegebenenfalls widerlegt.

Anders ist das therapeutische Vorgehen jedoch, wenn der Patient sich in seiner Phantasie auf der Ebene gespaltener Objekt- und Selbstbilder bewegt, wo die Fähigkeit zur Objektkonstanz definitionsgemäß verlorengeht und primitive Selbst-Objekt-Affekt-Einheiten mit entgegengesetzten Affekten einander abwechseln. In einem solchen Fall müßte die Deutung lauten: «Sie fühlen (handeln) so, als ob Ihre Frau (der Therapeut) ein Vampir wäre, der giftig ist und Sie aussaugen möchte und der sogar Ihren Tod bewirken kann.» In dieser Deutung geht es also weder um eine genetische Rekonstruktion noch um eine Überprüfung des möglichen Realitätsgehaltes der vom Patienten geäußerten Befürchtung. Alle Fragen des Analytikers, die in diese Richtung zielen, werden nach meiner Erfahrung vom Patienten leicht dazu mißbraucht, seine primitiven projektiven Verzerrungen weiter zu untermauern. In der hier vorgeschlagenen Deutung wird dagegen der Als-ob-Charakter der Befürchtung unterstrichen, und das Bild der realen Partnerin wird eingeführt, nicht um es von einer früheren realen Beziehungsperson zu differenzieren, sondern von einem Phantasieungeheuer, das weder in Gestalt der Mutter noch der Ehefrau existiert oder jemals existiert hat, vom Patienten in diesem Augenblick jedoch so real erlebt wird, wie auch kleine Kinder die von ihnen nach einem ganz ähnlichen Muster erschaffenen Gespenster erleben und fürchten können.

Nach dem gleichen Muster wird es dann oft auch möglich, die in der Nähe-Situation vorgenommenen projektiven Wahrnehmungsverzerrungen schrittweise einer Realitätsprüfung zu unterziehen. Dies gilt insbesondere für jene Zuschreibungen an den Partner (die Partnerin), die die Flucht aus der Nähesituation begründen sollen. Die in der Nähesituation auftretenden, zunächst unerklärlichen, auf der bewußten Ebene störenden, in Wirklichkeit aber der Distanzregulierung dienenden Affekte (z. B. Gleichgültigkeit, Unbehagen oder Wut) verlangen nach einer Begründung. Zusammen mit der bereits beschriebenen Tendenz, die Gefahrenquelle außen zu orten, führt dies fast unausweichlich zu der Feststellung, der Andere, der Partner der Dyade sei es, der für den Umbruch der eigenen Gefühlsverfassung verantwortlich ist. Welcher konkrete Vorwurf dann jeweils erhoben wird, ist fast beliebig. Die Entkräftung eines Vorwurfs erzeugt in einem solchen Fall sofort einen neuen; die über den Partner geführten Beschwerden wirken weitgehend austauschbar. Fragt man einen solchen Patienten: «Was müßte Ihr Partner tun (oder nicht tun), damit Sie sich in seiner Nähe wirklich gut fühlen könnten?», ist er in aller Regel um eine Antwort verlegen. Wenn er ehrlich wäre, müßte er sagen: «Ich weiß es nicht, es gibt im Grunde keinen Gegenbeweis für meine Gefühle.»

4. Die Nähe-Botschaft «Stirb und Werde»

McDougalls (1980) Aufsatz «Ein Kind wird gegessen» liefert einen Eindruck von der Intensität des projektiven Sogs, der in der Dyade wirksam werden kann.

McDougall beschreibt darin eine psychoanalytische Sitzung, in der man diesen projektiven Mechanismus in statu nascendi studieren kann. Der Patient berichtet dort zunächst, wie er tags zuvor auf einem Spaziergang plötzlich Hunger empfunden habe und beschloß, sich im Tiefgeschoß eines nahegelegenen Supermarktes Kekse zu kaufen. Er fuhr im Lift zur Lebensmittelabteilung hinunter. Dabei überkam ihn eine solche Angst, daß er eine Zigarette rauchen mußte. Während er dann in der Schlange an der Kasse wartete, hatte er plötzlich das Gefühl, stecken zu bleiben. «Wie in einer Eisendrehtür – klick, klack!» Dabei demonstrierte der Patient mit den Fingern seinen Eindruck, als ob ein Maul mit Zähnen sich hinter ihm schlösse. Seine erste, panische Angstvorstellung war: «Dies ist mein Grab!» Später trat dann die eher erotisch getönte Angstphantasie hinzu, in den Supermarkt hinuntergesogen zu werden, um dort zu sterben (a. a. O., S. 103).

Ich verzichte auf eine Interpretation dieser Phantasie, in der die Assoziationskette «Ich habe Hunger, ich will essen!» über einige Zwischenglieder zu der Vorstellung führt: «Der Supermarkt (die Nahrungsquelle) frißt mich, sie wird mein Grab.» Der Prozeß, in dem der anfängliche Hunger zur (erotisch getönten) «Angst vor Wiederverschlingung» wird, läßt den Projektionsmechanismus, der hier am Werke ist, unmittelbar deutlich werden. Statt dessen möchte ich abschließend auf die innige Verknüpfung von Genährtwerden, Lebendigsein und Sterben eingehen, die in diesem Beispiel sichtbar wird. Diese Gleichzeitigkeit von «Stirb und Werde!» ist für die Nähesituation immer gegeben, eben weil sie die Verheißung des Gestilltwerdens, also das Bild einer Lebensquelle, ebenso enthält wie die Versuchung der Selbstaufgabe im Sinne eines Identitätsverlustes, der Rückgängigmachung der «psychischen Geburt», wie die Individuation oft genannt wird, also des psychischen Todes. Das Denken in Gegensätzen, ohnehin eine relativ späte Erwerbung des menschlichen Geistes, kommt hier also nicht mehr ohne weiteres zum Tragen. In den archaischen Muttersymbolen ist der Mutterschoß immer Lebensquelle und Schlund zugleich. Auf dieser elementarsten Ebene menschlichen Denkens und Fühlens bedeutet die Aufforderung «Komm' zu mir, in meine Arme, in meinen Schoß» deshalb unausweichlich die Doppelbotschaft: «Stirb!» und «Werde lebendig!» Dieser Widerspruch, den nur der Sekundärprozeß als solchen empfindet, ist – wie ich glaube – auch mit den Mitteln der psychoanalytischen Deutung nicht völlig auflösbar. Wir können ihn auch an dieser Stelle nur benennen. In der Nähesituation kann er zu der wohl tragischsten zwischenmenschlichen Verstrickung führen, bei der ein Mensch einen anderen einlädt: «Komm nahe zu mir, zum Leben!», und der Geliebte dieser Einladung zunächst begierig folgt, um sie im nächsten Augenblick zurückzuweisen wie eine tödliche Bedrohung.

Sehr oft erweist sich das wirkliche Objekt bei näherem Zusehen jedoch als gar nicht so böse, und die menschenfressende Bestie entpuppt sich – wie im Märchen «La Belle et la Bête» – eher als verzauberter Prinz, der auf Erlösung wartet. Die Märchen lehren uns auch, daß Menschen, die an das Gute glauben, ein verzaubertes Ungeheuer in seine ursprüngliche (strahlende) Gestalt zurückverwandeln können. Etwas Vergleichbares geschieht in der psychoanalytischen Behandlung: Die Rückverwandlung erfolgt hier durch die Rücknahme der Projektion, nachdem diese als böses Zauberwerk entlarvt worden ist. In beiden Fällen gilt diese Aufgabe als schwierig. Sie erfordert Unbeirrbarkeit, Durchhaltevermögen und Kraft. In den Märchen beziehen die Erlöserfiguren diese Kraft oft aus ihrem unbeirrbaren Glauben an die Macht des Guten und aus ihrer Liebe zu einem verunstalteten Wesen, dessen wahres Gesicht sie instinktiv wahrnehmen, ohne sich durch Hexenzauber darin beirren zu lassen. Etwas Ähnliches gilt auch für die Erfahrungen in der psychoanalytischen Psychotherapie.

Kapitel 4
Die ödipale Dreieckskonstellation bei narzißtischen und bei Borderline-Störungen

1. Problemdefinition

In diesem Kapitel möchte ich das Problem der Näheangst nochmals von einer anderen Warte aus aufgreifen und zeigen, wie sie bei narzißtischen und bei Borderline-Patienten in Erscheinung tritt, die eng an ihre primären Objekte gebunden sind und von daher Schwierigkeiten haben, sich auf Dreieckskonstellationen einzustellen, mit denen sie im Laufe ihrer Entwicklung konfrontiert werden und die sie in irgendeiner Weise bewältigen müssen.

In der psychoanalytischen Theorie besteht Einigkeit darüber, daß beide Störungen, die narzißtische ebenso wie die Borderline-Persönlichkeitsstörung, in der präödipalen Entwicklungsphase ihren Anfang nehmen. Das bedeutet, daß die ätiologisch bedeutsamen Kindheitskonflikte solcher Patienten auf der psychosexuellen Entwicklungsachse zeitlich vor der ödipalen Phase liegen. Sie fallen damit in eine Lebensperiode (1. bis 3. Lebensjahr), in der sich auch die wichtigsten psychischen Strukturen, vor allem das Ich und das Selbst, konstituieren, die in dieser Phase deshalb auch in besonderem Maße verwundbar sind. Aus diesem Grunde bezeichnet die Diagnose einer präödipalen Störung immer auch einen Strukturmangel, d. h. eine Ich-Störung oder ein ichstrukturelles Defizit (vgl. z. B. Blanck und Blanck 1979; Rohde-Dachser 1983). Offen bleibt dabei die Frage, wie solche früh in ihrer Trieb- und Strukturentwicklung beeinträchtigten Kinder die ödipale Phase bewältigt haben. War ihnen – wie oft stillschweigend vorausgesetzt wird – dieser wichtige Entwicklungsschritt überhaupt verwehrt? Wenn nicht, wie konnten sie sich – derart mangelhaft gerüstet – der ödipalen Auseinandersetzung stellen? Verlief diese Auseinandersetzung möglicherweise einfach anders als bei Individuen mit weniger einschneidenden Traumatisierungen in den vorangegangenen Entwicklungsphasen? Darf man, wie zum Beispiel Loewald (1980) oder Lebovici (1982), vermuten, daß Art und Ausmaß der präödipalen Störung den Modus der ödipalen Auseinandersetzung auf jeweils spezifische Weise prägen? Diesen Fragen möchte ich in diesem Kapitel nachgehen. Dabei erscheint es mir wichtig, zunächst möglichst klar herauszuarbeiten, was eigentlich gemeint ist, wenn innerhalb der Psychoanalyse von «Ödipalität», «Ödipuskomplex» oder «ödipaler Dreieckskonstellation» die Rede ist.

2. Was heißt «Ödipuskomplex»?

Die Lehre vom Ödipuskomplex als dem Kernkomplex der Neurosen gilt als unverzichtbarer, von Freud zum Schibboleth erklärter Bestandteil der psychoanalytischen Theorie (vgl. Freud 1905, S. 128). Trotzdem (vielleicht aber auch gerade deshalb!) erweist sich seine genauere begriffliche Bestimmung schwieriger als erwartet. Auf dem Panel der American Psychoanalytic Association, das 1983 in Philadelphia stattfand und neben anderen Themen auch der Neubewertung des Ödipuskomplexes gewidmet war, verglich Simon den Ödipuskomplex unwidersprochen mit einer sich bewegenden und deshalb nicht leicht zu treffenden Zielscheibe: das, was er abdecke, habe sich in den letzten 70 bis 80 Jahren ständig verändert. Mittlerweile besitze der Begriff eine derartige theoretische Komplexität, daß eine Klärung unumgänglich geworden sei (vgl. Sacks 1985, S. 203, meine Übersetzung).

Freud selbst hat nirgends eine systematische Darstellung des Ödipuskomplexes gegeben (dazu Laplanche und Pontalis 1967, S. 352). Seine seit 1910 über das Gesamtwerk verstreuten Äußerungen zu diesem Thema (z. B. Freud 1910 a, 1923 b, 1923 c, 1924 a, 1925 c, 1931) werden von Laplanche und Pontalis zu folgender Definition des Ödipuskomplexes zusammengefaßt:

> Organisierte Gesamtheit von Liebes- und feindseligen Wünschen, die das Kind seinen Eltern gegenüber empfindet. In seiner sogenannten positiven Form stellt sich der Komplex dar, wie wir ihn aus der Ödipus-Sage kennen: Todeswunsch gegenüber dem Rivalen als Person gleichen Geschlechts und sexueller Wunsch gegenüber der Person entgegengesetzten Geschlechts. In seiner negativen Form stellt er sich umgekehrt dar: Liebe für den gleichgeschlechtlichen Elternteil und eifersüchtiger Haß für den gegengeschlechtlichen. In Wirklichkeit finden sich beide Formen in unterschiedlichem Grade in dem sogenannten vollständigen Ödipuskomplex (S. 351).

Hier wird der Komplex also als Triebkonflikt beschrieben, der aus dem Antagonismus der Wünsche resultiert, die das Kind in diesem Zusammenhang an die Eltern richtet. Wir erfahren ferner, daß dieser Konflikt sich innerhalb eines Drei-Personen-Gefüges (Vater/Mutter/Kind) ereignet, dessen strukturelle Merkmale jedoch genauso wenig näher bestimmt werden wie das psychische Strukturniveau der an ihm beteiligten Individuen. Im Zentrum des Interesses steht eindeutig die Triebdynamik des Geschehens. Dagegen definiert Loewald (1980) den Ödipuskomplex knapp als «psychische Repräsentanz einer zentralen, triebmotivierten konflikthaften Dreierkonstellation von Kind-Eltern-Beziehungen» (S. 377), wodurch das strukturelle (triadische) Moment des Geschehens sehr viel stärker in den Vordergrund rückt. Hohl (1983) geht noch einen

Schritt weiter und beschreibt den Ödipuskomplex praktisch ausschließlich unter Strukturgesichtspunkten:

> Der für Freud zentrale neurotische Konflikt jedes Individuums liegt dort, wo das Kind im Lauf seiner Entwicklung von einer dyadischen zu einer triangulären Beziehungsform übergehen muß; Freud bezeichnet diesen Konflikt als «Ödipuskomplex» und betrachtet ihn fortan als den «Kernkomplex der Neurose» (S. 78).

Damit wird die strukturell vorgegebene Konflikthaftigkeit der Drei-Personen-Konstellation zum eigentlich konstituierenden Moment der Ödipalität. Um in eine solche Konstellation eintreten zu können, muß das Kind einen gewissen psychischen Differenzierungsgrad erreicht haben, was – folgt man der herrschenden Lehrmeinung (vgl. z. B. Blanck und Blanck 1979, S. 109) – gegen Ende des dritten Lebensjahres der Fall ist. Zu diesem Zeitpunkt beginnt auch die ödipale Phase der Triebentwicklung, deren Inhalte die nunmehr trianguläre Repräsentanzenwelt des Kindes zunehmend prägen.

Diese wenigen Zitate machen exemplarisch deutlich, wie der Begriff des Ödipuskomplexes gegenwärtig zwischen einem triebdynamischen und einem strukturellen Pol oszilliert. Stolze (1976) stellt dazu fest:

> Die Schwierigkeiten im Verständnis des Ödipuskomplexes beruhen auf der Verquickung zweier Problemkreise, und zwar der Probleme, die im Rahmen der sexuellen Entwicklung des Kleinkindes auftreten, mit den Problemen der Entwicklung aus der frühen Dual-Beziehung Mutter-Kind heraus in die bewußten Bezüge zu mehreren Menschen (S. 616).

Er trifft damit die wohl wichtigste Wurzel der begrifflichen Unschärfe, die den Ödipuskomplex umgibt und psychoanalytischen Theoretikern seit längerem zu schafffen macht. Der Versuch, diese beiden Problemkreise besser zu differenzieren, führte Abelin (1971, 1975), Rotmann (1978) und andere psychoanalytische Autoren zur Formulierung des Konzepts einer «frühen Triangulierung» (oder auch «präödipalen Triangulierung»), die etwa mit dem 18. Lebensmonat des Kindes einsetzt, der ödipalen Phase also vorausgeht. Unter «früher Triangulierung» versteht Abelin den (strukturbildenden) Versuch des Kindes, die Beziehung zwischen seinen beiden wichtigsten Objekten, Vater und Mutter, zu begreifen und zu verinnerlichen (1975, S. 293), ohne daß dabei – wie bei der späteren ödipalen Triangulierung – sexuelle Inhalte und Rivalität gegenüber einem Elternteil eine größere Rolle spielen. Wie die anderen bisher referierten Theorien des Ödipuskomplexes basiert auch dieses Konzept auf der Annahme einer ursprünglichen Dualbeziehung, die sich über verschiedene Zwischenstufen hin zum ausgereiften ödipalen Dreieck entwickelt.

Demgegenüber postuliert Melanie Klein ein sehr viel früheres Einsetzen des Ödipuskomplexes (1927, S. 7). Nach ihrer Auffassung löst die dem Kind durch die Entwöhnung von der Mutterbrust auferlegte Versagung die Ödipusstrebungen aus, und zwar gegen Ende des ersten und Anfang des zweiten Lebensjahres (a. a. O.). Sie spricht deshalb auch von Frühstadien des Ödipuskomplexes, der als konflikthafte trianguläre Struktur spätestens mit Erreichen der von ihr so genannten «depressiven Position» die gesamte weitere Entwicklung des Kindes prägt. In einer späteren Schrift (1945) verlegt sie die Wurzeln des Ödipuskomplexes noch weiter zurück in die «paranoid-schizoide Position», wo begehrte oder auch persekutorische (Teil-)Objekte in Form der mütterlichen Brust und des väterlichen Phallus die Phantasiewelt des Kindes bevölkern.

Diese Frühstadien des Ödipuskomplexes sind von einem Triangulierungsbegriff zu unterscheiden, wie er beispielsweise bei Green (1975) und Lebovici (1982) auftaucht und sich auf trianguläre Strukturen bezieht, die aus den frühen Spaltungsoperationen des Kindes entstehen. Die damit verknüpften archaischen Selbst- und Objekt-Imagines dienen einer ersten, rudimentären Strukturierung der Erfahrungswelt in «lustvoll» und «unlustvoll» bzw. «gut» und «böse» und sind als solche ein ubiquitäres Durchgangsstadium menschlicher Entwicklung (Kernberg 1975). Bei Borderline-Patienten erhalten sich diese gespaltenen Bilder, so daß der Anschein entstehen kann, als seien Vater und Mutter in der ödipalen Struktur repräsentiert (vgl. Green 1975).

> Indessen sind es weder die Geschlechtsunterschiede, noch ihre Funktionen, die diese beiden Objekte zutiefst voneinander unterscheiden. Die Unterscheidung geschieht vielmehr nach zwei Kriterien: Das gute und das schlechte Objekt einerseits, die Nichtexistenz (oder der Verlust) und die beherrschende Präsenz andererseits (a. a. O., S. 515).

Damit ist eine klare Trennungslinie zum eigentlichen Ödipus gezogen, wo «die Beziehung zu internalisierten Objekten genitalisiert wird, die nach Geschlechts- und Generationszugehörigkeit unterschieden werden» (Lebovici 1982, S. 209).

Ganz anders wiederum gestaltet sich der Ödipuskomplex im Denken von Lacan, wo es keine eigentlich präödipale Entwicklungsstufe gibt. Der Ödipuskomplex stellt hier vielmehr eine Struktur dar, die von Anfang an das Sein des Menschenwesens bestimmt und seine Schicksalslinien vorzeichnet (vgl. Lang 1973, S. 210). Der Platz des Vaters ist dabei durch eine Abwesenheit (eine «Leerstelle») repräsentiert, die im Signifikanten «nom du père» ihr Zeichen findet (a. a. O., S. 211). Sprache und Phallus erscheinen hier in der gleichen Funktion. Sie repräsentieren das für den Ödipuskomplex bei Lacan konstitutive dritte Element, «das der dualen Beziehung, obwohl sie provozierend, ein entschiedenes Nein entgegensetzt und Distanz fordert» (vgl. Lang, S. 212).

3. Standortbestimmung

Innerhalb dieser vielfältigen Varianten des Ödipuskomplexes gilt es nunmehr, den eigenen Standort zu bestimmen. Ich werde dies in zwei Schritten tun, indem ich zunächst den Begriff der *ödipalen Dreieckskonstellation* herauszuarbeiten versuche, um innerhalb dieses Bezugsrahmens dann einen *reifen* und einen *stra-*

tegischen Ödipuskomplex zu unterscheiden und die narzißtischen ebenso wie die Borderline-Störungen diesen beiden Kategorien zuzuordnen.

Unter *ödipaler Dreieckskonstellation* verstehe ich im folgenden eine phasenspezifische, konflikthafte Form der Eltern-Kind-Beziehung, die sich in einer voll entwickelten triadischen Struktur ereignet, in der das Kind wahrnimmt, daß zwischen den Eltern eine sexuelle Beziehung besteht, aus der es ausgeschlossen ist. In der psychoanalytischen Theorie spricht man in diesem Zusammenhang auch von einer «Urszenenphantasie» (Freud 1917, S. 386). Es ist diese Urszenenphantasie, durch die sich die spezifisch ödipale Dreieckskonstellation von anderen Ausgestaltungen der Vater-Mutter-Kind-Triade unterscheidet.*

Wir haben damit eine Definition des Ödipuskomplexes vor uns, die durch drei Elemente bestimmt ist, nämlich

1. den Grad der Entfaltung der triadischen Struktur;
2. das psychische Entwicklungsniveau der beteiligten Individuen, insbesondere des Kindes, und
3. die jeweilige Ausgestaltung der kindlichen «Urszenenphantasie».

Diese drei Elemente sollen im folgenden näher bestimmt werden.

3.1 Vollständige und unvollständige Triaden

Ein reifer Ödipuskomplex entwickelt sich nach den beschriebenen Kriterien innerhalb einer vollständigen Triade; unvollständige Triaden führen dagegen zur Herausbildung eines unreifen, sog. «strategischen» Ödipuskomplexes.

Eine Triade ist dann vollständig und in einem Gleichgewichtszustand**, wenn

---

* An dem Geflecht von Triebwünschen und Abwehrformationen, das diese Dreieckskonstellation kennzeichnet, sind nicht nur das Kind, sondern auch die Eltern beteiligt (vgl. dazu Deleuze u. Guattari 1972; Loewald 1980; Fischer 1986). Die psychoanalytische Theorie hat diesen elterlichen Anteil bis jetzt allerdings nur spärlich thematisiert. Er kommt aber in den Urszenenphantasien des Kindes zum Ausdruck, in die die auf das Kind gerichteten Phantasien der Eltern mit eingegangen sind (vgl. dazu u. a. die Theorie der «Identifikationsphantasie» bei Wolberg, 1973). Ich werde in diesem Kapitel zunächst die kindlichen Abwehrphantasien thematisieren, die in der Borderline- und der narzißtischen Entwicklung typischerweise mit dem Ödipuskomplex verbunden sind, um im nächsten Kapitel dann auf den realen sexuellen Mißbrauch einzugehen, der gerade in der Borderline-Entwicklung keineswegs selten ist.

** Als «Gleichgewichtszustand» bezeichne ich mit Heider (1958) eine Situation, «in der die Relationen zwischen den Größen harmonisch zueinander passen; es gibt keinen Drang zu einer Veränderung» (Heider, S. 238).

1. die drei Pole der Struktur klar voneinander differenziert sind (d. h. Vater, Mutter und Kind sich als voneinander getrennte Individuen wahrnehmen und erleben);
2. zwischen allen drei Polen (Vater, Mutter und Kind) reziproke Beziehungen bestehen;
3. alle Beteiligten diese Situation billigen;
4. alle drei Relationen des Dreiecks überwiegend positiv getönt sind oder doch zu diesem Zustand hin tendieren*;
5. jede der drei Relationen bei allen Beteiligten mental repräsentiert ist (d. h. A macht sich eine Phantasie über die ihn temporär ausschließende Teilbeziehung von B und C, ebenso B über A/C und C über A/B). Nach unserer Definition erfüllt eine solche Triade die Definition eines reifen Ödipuskomplexes, wenn das Kind
6. die Beziehung zwischen den Eltern (also den gegenüberliegenden Pol des Dreiecks) wahrnimmt und in der Weise sexuell thematisiert, daß es sie mit dem Geschlechts- und Generationsunterschied in Verbindung bringt (sog. *Urszenenphantasie*).

3.2 Die Ichstruktur der Beteiligten

Die Etablierung einer vollständigen Dreiecksstruktur kann nur gelingen, wenn bei den Beteiligten die korrespondierenden ichstrukturellen Voraussetzungen vorliegen. Insbesondere muß das Niveau der Teilobjektbeziehungen überwunden sein. Weitere Voraussetzungen treten hinzu. Das Kind muß sich als einigermaßen abgegrenztes Individuum erleben können und insbesondere die Fähigkeit erworben haben, in Gegenwart eines anderen, aber auch ohne diesen, vorübergehend allein zu sein (zum Zusammenhang zwischen dieser Fähigkeit und der Urszene vgl. Winnicott 1958, S. 39). Die liebevollen Regungen des Kindes und die damit gegebene Bindung an beide Eltern müssen seinen Haß auf die Eltern deutlich überwiegen. Nur so kann das Kind sich seinen ödipalen Haßregungen stellen, ohne sich durch die damit verbundenen Ängste vernichtet zu fühlen. Ähnliche Voraussetzungen beschreibt Ciompi (1982), der den Ödipuskomplex als eine Dynamik betrachtet,

* Nach Heider (1958, S. 240) ist eine Triade nicht nur dann im Gleichgewicht, wenn alle drei Relationen positiv sind, sondern auch, wenn nur eine Relation positiv, die beiden anderen dagegen negativ sind. In unserem Kontext wäre dies u. a. eine Situation, in der sich die dyadische Beziehung zwischen dem Kind und einem Elternteil durch die gemeinsame Ablehnung des Dritten (des anderen Elternteils) stabilisiert. Diese Konstellation ist, wie wir noch sehen werden, für die Borderline- und die narzißtischen Störungen typisch.

«die, wie heute immer klarer erkannt wird, nur dann in der ursprünglich von Freud beschriebenen Form ablaufen kann, wenn alle Beteiligten – Kinder und Eltern – zuvor einen gewissen psychischen Reifegrad, d. h. eine so weitgehende narzißtische Konsolidierung und Demarkierung erreicht haben, daß echte, ‹objektale› Beziehungen von einer (relativ) autonomen Person zur anderen überhaupt möglich werden» (S. 38).

In diesem Demarkierungsprozeß entstehen für Ciompi schließlich die Protagonisten des ödipalen Dreiecks, «zwischen denen sich ein Ballett von Anziehungen und Abstoßungen, Annäherungen und Distanzierungen, Sympathien und Antipathien mitsamt entsprechenden Gefühlen von Rivalität, Eifersucht, Schuld, Kastration und Versagen einerseits, Gewinn, Bestätigung, Ganzheit und Gelingen andererseits entwickelt» (S. 39). Kohut (1977) schließlich nennt gewisse psychische Voraussetzungen, die bei den Eltern erfüllt sein müssen, soll ihr Kind die ödipale Phase mit Gewinn durchlaufen. Entscheidend ist für ihn dabei die Fähigkeit der Eltern, neben ihren eigenen sexuellen und aggressiven Reaktionen auf die sexuellen Wünsche und die wetteifernde Rivalität ihrer ödipalen Kinder auch deren Entwicklungsfortschritt mit Freude und Stolz erleben zu können (S. 240). Dazu bedarf es der Bereitschaft, ein Kind überhaupt aus der Dyade in die Autonomie zu entlassen, eine Haltung also, die in scharfem Gegensatz zum Triangulierungsverbot in narzißtischen und in Borderline-Entwicklungen steht.

Innerhalb der Dreieckskonstellation spielt die Möglichkeit loyaler Teilbeziehungen eine besondere Rolle. Solche loyalen, d. h. von allen Beteiligten gebilligten Beziehungen sind nur auf der Ebene ganzer, ambivalent erlebbarer Objektbeziehungen möglich. Dabei unterscheidet sich der Umgang mit Aggression auf dieser Entwicklungsstufe grundsätzlich von jenem früheren Entwicklungsniveau, in dem die Selbst- und Objektrepräsentanzen noch strikt in gut und böse gespalten werden. So beschreibt Rotmann, wie ein kleines Mädchen sich nach einer situativen Enttäuschung durch die Mutter vorübergehend von dieser ab- und dem Vater zuwendet. Dabei wird die Mutter jedoch potentiell als gutes Objekt konserviert und nicht, wie auf einer primitiven Entwicklungsstufe, als böses Objekt abgespalten und dann projektiv ausgestoßen (Rotmann, S. 1135). Die Mutter bleibt auf diese Weise indirekt in die Beziehung des Kindes zum Vater eingebunden, weil der Beziehungspartner des Kindes in dieser Konstellation ein Vater ist, der Mutter liebt (und vice versa). Das bedeutet, daß jeder Pol aufgrund der Reziprozität der Beziehungen indirekt auch die beiden anderen repräsentiert. Unter diesen Umständen weiß sich das Kind auch dann noch in der Liebe von Mutter und Vater aufgehoben, wenn beide sich einander zuwenden.

Wo diese Voraussetzung fehlt, geraten Teilbeziehungen zum «Verrat»; das Dreieck zerfällt in miteinander konkurrierende Dyaden, die einen Dritten ständig mit Ausschluß bedrohen. Entscheidend ist deshalb, ob sich der ödipale Konflikt in einer stabilen Dreierbeziehung abspielt, in der das Kind auf den temporären Ausschluß aus der Beziehung der Eltern mit Eifersucht reagiert, oder aber «in einer von primitiven Spaltungsvorgängen bestimmten Selbst- und Objektwelt, die nur zwei Protagonisten kennt» (Rotmann 1978, S. 107). Dies ist eine für die Borderline-Entwicklung charakteristische Situation. Häufig treffen solche Kinder im Zuge ihrer psychischen Reifung auf ein Triangulierungsverbot. Nicht selten handelt es sich dabei um Eltern, die einen erbitterten Kampf um ihr Kind austragen und es mit manipulativen Mitteln zur Parteinahme zwingen. Die ödipale Konstellation ist dann durch Loyalitätskonflikte, Teil-Objektbeziehungen und primitive Abwehroperationen (Spaltung, Projektion und Verleugnung) gekennzeichnet.

3.3 Die Ausgestaltung der kindlichen Urszenenphantasie

Nicht jede triangulär anmutende Situation genügt den hier genannten Bedingungen einer vollständigen Triade. Ein Kind zum Beispiel, das durchaus in der Lage ist, zwischen verschiedenen Objekten (Vater, Mutter und Geschwistern) zu unterscheiden, muß deshalb noch nicht in der Lage sein, auch die *Beziehung* zwischen diesen Objekten wahrzunehmen und sie innerlich zu repräsentieren. Ermann (1985) äußert die Vermutung, daß die Verinnerlichung einer Drei-Personen-Beziehung vor der eigentlichen ödipalen Erfahrung sogar grundsätzlich unvollendet sei.

> Die Struktur solcher Beziehungen läßt sich eher mit dem Bild zweier Schenkel darstellen, in deren Schnittpunkt das eigene Selbst steht, deren Endpunkte aber noch nicht fest miteinander verbunden sind. Die Verbindung, die fehlt, ist die Verinnerlichung der ödipalen Erfahrung einer stabilen, liebevollen Beziehung zwischen den Eltern (Ermann 1985, S. 16).

Das Kind kann diese Trennung aber auch noch später aufrechterhalten und mit ihrer Hilfe die Urszenenphantasie verleugnen. Es verharrt dann in seinem narzißtischen Universum, von dem aus es sternförmig dyadische Beziehungen zu vielen unterschiedlichen Objekten aufnehmen kann, in denen das Vorhandensein einer Dreieckskonstellation geleugnet wird. Dabei behalten primitive präödipale Objekt-Imagines ihre ursprüngliche Bedeutung. Die Vorstellungswelt erscheint dann zunächst «wie von einer Mutter-Imago als einem übermächtigen Wesen beherrscht, das in hochidealisierter und bedrohlicher Gestalt auftritt, und von dem eine große Anziehung ausgeht. Die Vater-Imago erweist sich demgegenüber als schwächlich, abwesend oder sogar inexistent, und besitzt im Vergleich mit der Mutter-Imago kein Gewicht» (Stork 1983, S. 74). Folgt man Mahler et al. (1975), so tritt in diese matriarchalische Welt früher oder später ein Vater ein, der die Imago eines idealisierten, strahlenden Ritters verkörpert, als Repräsentant der Außenwelt die Mutter-Kind-Dyade sprengt, dem Kind vorlebt, wie man sich gefahrlos von der Mutter trennt, keine Angst vor ihr hat, ja, der sogar in der Lage ist, die Mutter zu besiegen. Die phantastische (und damit immer auch bedrohliche) Überhöhung solcher väterlicher Imagines entspricht der früheren phantasmatischen Ausgestaltung des Mutterbildes, vor dem sie schützen und retten sollen. In dieser (späteren) Konstellation wird die Vater-Imago demnach zum Symbol der Individuation, die Mutter-Imago zum Symbol des bergenden, aber auch verschlingenden Urschoßes. Im strategischen Ödipuskomplex werden immer auch solche archaischen Mutter- und Vater-Imagines konserviert. Sie sind an der Ausgestaltung der Urszenenphantasie mitbeteiligt und verantwortlich für deren teilweise bizarren Charakter.

4. Die Ausgestaltung der Urszenenphantasie bei narzißtischen und bei Borderline-Störungen

Wie gestaltet sich die Phantasie des Kindes über die autonome Beziehung der Eltern, in unserem Fall die Urszenenphantasie, bei den narzißtischen und den Borderline-Störungen? Wir werden sehen, daß eine unabhängige sexuelle Beziehung zwischen den Eltern sowohl für die Borderline- als auch für die narzißtische Entwicklung eine Bedrohung darstellt, weil sie entweder lebenserhaltende Spaltungsoperationen des Kindes in Frage stellt oder aber seine – ebenfalls lebenswichtigen – dyadischen Illusionen und seine (defensive) Grandiosität unterhöhlt. Ich werde dies zunächst am Beispiel der Borderline-Entwicklung verdeutlichen.

4.1 Ödipuskomplex und Borderline-Entwicklung

Kernberg (1975) spricht bei Borderline-Persönlichkeiten von einer charakteristischen Verdichtung von präödipalen und ödipalen Konflikten und einem frühzeitigen Eintritt des Kindes in die ödipale Szene, die die Folge massiver Enttäuschungserlebnisse mit dem primären Liebesobjekt ist. Diese massive (präödipale) Enttäuschungsaggression des Kindes erzwingt geradezu die Einführung eines Dritten, auf den es seinen Haß projizieren kann, um das geliebte primäre Objekt davor zu verschonen und die lebenswichtige Beziehung zu ihm nicht zu gefährden. Wir haben es hier also nicht mit einer entwicklungsgemäßen Triangulierung zu tun, in der das Kind eine Alternative zum enttäuschenden Primärobjekt entdeckt und auf diese Weise seinen Frustrationshaß mäßigen und neutralisieren kann (vgl. Rotmann 1978). In der typischen Borderline-Entwicklung wird der Dritte vielmehr eingeführt, um die Spaltung in eine «ganz gute» und eine «ganz böse» (Teil-) Objektrepräsentanz aufrechtzuerhalten, durch die das gute Objekt vor der Vernichtung durch das böse geschützt werden soll. Der Dritte – in unserem Kontext der ödipale Rivale – wird dann zum Projektionsziel nicht nur für den ödipalen, sondern auch für den ganzen präödipalen Enttäuschungshaß des Kindes. Dem Spaltungsmodus entsprechend, wird diese Aggression nicht durch gleichzeitige libidinöse Regungen gegenüber dem Dritten gebremst; der Dritte wird auf diese Weise sozusagen zur Inkarnation des Bösen. Ein solcher ödipaler Rivale ist natürlich extrem bedrohlich. Entsprechend groß ist die Kastrationsangst des Kindes in dieser Situation. Es ist dann auch diese Kastrationsangst, die hier die auf das Liebesobjekt gerichteten inzestuösen Wünsche bremst, und weniger der Konflikt zwischen Liebe und Haß, die dem gleichen Objekt gelten.

Kernberg (1975) beschreibt Fälle, wo sich unter solchen Umständen die Imago eines absolut bösen sexuellen Elternpaares herausbildet, in scharfem Kontrast zu einem absolut guten, *a*sexuellen Elternpaar, das dem Kind Schutz und Geborgenheit vermittelt. Ebenso kann sich die böse Imago aber auch mit der Repräsentanz des hinzugekommenen Dritten verbinden. Damit ist die Phantasie von einem Vater-Ungeheuer geschaffen, das nicht nur das Kind, sondern auch die Mutter gefährdet, sollte es sich ihr nähern. Die Urszene wird dabei regelmäßig mit sadomasochistischen Vorstellungen überfrachtet, in denen die Mutter als Opfer des Vaters phantasiert wird, der Sohn als ihr erkorener Retter (manchmal bis hin zur insgeheim empfundenen Mission, den Vater zu ermorden). Dem Mädchen bleibt in dieser Situation in der Regel nur eine masochistische Identifizierung mit der Mutter, insbesondere mit ihrer Opferrolle, weil es ihm nicht möglich ist, den gehaßten Vater gleichzeitig libidinös zu besetzen. Das Mädchen hat deshalb auch keine Chance, sich mit der Rolle einer liebenden Frau zu identifizieren. Manche von ihnen verweigern die masochistische Identifizierung mit der Mutter und das ihnen damit angesonnene Frauenschicksal; sie bevorzugen die riskantere phallische Lösung und treten als Beschützerin der Mutter mit dem Vater in Konkurrenz. Als Preis bleibt dabei oft die eigene autonome Lebensgestaltung auf der Strecke.

Die Vorstellung, daß die Mutter in der Urszene nicht nur das Opfer des Vaters ist, sondern sich ihm auch liebevoll zuwendet, würde die gesamte Abwehrkonstellation des Kindes gefährden und gerät von daher leicht zum Inbegriff von ödipalem Verrat.

> Einer meiner Borderline-Patienten, über den ich an anderer Stelle ausführlich berichtet habe (Rohde-Dachser 1979), berichtete in diesem Zusammenhang, wie er als Kind von einer Nazi-Broschüre über «Rassen-Reinheit» ungeheuer beeindruckt war. In der Broschüre war ein Bild, das auf der einen Seite eine strahlende, «reine» blonde Frau zeigte, auf der gegenüberliegenden Seite einen schwarzhaarigen (vermutlich jüdischen) «Wüstling». Die Unterschrift unter dieser Bildkombination lautete: «Diese beiden dürfen nie zusammenkommen!» Der Patient schilderte, daß ihn dieses Bild auf eine merkwürdige Weise beeindruckt und lange Zeit hindurch nicht mehr losgelassen habe. Es sei für ihn «stimmig» gewesen, ohne daß er genau habe sagen können, warum. – Der gleiche Patient war insgeheim überzeugt, daß alle Frauen beim Koitus ein Martyrium erlitten und daß er auf der Welt sei, um diese Unbill an den Frauen wieder gutzumachen. Als er erfuhr, daß seine Frau nicht jungfräulich in die Ehe gegangen war, stand für ihn sofort fest, daß ihr Liebhaber sie vergewaltigt hatte. Weitere Erzählungen der Frau stellten diese Version

dann jedoch immer mehr in Frage. Darauf reagierte der Patient mit wahnhaft anmutenden Grübeleien, überzeugt, er müsse seine Frau ein für alle Mal als Hure betrachten, wenn sie sich wirklich freiwillig sexuell mit diesem Menschen eingelassen hätte. Gleichzeitig erschuf er sich in teilweise eidetisch ausgestalteten Bildern seinen phantasierten Rivalen immer wieder aufs neue, um ihn mit seinem Haß zu verfolgen.

Tatsächlich gibt es zwingende Gründe, warum sich solche Dreieckskonstellationen niemals auflösen dürfen. Sie schützen zum einen vor der (als verschlingend und/oder mörderisch phantasierten) Dyade mit dem primären Liebesobjekt und schirmen diese Beziehung gleichzeitig vor dem massiven Frustrationshaß des Kindes ab. Die gemeinsame Bedrohung durch den Dritten schweißt Mutter und Kind um so nachhaltiger zusammen; der Dritte wird hier also zum Trennungsriegel und gleichzeitig zum Kitt der Mutter-Kind-Dyade. Die Urszenenphantasie wird dabei häufig weiter ausgestaltet und dramatisiert.

In der Analyse eines dreißigjährigen Patienten mit einer Borderline-Struktur, der zunächst wegen einer Angstneurose in Behandlung gekommen war, stellte sich nach längerer Zeit heraus, daß die gleichen Ängste schon, als er ein Kind war, dazu geführt hatten, daß er sich nicht für längere Zeit von zu Hause entfernen durfte. Als Kind hatte er immer wieder in der Angst gelebt, seiner Mutter könnte in seiner Abwesenheit zu Hause ein Unglück zustoßen. Gleichzeitig empfand er eine Art Auftrag, Mutter und Vater nicht ohne Aufsicht zu lassen. Unbewußt fürchtete er außerdem, «draußen», ohne den Schutz der Mutter, homosexuell vergewaltigt zu werden. Einmal träumte er, daß er auf einem kurzen Spaziergang einen Blick durchs Stadttor tat und dort ein am Genitale schwerverletztes Mädchen erblickte. Dieser Anblick hinderte ihn im Traum, aus dem Tor hinauszutreten. Daß das Durchschreiten eines Tores als Koitus-Symbol im Traum das Bild einer penetrierten, blutigen Vagina provozierte, weist gleichzeitig auf die Ängste des Patienten hin, sich mit dem als sadistisch phantasierten Vater männlich zu identifizieren.

Oft dient die dramatische Forcierung des positiven Ödipuskomplexes und die entsprechende Ausgestaltung der Urszenenphantasie bei Borderline-Patienten darüber hinaus der Abwehr homosexueller Ängste (vgl. Kernberg 1975). Die homosexuellen Ängste sind hier vor allem deshalb groß, weil der Patient sich gegen die Identifikation mit dem Vater-Ungeheuer schützen muß, oft durch eine Gegenidentifikation mit «Nicht-Vater», also «Mutter». Da die Mütter von Borderline-Patienten ihrerseits dazu neigen, das Kind an sich zu fesseln (vgl. Masterson 1976), werden sie dem Kind nur schwer erlauben, sich zu entfernen und eigene Aktivitäten zu entfalten. Um von der Mutter geliebt zu werden, darf der Sohn aber auch niemals wie das Vater-Ungeheuer sein, dem er sich in seinen Phantasien deshalb eher passiv überläßt, anstatt sich mit ihm zu identifizieren. Gleichzeitig bleibt die Sehnsucht nach einem guten, mächtigen Vater bestehen, der als Beschützer gegen die Mutter, als Führer aus der Dyade und als männliches Identifikationsobjekt notwendig gebraucht wird. Der homosexuelle Wunsch ist dann auch ein magischer Wunsch nach männlicher Identifizierung durch körperliche Berührung bzw. sexuelle Vereinigung mit einem Mann.

Es sind aber auch Fälle denkbar, wo Vater und Sohn ein Männerbündnis gegen eine als bedrohlich und omnipotent phantasierte (in ihren Wurzeln präödipale) Mutter schließen, von der Vater und Sohn sich gleichermaßen abhängig fühlen. Oft wird der Sohn dabei vom Vater parentifiziert und in die Rolle des (früher vermißten) väterlichen Retters vor der starken Mutter geschoben. «Im Namen des Sohnes» kann der Vater sie dann verlassen, domestizieren, beherrschen, usw. Die dieser Situation korrespondierenden Urszenenphantasien dienen in den mir bekannt gewordenen Fällen vor allem der Überwältigung einer solchen bedrohlichen Mutter-Imago im sexuellen Akt. Häufig enthalten sie dementsprechend gewalttätige Bilder von gefesselten oder sonstwie immobilisierten Frauen, Vergewaltigungsphantasien u. ä., oder aber sie symbolisieren umgekehrt die masochistische Unterwerfung des Mannes unter die bedrohliche Imago, mit der der sexuelle Akt auf diese Weise gefahrlos möglich wird. (Unnötig zu sagen, daß diese Bilder meistens Frauen aufgepfropft werden, die der unerwarteten Vater-Sohn-Allianz real eher hilflos gegenüberstehen und weit entfernt sind von der ihnen projektiv zugewiesenen Omnipotenz.)

Vater-Tochter-Bündnisse werden ebenfalls häufig durch die Abwehr einer solchen bedrohlichen, präödipalen Mutter zusammengeschweißt. In diesen Konstellationen ist der Vater für das Mädchen dann nicht primär ein ödipales Liebesobjekt, sondern vielmehr der unverzichtbare Rettungsanker vor dem verschlingenden Sog der Mutter-Tochter-Dyade. Je verwobener das Mädchen mit seiner Mutter ist, desto gefährlicher ist dieser Sog, desto größer auch die Angst vor der imaginierten unheilvollen Macht der Mutter (vgl. Grunberger 1982), die durch die Projektion der eigenen Aggression auf die Mutter zusätzlich genährt wird. Das Mädchen muß dann ein idealisiertes Vaterbild etablieren, das stark genug ist, dieser mütterlichen Imago Einhalt zu gebieten. Ein solches Vaterbild hat lebensrettende Funktionen und darf deshalb nicht angetastet werden. Es bleibt der Realitätsprüfung entzogen und mag dem Außenstehenden wie eine ungewöhnlich starke («ödipale») Vater-Tochter-Bindung anmuten. Mit der archaischen Mutter-Imago (einem Kali-Bild vergleichbar) kann die Tochter jedoch in keine ödipale Konkurrenz eintreten. Kalis Rache käme einem Todesurteil gleich, zu dessen Abwendung dann oft groteske Versöhnungs- und Unterwerfungsgesten in Szene gesetzt werden.

Eine meiner Patientinnen war so eng mit ihrer Mutter verflochten, daß sie nach deren Tod über mehrere Jahre hinweg immer wieder fast körperlich fühlte, die Mutter wolle sie nachholen. Auf dem Höhepunkt solcher Krisen träumte sie häufig von ihrem (sonst eher schwachen und wenig verläßlichen) Liebhaber als einer kraftstrotzenden, mit allen männlichen Attributen ausgestatteten Figur, die ihr breitbeinig den Weg zu einem Fenster oder Balkon versperrte, den sie in suizidaler Absicht betreten wollte. Als dieser Mann sich dann in einer besonders massiven Krise unerwartet von ihr zurückzog, geriet sie vorübergehend an den Rand einer Psychose. In einem Traum aus dieser Zeit war der Platz im Bett neben ihr leer. Hinter dem Bett tauchte eine in weiße Gewänder gehüllte weibliche Gestalt auf, die ihr mit einem Wink bedeutete, ihr zu folgen. Die Patientin gehorchte wie aus einem inneren Zwang heraus, bis die Frau sich schließlich umwandte und sie in ein skelettartiges, haßverzerrtes Gesicht blickte, das den Tod verkörperte und von ihr instinktiv mit ihrer verstorbenen Mutter in Verbindung gebracht wurde.

In aller Regel dienen solche Phantasien und Träume dem Schutz vor einer archaisch-bedrohlichen Mutter-Imago und den auf sie projizierten Haßgefühlen und Verschmelzungswünschen, eng verwoben mit der regressiven Abwehr der ödipalen Konkurrenzsituation. Es sind Grundthemen, die die Borderline-Patienten mit den narzißtischen Persönlichkeitsstörungen teilen und die deshalb auch in dem sexuellen Phantasie-Szenarium beider Patientenkategorien wiederkehren. Nach meinen Erfahrungen gibt es aber auch Unterschiede, die den narzißtischen Persönlichkeitsstörungen ein typisches Gepräge geben. Dazu gehören vor allem die *Verleugnung der Urszene* und die *Phantasie vom ödipalen Sieg*.

4.2 Die Rolle der Urszenenphantasie bei narzißtischen Persönlichkeitsstörungen

4.2.1 Die Verleugnung der Urszene

Bei narzißtischen Persönlichkeitsstörungen erfährt die Urszenenphantasie, sofern sie nicht überhaupt abgewehrt wird, im Vergleich zu Borderline-Patienten typischerweise eine andere Ausgestaltung. Narziß und Ödipus gelten als Widerspruch. Die Dreierkonstellation erfordert Kompromißbildung und temporären Verzicht; in der narzißtischen Dyade geht es demgegenüber um Alles oder Nichts, um Grenzenlosigkeit schlechthin. Der Eintritt in die ödipale Szene bedroht diese narzißtische Illusion ebenso wie die Phantasie von Einzigartigkeit und Grandiosität, die manches Kind schon früh gegen die vernichtende Erfahrung von Ohnmacht und/oder Ungeliebtsein aufrichten mußte. Dies kann zu dem Versuch führen, die Dreieckskonstellation überhaupt zu verleugnen und die Strukturen der narzißtischen Dyade möglichst ungebrochen auf die Beziehung zu mehreren Objekten (hier den ödipalen Eltern) zu übertragen. So entsteht die Illusion einer «narzißtischen Triade» (Grunberger 1971), d. h. einer von absoluter Harmonie durchdrungenen Dreiergruppe, wie sie in der christlichen Mythologie in der Vorstellung von der Heiligen Dreifaltigkeit oder auch der Heiligen Familie zum Ausdruck kommt (wie ich vermute, auch in manch nostalgischem Wunschbild von Familie, das immer wieder gegen reale Erfahrungen verteidigt werden muß, um die grundsätzliche Machbarkeit der Idylle nicht zu hinterfragen).

Bei fortschreitender Reifung des Denk- und Wahrnehmungsapparates lassen sich solche narzißtischen Wunschphantasien des Kindes aber nur um den Preis massiver Realitätsverleugnung aufrechterhalten. Es kommt dann leicht zu weiteren Abwehrstrategien, die dazu dienen sollen, die narzißtische Illusion zu retten. Zentral ist hier die Abwertung der (wahrnehmbaren und wahrgenommenen) Beziehung zwischen den Eltern, insbesondere ihrer sexuellen Beziehung, durch das Kind. Es ist, als ob das Kind sich sage: «Ich bin meinen Eltern (meinem Vater, meiner Mutter) das Wichtigste auf der Welt; Vater und Mutter sind nur notgedrungen allein; was sie ohne mich tun, ist unwichtig, freudlos, zählt nicht wirklich». Im ödipalen Kontext ist es dann vor allem die Sexualität als das die Eltern exklusiv verklammernde Band, das in dieser Weise entwertet werden muß, und mit ihm auch die sexuelle Attraktivität des ödipalen Rivalen. An die Stelle von Haß und Angst, die die Urszenenphantasie der Borderline-Patienten prägen, treten hier also Verleugnung oder Entwertung der Urszene. Der Vater wird dabei als impotent, die Mutter als sexuell desinteressiert phantasiert; es gibt kein sexuelles Geheimnis.

Einer meiner Patienten, Ältester einer größeren Geschwisterschar, leugnete in diesem Zusammenhang in der Analyse jahrelang hartnäckig, daß seine Eltern jemals sexuell miteinander verkehrten; wenn, dann höchstens vier- oder fünfmal (soviel Kinder waren in der Familie). Dabei zerfloß er vor Mitleid mit den Eltern, die vom Leben doch so wenig gehabt hätten. Gleichzeitig strotzten seine Träume vor voyeuristisch ausgestalteten Urszenenphantasien, deren biographische Verankerung er aber unter keinen Umständen thematisieren wollte.

Solchen Patienten kommt dabei eine Fähigkeit zu Hilfe, die Lüders (1986) als eine für narzißtische Persönlichkeiten charakteristische Fähigkeit zur «Metamorphose» beschrieb, nämlich zur «Verwandlung erfahrbarer Wirklichkeit in die Unwirklichkeit, die allein von der Größenphantasie zu gestalten und die allein von ihr zu ertragen und zu verkraften ist» (S. 420). «Was immer das Spiel stören oder festlegen könnte, irritiert und aggressiviert» (a. a. O.). Die Urszenenphantasie wird auf diesem Hintergrund dann beliebig manipulierbar; häufig gestaltet sie sich zu einer Phantasie vom ödipalen Sieg, mit oft schwerwiegenden Konsequenzen für die weitere Persönlichkeitsentwicklung.

4.2.2 Die Phantasie vom ödipalen Sieg

Die durch die Entwertung der Urszene depotenzierten Väter und Mütter sind keine ernstzunehmenden ödipalen Rivalen, die die (zu diesem Zeitpunkt vorwiegend phallische) Grandiosität des Kindes und den damit verbundenen Anspruch nach einer exklusiven Zweierbeziehung in Frage stellen könnten. In dieser Situation fällt es dem Kind deshalb besonders leicht, sich als der bessere Geliebte der Mutter (die bessere Geliebte des Vaters) zu fühlen. An die Stelle der Urszenenphantasie treten dann Phantasien vom ödipalen Sieg, in denen der Patient sich scheinbar gefahrlos an den Platz des Rivalen setzt. Der Rivale darf dabei allerdings nicht aus dem Feld gehen, ist er doch der Garant dafür, daß die Siegesphantasie nicht in ernüchternde Wirklichkeit umschlägt, in der das Kind realisieren müßte, daß es mit seinem kindlichen Körper der Mutter (dem Vater) niemals den erwachsenen Sexualpartner ersetzen könnte. In einem solchen Augenblick würde der vorschnelle Triumph in äußerste Beschämung umkippen. Grunberger (1971) meint, daß die Kastrationsphantasien des Knaben, seine Idee: «Wenn ich Vater nicht so fürchten müßte, dann ... !», in ihrer tiefsten Schicht der Abwehr der unerträglichen Kränkung dienen, die lautet: «Auch wenn es mir gelänge, Vater zu vertreiben, wäre ich nicht in der Lage, ihn der Mutter wirklich zu ersetzen.» In diesem narzißtischen Kontext wird der ödipale Rivale dann oft weiter dämonisiert, nach dem Motto: «Viel Feind, viel Ehr!» Ödipale Niederlagen sind hier niemals endgültig; der ödipale Sieg winkt als Stimulans narzißtischer Inszenierungen weiter unscharf am Horizont.

Lasky (1984) und Rothstein (1979) haben Varianten dieser ödipalen Siegerrolle beschrieben. Bei Lasky ist der ödipale Sieger ein Individuum, das während seiner Kindheit durch den gegengeschlechtlichen Elternteil massiv überstimuliert wurde, und zwar in einem Setting, in dem der gleichgeschlechtliche Elternteil unangemessen oder gar nicht rivalisierte, ohne daß jedoch jemals ein manifester Inzest stattfand (S. 351). Im Gegensatz zum reifen Ödipuskomplex hat diese Konstellation für die weitere Entwicklung des Kindes einen ausgesprochen desorganisierenden Effekt, der (nach Lasky, a. a. O.) Jungen und Mädchen in unterschiedlicher Weise betrifft. Weil dem männlichen ödipalen Sieger ein wirklicher Rivale fehlt, ist er – so Lasky – auf die Wiederbelebung grandioser präödipaler Eltern-Imagines angewiesen, um sich innere Schranken zu setzen. Dabei wird die väterliche Imago zu bedrohlichen Proportionen vergrößert, die sich paradoxerweise oft auf Charakteristika der Mutter und nicht des Vaters gründen (S. 356). Gleichzeitig wird das Schweigen des ödipalen Rivalen zu der inzestuösen Situation idealisiert. Das Kind kreiert und internalisiert dann das Bild eines «starken, schweigenden, nicht-mitteilsamen, rätselhaften, mächtigen Mannes, dessen Impulse gezähmt und völlig unter Kontrolle sind» (S. 357, meine Übersetzung). Die Phantasie vom ödipalen Sieg, der für den Knaben nicht realisierbar ist, auf den aber auch nicht verzichtet wird, verbleibt dabei in einer Grauzone, in der die Unterscheidung von Gedanke und Tat vermieden wird, um die Utopie zu retten. Damit bleibt aber auch das Inzestrisiko präsent. Der Preis für den ödipalen Sieg besteht dann in einer mehr oder minder totalen Blockade des spontanen Handelns, die auch die Phantasietätigkeit erfassen kann (a. a. O.).

Weibliche ödipale Siegerinnen scheinen demgegenüber – so Lasky – eher eine hysterische Lösung zu bevorzugen, bei der die passiv erlittene Erfahrung in eine aktive umgekehrt wird. Die ödipal siegreiche Tochter entwickelt sich dann zu einer Frau, die überall eine sexualisierte Atmosphäre schafft, um die auf diese Weise bei Männern mobilisierten sexuellen Wünsche dann regelmäßig zu frustrieren. Nach Laskys Überzeugung geht es ihr dabei unbewußt vor allem darum, sich und andere davon zu überzeugen, daß die gefährliche Situation unter Kontrolle ist. Ich selbst möchte bezweifeln, daß der von Lasky beschriebene männliche ödipale Sieger mit seiner einschlägigen Ausstrahlung bei gleichzeitig blockierter Möglichkeit zu spontanem Handeln (also nicht der «Don Juan»!) weniger Hoffnungen erweckt und somit auch weniger Enttäuschungen bereitet als seine hysterische Schicksalsgefährtin. Die frustrierten Opfer sind hier aber Frauen, die auf das Zurückziehen eines vermeintlichen sexuellen Angebots durch den Mann wahrscheinlich mit einem ganz ähnlichen Gefühl der Gekränktheit reagieren, ohne diese Erfahrung allerdings in gleicher Weise theoretisch zu vermarkten.

Rothstein fand in der Biographie seiner (männlichen) narzißtisch gestörten Patienten gehäuft eine ödipale Konstellation, die durch Faktoren gekennzeichnet war, die auch meiner eigenen klinischen Erfahrung entsprechen:

1. Der Vater wurde von der Mutter als Versager angesehen. In vielen Fällen war er dies auch.
2. Die Söhne wurden von der Mutter als narzißtische Objekte solange hochgeschätzt und überbewertet, als sie die aus dem Versagen des Vaters resultierende Kränkung wettzumachen versprachen.
3. Die Mutter bestätigte über Gebühr die ödipalen Wünsche des Kindes und war selbst aktiv sexuell verführend.
4. In mehreren Fällen gebrauchte der Vater drastische körperliche Strafen bei der Erziehung.

Für die Söhne beinhaltet diese Konstellation nicht nur die Erfahrung eines (relativen) ödipalen Sieges mit entsprechenden Hochgefühlen, sondern auch gesteigerte Kastrationsangst. Sie führt darüber hinaus zu der existentiellen Befürchtung, von der Mutter fallengelassen zu werden, sobald man ihren Ansprüchen nicht mehr genügt. Die siegreiche Überlegenheit über den ödipalen Rivalen muß unter diesen Umständen immer wieder aufs Neue unter Beweis gestellt werden, ist sie doch die einzige Möglichkeit des Sohnes, sich der Liebe und Wertschätzung der Mutter zu versichern. Rothstein beschreibt das spätere ödipale Agieren dieser Patienten deshalb als eine geradezu zwanghaft anmutende Reaktion auf drohende narzißtische Niederlagen.

> Einer meiner Patienten konnte sich aus einer solchen Konstellation heraus nicht von seiner frigiden Freundin trennen, weil er fürchtete, ein anderer Mann könne ihr möglicherweise einen Orgasmus verschaffen. Er hatte das Gefühl, diese Kränkung nicht überleben zu können und wurde akut suizidal, als die Freundin tatsächlich eine Beziehung zu einem anderen Mann aufnahm. Die Mutter dieses Patienten hatte sich bei ihm früher oft über die Unfähigkeit des Vaters beklagt, sie adäquat sexuell zu stimulieren und dem Sohn

dabei symbolisch die Rolle eines Gattenersatzes zugeschoben, ohne sich um seine wirklichen kindlichen Bedürfnisse zu kümmern.

Eine andere Version ödipalen Agierens im Dienste der narzißtistischen Restitution ist die häufige, bereits von Freud (1910 a) beschriebene Objektwahl nach dem Prinzip des «geschädigten Dritten» oder auch des «Retters», der sich unwiderstehlich von Frauen angezogen fühlt (und diese auch mit instinktiver Sicherheit aufspürt), die irgendwie in Not sind, meistens durch einen anderen, uneinfühlsamen Mann, um sich dieser Frau dann jeweils als der bessere Partner anzubieten. Solche ödipalen Dreieckskonstellationen werden oft ein Leben lang in Szene gesetzt, weil sie die wichtigste Quelle narzißtischer Bestätigung darstellen, eine Quelle, die den narzißtischen Durst aber niemals stillen kann, weil der Patient in ihr keine empathische Spiegelung seiner Bedürfnisse und Werte unabhängig von der ihm angesonnenen ödipalen Überlegenheit erfährt. Um so forcierter werden diejenigen Urszenenphantasien verteidigt und ausgebaut, die geeignet erscheinen, das brüchige Selbstwertgefühl abzustützen. Die mit der Urszene verknüpften Phantasien und Handlungsmuster haben bei narzißtischen Persönlichkeitsstörungen offenbar vor allem die Funktion, die notwendige narzißtische Reparation zu leisten.

5. Schlußgedanken

In der vorliegenden Untersuchung ging es um mögliche Ausformungen der ödipalen Dreieckskonstellation bei narzißtischen und bei Borderline-Störungen. Dabei erscheint es sinnvoll, zwei Formen des Ödipuskomplexes zu unterscheiden. Der *reife Ödipuskomplex*, wie er von Freud beschrieben wird, ereignet sich in einer voll entwickelten Triade zwischen relativ gut strukturierten Individuen. Demgegenüber wird bei narzißtischen und bei Borderline-Störungen von einem *strategischen Ödipuskomplex* ausgegangen, der vor allem eine Abwehrstrategie darstellt. Das Ziel der psychoanalytischen Arbeit muß dann in der allmählichen Umformung des strategischen Ödipuskomplexes in einen reifen Ödipuskomplex bestehen, dessen Bearbeitung sich dann häufig als relativ problemlos erweist.

Keinesfalls sollte die Unterscheidung zwischen «strategisch» und «reif» aber jenes Vorurteil bekräftigen, das der psychoanalytischen Theoriebildung bis heute innewohnt und auf einem nicht hinterfragten Fortschrittsglauben gründet. Danach bewegt sich die menschliche Entwicklung von einem ursprünglichen Verschmelzungsszustand über verschiedene Stadien des Loslösungs- und Individuationsprozesses (Mahler et al. 1975) zielstrebig hin zur Autonomie. In diesem Entwicklungsmodell zählt die Nähe zum Ziel stets mehr als das Ausgangsstadium und die anschließenden Zwischenstufen; jeder Schritt nach vorn ist von daher immer ein «Fortschreiten», jeder Schritt in die andere Richtung dementsprechend ein «Rückschritt». Benjamin (1985) kritisiert diese in der Psychoanalyse verbreitete Vorstellung von Loslösung und Individuation als einen männlichen Bias der Theoriebildung, «so als ob wirkliche Aktivität, Bewegung und wirkliches Gestaltgewinnen nur bei denen stattfände, die das Nest verlassen» (Benjamin, S. 23).

Von einer anderen Warte aus plädiert auch Loewald (1980) dafür, die Grenzen der Normalität dessen, was im Seelenleben archaisch und was fortgeschritten heißt, neu zu ziehen (S. 399). Für Loewald bedarf es dazu eines stärker zirkulären Denkens und – dies vor allem – einer Rehabilitation jenes menschlichen Erlebnisbereiches, der in unserer Terminologie mit den Beiworten «früh», «archaisch» oder auch «präödipal» versehen ist. In der Suche nach irrationaler Nicht-Differenzierung von Subjekt und Objekt liegt nicht a priori eine Pathologie, sondern «eine Wahrheit eigener Art» (ebd., S. 397), die auch dem Ödipuskomplex nicht weicht. Es kommt lediglich auf den Blickwinkel der Betrachtung an. Verändert man diesen und sieht den Ödipuskomplex und seine Folgeerscheinungen nicht mehr in der Rückschau des Erwachsenen, sondern vorausschauend, dann handelt es sich beim Ödipuskomplex ganz generell um «spätere Ausprägungen archaischer, jedoch bleibender, unbesiegbarer Lebensprobleme» (ebd., S. 396, Hervorhebung C.R.D.). In diesem Sinne sind vielleicht auch die strategischen Lösungen des Ödipuskomplexes bei narzißtischen und bei Borderline-Störungen eine von vielen möglichen menschlichen Formen, sich mit diesen Lebensproblemen zu arrangieren.

Teil B
Geschlecht und Dialog

Im zweiten Teil dieses Buches über «Psychoanalytische Dialoge» möchte ich auf psychoanalytische Theorien eingehen, die heute als weitgehend überholt gelten können, aber vielerorts trotzdem noch die Überzeugungen von Psychoanalytikern prägen.

Ich möchte dabei vor allem zeigen, wie psychoanalytische Theorien nicht nur dazu dienen können, den zwischenmenschlichen Dialog und damit auch den Zugang zu den unbewußten Phantasien, aus denen er sich speist, zu fördern. Psychoanalytische Theorien können auch an die Stelle eines solchen Dialoges treten. Sie tun dies oft in einem unbewußten Konsens mit den etablierten Werten und Normen der Gesellschaft. Gesellschaftliche Tabus, die nach dem Selbstverständnis der Psychoanalyse eigentlich der psychoanalytischen Aufklärung bedürfen, kehren dann unbemerkt in psychoanalytischen Theorien wieder und verstärken auf diese Weise das gesellschaftliche Schweigegebot, anstatt es zu durchbrechen.

Aus meiner Sicht gehören heute dazu einmal psychoanalytische Theorien über die Borderline-Persönlichkeitsstörung, sofern sie sich zur Erklärung der Borderline-Persönlichkeitsstörung allzu einseitig auf eine konstitutionell gesteigerte *projizierte* Aggression des Patienten oder der Patientin beziehen, ohne in gleicher Weise auf die ganz *real* erlittenen Traumata des Patienten oder der Patienten in einer *real* feindlichen Umwelt einzugehen. Dazu gehören weiter die traditionellen psychoanalytischen Theorien über die Weiblichkeit, die noch ganz dem Verständnis der Geschlechterdifferenz zur Zeit der Jahrhundertwende entsprechen. Und dazu gehören insbesondere psychoanalytische Theorien über männliche und weibliche Homosexualität.

Ich möchte mich als erstes der psychoanalytischen Theorie der Borderline-Persönlichkeitsstörungen zuwenden, und hier insbesondere jenem Phänomen, daß es sehr viel häufiger Frauen sind, die mit einer solchen Diagnose versehen werden. Die Notwendigkeit einer teilweisen Revision der Borderline-Theorie betrifft auch eigene Veröffentlichungen (Rohde-Dachser 1979, 1983, 1984, 1987), in denen ich die Frage der Geschlechtsspezifität der Borderline-Persönlichkeitsstörungen nur unzureichend berücksichtigt habe.

Kapitel 5
Warum sind Borderline-Patienten meistens weiblich? – Über die Rolle des Traumas in der Borderline-Entwicklung

1. Die «klassische» Borderline-Theorie unter psychiatrischen und psychoanalytischen Aspekten

Die Diagnose «Borderline» (also Grenzfall) war bis in die siebziger Jahre hinein in der Psychiatrie ebenso wie in der Psychoanalyse ein zwar nicht unbekannter, aber doch eher sporadisch verwendeter Begriff zur Etikettierung uncharakteristischer, mit dem herkömmlichen nosologischen Raster nicht eindeutig faßbarer psychischer Krankheitsbilder im Grenzbereich von Neurose, Charakterstörung und Psychose. Im Vordergrund standen dabei Fragen der Abgrenzung der Borderline-Störung von der paranoid-halluzinatorischen Schizophrenie (so etwa Hoch u. Polatin 1949). Die Ergebnisse der dänischen Adoptionsstudie (Wender et al. 1968) schienen die Annahmen einer solchen Verwandtschaft von Schizophrenie und Borderline-Störungen zu unterstützen. Das Konzept der Borderline-Schizophrenie geht auf diese Untersuchungen zurück. Es gab aber auch Psychiater, die die Borderline-Störung eher in die Grupe der affektiven Störungen einordnen wollten (so etwa D.F. Klein 1977).

Parallel zu dieser vorwiegend psychiatrischen Diskussion entwickelte Kernberg (1975, 1984, 1989) ein Konzept der Borderline-Persönlichkeits-Organisation, in dem die verschiedenen borderline-typischen Krankheitsmanifestationen auf eine gemeinsame Ichstörung zurückgeführt werden. Im Zentrum dieser Ichstörung steht für Kernberg eine charakteristische Schwäche der Abwehrfunktionen, die den Patienten nötigt, zu primitiven Abwehroperationen, insbesondere Spaltung und Verleugnung, zu greifen; diese Abwehrformen wiederum gehen mit einem internalisierten Muster von Objektbeziehungen einher, in dem die Bilder des Selbst und des Objekts nach einem strikten Entweder-oder-Prinzip «ganz gut» oder «ganz böse» gezeichnet werden, ohne die Möglichkeit von Zwischentönen. Die zwischenmenschlichen Beziehungen von Borderline-Patienten sind deshalb auch durch wiederkehrende Einstellungsverschiebungen zwischen Idealisierung und Entwertung und durch starke Stimmungsschwankungen gekennzeichnet.

Die Wurzeln dieser Ichstörung werden von Kernberg in das zweite und dritte Lebensjahr datiert, wo eine exzessive und – wie er annimmt – häufig konstitutionell gesteigerte Aggression die Integration der bisher gespaltenen guten und bösen Selbst- und Objektbilder verhindert. Die Spaltung wird aufrechterhalten, um das gute Selbst- und Objektbild vor der Berührung mit dem bösen Objektbild und dem bösen Selbst zu schützen. Borderline-Patienten erleben ihre Aggression als so vernichtend, daß sie ihre guten, lebenserhaltenden Objekte nur dadurch retten können, daß sie sie vor dieser Aggression abschirmen.

Aus diesen und anderen psychodynamischen Hypothesen zur Ätiologie der Borderline-Störungen leitet Kernberg auch seine Therapie-Empfehlungen her. Eine Psychoanalyse der Borderline-Störungen im sog. klassischen Setting wird dabei ausgeschlossen, weil sie für Borderline-Patienten mit einer zu starken Regressionsgefahr verbunden ist. Auch eine rein supportive Therapie hat sich aus seiner Sicht als weitgehend nutzlos erwiesen. Was er als Psychotherapiemethode der Wahl vorschlägt, ist eine analytisch orientierte Psychotherapie, in der der Patient vor allem mit seiner pathologischen Abwehr (insbesondere seiner Spaltung und Verleugnung) konfrontiert wird. Das Ziel der Borderline-Therapie besteht darin, die allmähliche Integration der guten und bösen Selbst- und Objektrepräsentanzen herbeizuführen, um zu einer realitätsangemesseneren Wahrnehmung zu gelangen. Die von Kernberg formulierte Borderline-Theorie hat mittlerweile unter der Bezeichnung «Borderline-Persönlichkeitsstörung» Eingang in das Diagnostische und Statistische Manual Psychischer Störungen (DSM-III 1980) und seine revidierte Auflage (DSM-III-R 1983) gefunden.* Die Borderline-Persönlichkeitsstörung ist dort als «ein durchgängiges Muster von Instabilität im Bereich der Stimmung, der zwischenmenschlichen Beziehungen und des Selbstbildes» definiert, wobei der Beginn im frühen Erwachsenenalter liegt. Fünf von acht der aufgeführten Kriterien müssen erfüllt sein, damit die Diagnose einer Borderline-Persönlichkeitsstörung gestellt werden kann. Die Kriterien selbst halten sich auf einem beschreibenden Niveau; von der Notwendigkeit der Abgrenzung zur Schizophrenie – wie dies noch für die ursprüngliche Grenzfall-Diagnose galt – ist nicht mehr die Rede. *Die Kriterien des DSM-III-R für die Borderline-Persönlichkeitsstörung* lauten:

1. Ein Muster von instabilen, aber intensiven zwischenmenschlichen Beziehungen, das sich durch einen Wechsel zwischen den beiden Extremen der Überidealisierung und der Abwertung auszeichnet;

2. Impulsivität bei mindestens zwei potentiell selbstschädigenden Aktivitäten, z. B. Geldausgeben, Sexualität, Substanzmißbrauch, Ladendiebstahl, rücksichtsloses Fahren und Freßanfälle;

---

* Das «Diagnostische und Statistische Manual Psychischer Störungen» ist ein von der *American Psychiatric Association* herausgegebener Diagnosenschlüssel, der auch in Europa neben der «Internationalen Klassifikation psychischer Störungen» der Weltgesundheitsorganisation (derzeit in der 10. Auflage) zunehmend für die psychiatrische Diagnosenstellung herangezogen wird.

3. Instabilität im affektiven Bereich, z. B. ausgeprägte Stimmungsänderungen von der Grundstimmung zu Depression, Reizbarkeit oder Angst, wobei diese Zustände gewöhnlich einige Stunden oder, in seltenen Fällen, länger als einige Tage andauern;
4. übermäßige, starke Wut oder Unfähigkeit, die Wut zu kontrollieren, z. B. häufige Wutausbrüche, andauernde Wut oder Prügeleien;
5. wiederholte Suiziddrohungen, -andeutungen oder -versuche oder andere selbstverstümmelnde Verhaltensweisen;
6. ausgeprägte und andauernde Identitätsstörung, die sich in Form von Unsicherheit in mindestens zwei der folgenden Lebensbereiche manifestiert: dem Selbstbild, der sexuellen Orientierung, den langfristigen Zielen oder Berufswünschen, in der Art der Freunde oder Partner oder in den persönlichen Wertvorstellungen;
7. chronisches Gefühl der Leere oder Langeweile;
8. verzweifeltes Bemühen, ein reales oder imaginäres Alleinsein zu verhindern (vgl. DSM-III-R 1987, S. 419 f.).

Was diese Kriterien *nicht* erklären, ist die Tatsache, daß die so definierte Borderline-Persönlichkeitsstörung vorwiegend bei Frauen auftritt.

2. Der Frauenüberhang innerhalb der Borderline-Diagnose

Im DSM-III-R (1987) trifft man im Zusammenhang mit der Diagnose «Borderline-Persönlichkeitsstörung» auf die eher lapidare Feststellung, daß die Borderline-Persönlichkeitsstörung offensichtlich häufig auftritt und bei Frauen häufiger diagnostiziert wird als bei Männern (S. 419). Gunderson und Zanarini (1987) schätzen die Prävalenz der Borderline-Persönlichkeitsstörung auf 2 bis 4 Prozent der Normalbevölkerung. Innerhalb des klinischen Settings sehen sie sie als überrepräsentiert. «In stationären und ambulanten Populationen variiert die Prävalenz zwischen 15 und 25 Prozent; es handelt sich um die mit Abstand am häufigsten vorkommende Persönlichkeitsstörung. Und: Zwei Drittel der Patienten mit Borderline-Persönlichkeitsstörung sind weiblich» (a. a. O., meine Übersetzung). Castaneda u. Franco (1985) untersuchten 1583 stationäre Patienten und fanden, daß drei Viertel der Borderline-Persönlichkeitsstörungen weiblich waren. Akhtar und Byrne (1986) sammelten die Daten aus 23 Untersuchungen und extrahierten daraus das demographische Profil des typischen Borderline-Patienten. Es ist das Profil einer 18–30jährigen Frau, die mit einer Borderline-Diagnose stationär behandelt wird.

Ein solcher Frauenüberhang kann nicht allein aus der Tatsache erklärt werden, daß Frauen unter den (ambulanten ebenso wie stationären) Patienten generell überrepräsentiert sind. Es gibt andere Persönlichkeitsstörungen im DSM-III-R (vor allem die Antisoziale Persönlichkeitsstörung, aber auch die Paranoide und die Zwanghafte Persönlichkeitsstörung), die häufiger bei Männern vorkommen; das Argument der Ungleichverteilung allein liefert hier also keine stichhaltige Erklärung.

Eher könnte man argumentieren, daß die Borderline-Persönlichkeitsstörung eine vorwiegend weibliche Persönlichkeitsdiagnose darstellt, weil ein großer Teil ihrer Kriterien sich auf typisch weibliche Konfliktlösungsmuster bezieht. Zu solchen weiblichen Strategien (Rudolph und Stratmann 1989) gehören unter anderem die im Falle der Borderline-Persönlichkeitsstörung besonders ausgeprägte Bereitschaft zum Eingehen intensiver, klammernder, von Enttäuschungsbereitschaft gezeichneter und allein schon deshalb instabiler Objektbeziehungen. Das gleiche gilt für die autodestruktive Form der Aggressionsverarbeitung, so wie auch nach der Kohortenstudie von Schepank (1987) «alloplastisches Agieren offenbar eher eine männliche Möglichkeit zur Lösung innerer und äußerer Konflikte zu sein scheint, während Frauen eher zu autoplastischen, nach innen gerichteten Konfliktlösungen neigen» (Schepank 1987, S. 131). Die für Borderline-Patienten typischen manipulativen Suizidversuche, die Selbstverletzungen und andere selbstschädigende Impulshandlungen sind in diesem Sinne autoplastische Konfliktlösungsversuche und Zeichen selbstdestruktiver Aggressionsverarbeitung. Männliche Patienten mit einer Borderline-Diagnose wären unter diesem Gesichtspunkt dann vor allem solche, denen eine männliche (alloplastische) Konfliktlösung verwehrt ist (tatsächlich trifft man die für Borderline-Patienten typischen Selbstbeschädigungen häufig bei Männern, die im Gefängnis sitzen).

Ich möchte für die Erklärung des Frauenüberhangs unter den Borderline-Persönlichkeitsstörungen aber nicht auf der Ebene unterschiedlicher Konfliktlösungsstrategien bei Männern und Frauen stehen bleiben, sondern gezielter fragen, welches denn die Konflikte sind, die typischerweise zu einer Borderline-Persönlichkeitsstörung führen. Ich werde dazu einmal mögliche kulturelle Faktoren erörtern, die für die Zunahme der Borderline-Diagnose bei Frauen (insbesondere jüngeren Frauen) vermutlich mitverantwortlich sind. Anschließend werde ich auf die Rolle des Traumas in der Borderline-Entwicklung eingehen, welches in der Form des sexuellen Mißbrauchs vor allem Mädchen betrifft.

3. Erklärungen für die Geschlechtsspezifität der Borderline-Diagnose

3.1 Die Borderline-Persönlichkeitsstörung als Zeitphänomen

Die weibliche Geschlechtsrolle hat im Zuge der Modernisierung einen Wandel erfahren, der Frauen ungleich größere Chancen eröffnet, ihre Lebensgestaltung selbst zu bestimmen, als dies noch vor fünfzig Jahren der Fall war (Beck 1986). Gleichzeitig führt diese Befreiung aus traditionellen Mustern bei vielen Frauen aber auch zu einer großen Verunsicherung: Die alten Lebensmuster (vor allem eine lebenslange Ehe, in der die Frau die relativ klar bestimmten Aufgaben als Mutter und Hausfrau übernimmt) lassen sich in der westlichen Industriegesellschaft nur mehr bedingt realisieren. Frauen legen statt dessen Wert auf Freiheit und Unabhängigkeit und haben diese (bis vor kurzem noch eher männlichen) Ideale fest in ihre Selbstvorstellungen integriert.

Gleichzeitig bestehen aber auch tiefe Sehnsüchte nach einer Liebesbeziehung, in der Frauen ihre Hingabewünsche erfüllen können und in der sie oft geneigt sind, die erstrebte Selbstverwirklichung wieder hintanzustellen, wie sie dies bereits als kleines Kind von ihrer Mutter gelernt haben. Auch der Kinderwunsch stellt die internalisierte Forderung nach Unabhängigkeit in Frage. Beck spricht deshalb auch von der «Unentschiedenheit des weiblichen Individualisierungsprozesses» (1986, S. 172), der Ausdruck dieser Widersprüche ist.

Vieles spricht dafür, daß sich solche Widersprüche auch in typischen Zügen der Borderline-Persönlichkeitsstörung niederschlagen können, insbesondere in der von Kernberg betonten *Identitätsstörung* (Kriterium 6 des DSM-III-R), in der Neigung zu ebenso *intensiven wie instabilen zwischenmenschlichen Beziehungen* (Kriterium 1 des DSM-III-R) und in dem *Wutaffekt*, der bei diesen Patientinnen vorherrscht (Kriterium 4 des DSM-III-R). Das DSM-III-R spricht von einer *ausgeprägten und andauernden Identitätsstörung*, «die sich in Form von Unsicherheit im Bereich des Selbstbildes, der sexuellen Orientierung, den langfristigen Zielen oder Berufswünschen, in der Art der Freunde oder Partner oder in den persönlichen Wertvorstellungen manifestiert» (DSM-III-R, S. 422). Denkbar ist, daß der überindividuell interpretierbare Rollenwandel der weiblichen Geschlechtsrolle sich in einer Identitätsunsicherheit niederschlägt, die bei manchen Frauen zu krankheitswertigen Reaktionen führen kann.

Der Mangel an Orientierung kann darüber hinaus leicht zu jener chronischen Aggression führen, die für Borderline-Patienten charakteristisch ist. Aggressive Affekte und Verhaltensweisen widersprechen der traditionellen weiblichen Geschlechtsrolle. Andererseits wird Frauen unter den Individualisierungsforderungen unserer Gesellschaft der Ausdruck von Aggression ausdrücklich abverlangt. Borderline-Persönlichkeitsstörungen könnten von daher auch einen Niederschlag dieses Rollenkonfliktes darstellen, der bei manchen Frauen wegen des Fehlens besserer Alternativen zu einer selbstdestruktiven Verarbeitung der Aggression führt. Möglicherweise ist das chronische Gefühl von Ärger darüber hinaus ein Hinweis auf die eher prinzipielle Unvereinbarkeit moderner Autonomieforderungen mit weiblichen Bedürfnislagen, insbesondere im Bereich zwischenmenschlicher Beziehungen.

Hinzu kommt, daß ungeachtet der beschriebenen Modernisierungsfolgen die Gesundheitsvorstellungen unserer Gesellschaft stark am männlichen Geschlechtsrollenstereotyp orientiert sind (vgl. Broverman et al. 1972). Von daher könnte es sein, daß Frauen eher als Männer mit einer Borderline-Diagnose versehen werden, wenn sie Verhaltensweisen zeigen, die einem Mann durchaus zugestanden, bei einer Frau aber pathologisiert werden. Die Untersuchung kultureller Einflüsse auf eine mögliche Geschlechtsspezifität der Borderline-Diagnose muß solche Labelling-Aspekte mit in Betracht ziehen, zumal Persönlichkeitsstörungen grundsätzlich mehr als andere psychiatrische Diagnosen auch kulturelle und persönliche Stereotypen widerspiegeln (Kroll 1988; Landrine 1989). Der Einfluß geschlechtsspezifischer Stereotypen auf die Verteilung der Borderline-Diagnosen ist mittlerweile in mehreren Untersuchungen nachgewiesen worden, auch wenn die Ergebnisse bis jetzt nicht immer eindeutig sind. So konnte Stine (1989) zeigen, daß die von ihr befragten Psychiater das DSM-III-Kriterium «übermäßige, starke Wut oder Unfähigkeit, die Wut zu kontrollieren...» vor allem den Frauen zusprachen. Dies deutet darauf hin, daß in der Sicht von Ärzten der offene Ausdruck von Ärger Teil der männlichen Geschlechtsrolle ist, nicht aber der weiblichen. Der offene Ausdruck von Ärger bei Frauen wird dann leicht als unangemessen beurteilt und kann von daher auch eher zu einer Borderline-Diagnose führen. Auch Henry u. Cohen (1983, S. 1529) fanden in einer Umfrage, daß Kliniker die typischen Züge der Borderline-Persönlichkeitsstörung eher als mit der männlichen Geschlechtsrolle vereinbar ansahen und von daher auch eher den Männern zugestanden. Dies gilt insbesondere für das Kriterium der Identitätsstörung. Die Untersuchung von Henry u. Cohen (1983) deutet darauf hin, daß eine solche Identitätsstörung bei Männern eher toleriert wird, während man sie bei Frauen als Zeichen einer psychischen Störung ansieht.

3.2 Die Borderline-Persönlichkeitsstörung als Folge sexuellen Mißbrauchs in der Kindheit

Unabhängig von solchen kulturellen Betrachtungen gab es in den letzten Jahren eine steigende Zahl von Untersuchungen, die auf einen starken Zusammenhang zwischen der Entwicklung einer Borderline-Persönlichkeitsstörung im Erwachsenenalter und schweren Mißbrauchserfahrungen in der Kindheit hinwiesen. Dies gilt insbesondere für die Traumatisierung durch sexuellen Mißbrauch. Einige dieser Untersuchungen möchte ich hier exemplarisch referieren.

So fand Stone (1981) bei 9 (d. h. 75 Prozent) von insgesamt 12 hospitalisierten Borderline-Patienten eine Anamnese von Inzest. Bryer et al. (1987) fanden in einer Interview-Studie bei 12 von 14 hospitalisierten Borderline-Patienten eine Anamnese von sexuellem Mißbrauch vor der Adoleszenz (d. h. vor dem Alter von 16 Jahren). Dies entsprach 86 Prozent der Borderline-Patienten im Vergleich zu 21 Prozent im gesamten Patientengut der Klinik. Eine kürzlich von Zanarini, Gunderson et al. (1989) durchgeführte Studie mit reliabel diagnostizierten Borderline-Patienten ergab eine signifikant höhere Rate von Mißbrauchserfahrungen für Borderline-Patienten im Vergleich zur Kontrollgruppe: 26 Prozent der Borderline-Patienten berichteten über sexuellen Mißbrauch in

Kindheit und Adoleszenz, im Vergleich zu 7 Prozent bei einer Gruppe mit antisozialen Persönlichkeitsstörungen und 4 Prozent bei einer Gruppe von neurotisch-depressiven Störungen.

Zu einem ähnlichen Ergebnis kamen Ogata et al. (1989), die ein Sample von gleichfalls reliabel diagnostizierten Patienten mit einer Borderline-Persönlichkeitsstörung mit einer Kontrollgruppe depressiver Patienten aufgrund anamnestischer Interviews miteinander verglichen. 71 Prozent der Borderline-Patienten berichteten über sexuellen Mißbrauch, im Vergleich zu 22 Prozent der Kontrollgruppe. Physischer Mißbrauch in der Kindheit war in beiden Gruppen hoch; hier ergab sich also kein signifikanter Unterschied.

Alle diese Studien beziehen sich nur auf eine kleine Zahl von Patienten, so daß ihre Ergebnisse sicher mit Vorsicht zu betrachten sind. Die Richtung, in die die Ergebnisse weisen, ist jedoch eindeutig und kehrt sich in keiner der mir bekannten Untersuchungen um. Dies gilt auch für eine mit besonderer methodischer Sorgfalt durchgeführte Studie von Herman, Perry und van der Kolk, über die 1989 im American Journal of Psychiatry berichtet wurde. In dieser Untersuchung wurden jeweils mehrstündige Interviews zur Anwendung gebracht, die der Erfassung schwerwiegender Kindheitstraumata dienten, und zwar bei einer Gruppe von insgesamt 56 Patienten. Davon hatten 21 Patienten die Diagnose einer Borderline-Persönlichkeitsstörung, 11 Patienten zeigten Borderlinezüge (*traits*) und 23 Patienten hatten eine andere psychiatrische Diagnose.

Signifikant mehr Borderline-Patienten, nämlich 81 Prozent, berichteten schwerwiegende Kindheits-Traumata, darunter physischer Mißbrauch (71 Prozent), sexueller Mißbrauch (68 Prozent), als Kind Zeuge drastischer Gewalt in der Familie (68 Prozent). Die gleichen Erfahrungen waren weniger häufig bei Patienten, die lediglich Borderlinezüge aufwiesen, und am wenigsten häufig in der Gruppe ohne Borderline-Diagnose. Die Autoren schließen daraus auf eine enge Verbindung zwischen der Diagnose einer Borderline-Persönlichkeitsstörung und einer Anamnese von Mißbrauch in der Kindheit. Frauen erreichten in dieser Studie einen mehr als doppelt so hohen Trauma-Score als männliche Patienten: Sie berichteten über mehr physischen und mehr sexuellen Mißbrauch in der Kindheit, während sich in dem Punkt «Zeuge familiärer Gewalt» zwischen beiden Gruppen kein Unterschied ergab. Die Autoren ziehen aus ihren Ergebnissen das Fazit:

> Mißbrauch in der Kindheit als bedeutsames, der Entwicklung einer Borderline-Persönlichkeitsstörung vorangehendes Ereignis könnte teilweise die höhere Prävalenz der Borderline-Persönlichkeitsstörung unter Frauen erklären. Während epidemiologische Daten über den Mißbrauch von Kindern zumindest in den USA darauf hinweisen, daß Jungen und Mädchen im wesentlichen dem gleichen Risiko physischen Mißbrauchs ausgesetzt sind (vgl. Finkelhor 1979), haben in Bezug auf sexuellen Mißbrauch die Mädchen ein zwei- bis dreimal höheres Risiko. Es könnte also sein, daß Mädchen in ihrer Entwicklung häufiger Bedingungen ausgesetzt sind, die die Entwicklung einer Borderline-Störung begünstigen (Herman, Perry und van der Kolk 1989, meine Übersetzung).

Die Autoren konnten überdies zeigen, daß die Erinnerung an den Mißbrauch bei diesen Patienten in die Persönlichkeitsorganisation integriert und weitgehend ich-synton geworden war. Die Patientinnen stellten deshalb in der Regel auch keinen Zusammenhang zwischen ihren gegenwärtigen Symptomen und ihren kindlichen Mißbrauchserfahrungen her. Diese Ergebnisse sind mit anderen Verlaufsbeobachtungen von Trauma-Opfern vergleichbar, die darauf hinweisen, daß Fragmente des Traumas im Laufe der Zeit transformiert und in vielfältig verkleideten Formen wiedererlebt werden, z. B. als Körpersensationen, als Gefühlszustände, in visuellen Bildern, im handelnden Agieren oder auch in dissoziierten Persönlichkeitsfragmenten. Daß darüber hinaus vor allem Trauma und Dissoziation hoch miteinander korrelieren, haben alle Befunde der posttraumatischen Streßforschung erwiesen (vgl. dazu Spiegel et al. 1988). Herman et al. (1989) schlagen deshalb vor, die multiple Persönlichkeit als eine extreme Form der Verarbeitung schweren chronischen Mißbrauchs in der Kindheit zu bewerten, die Ausbildung einer Borderline-Persönlichkeitsstörung dagegen als eine mittlere Form der Anpassung an chronischen, vorwiegend sexuellen Mißbrauch.

Stone (1990) hat mittlerweile insgesamt 272 weibliche Borderline-Patientinnen sorgfältig auf eine Anamnese von sexuellem Mißbrauch untersucht. Obwohl die Häufigkeit sexuellen Mißbrauchs in den einzelnen untersuchten Patientinnen-Gruppen schwankte (zwischen 19 und 41 Prozent), ist das Ergebnis der Studie eindeutig: «Man findet», so Stone, «bei weiblichen Patienten mit einer Borderline-Persönlichkeitsstörung in aller Regel eine Geschichte von Inzest; insbesondere gilt dies für hospitalisierte Borderline-Patientinnen» (S. 188, meine Übersetzung).

Im folgenden soll gezeigt werden, wie bestimmte Merkmale der Borderline-Persönlichkeitsstörung, die das DSM-III-R anführt, oft bis in Einzelheiten hinein auch als Reaktionen aufgefaßt werden können, die innerhalb der posttraumatischen Forschung der Verarbeitung erlittener Traumata zugeschrieben werden. Dies gilt insbesondere für die Neigung der Borderline-Patienten zur Selbstverstümmelung und zum manipulativen Suizid und für die Gestaltung ihrer Objektbeziehungen.

3.3 Selbstverstümmelungen und manipulative Suizide als Reaktion auf sexuelle Mißbrauchserfahrungen

Frauen, die in der Kindheit sexuell mißbraucht wurden, reagieren später mit Schwierigkeiten in zwischenmenschlichen Beziehungen, sexuellen Funktionsstörungen, Promiskuität, Delinquenz, Depression, Suizidversuchen, einer allgemeinen Identitätsstörung, unangemessenen Wutreaktionen und einer selbstzerstörerischen Impulsivität (Barnard u. Hirsch 1985). Die Verwandtschaft dieser Symptome mit den Kriterien der Borderline-Persönlichkeitsstörung nach dem DSM-III-R ist augenfällig. Westen et al. (1990) haben untersucht, inwieweit insbesondere die Merkmale des «Diagnostischen Interviews für Borderline-Patienten» (Gunderson u. Kolb 1978)* auf Frauen mit der Erfahrung sexuellen Mißbrauchs in der Kindheit und Jugend zutreffen. Sie fanden einen hochsignifikanten Zusammenhang vor allem mit selbstzerstörerischen Impulshandlungen (Selbstverstümmelung, manipulative Suiziddrohungen) und mit pathologischen Objektbeziehungen. Gleichzeitig berichteten die sexuell mißbrauchten Frauen über massivere Ärger- und Wutreaktionen als andere Borderline-Patientinnen, die keine solche Genese hatten.

Einen Zusammenhang zwischen Selbstverstümmelung und sexuellem Mißbrauch findet man auch in praktisch allen Untersuchungen über Patienten mit körperlicher Selbstbeschädigung. So berichtet Sachsse (1989) über 25 Patienten (davon 21 Frauen), die sich regelmäßig schnitten oder verbrannten. Alle hatten in der Kindheit schwere Realtraumata erlebt. Zwei Drittel der Patientinnen waren in der Latenz und Pubertät sexuellem Mißbrauch ausgesetzt, mehrere waren vergewaltigt worden.

Ensink (1992) untersuchte hundert Frauen mit sexuellem Mißbrauch in der Kindheit und Jugend. Die Hälfte dieser Frauen hatte sich in ihrem Leben irgendwann einmal selbst verletzt, ein Viertel regelmäßig. Die Selbstverletzungen waren mit intensiven Gefühlen gekoppelt: neben intensiver Wut und der Genugtuung, sich selbst etwas antun zu können, vor allem auch mit Schuldgefühlen. Die Untersuchungsergebnisse von Ensink (S. 143, S. 155) weisen darauf hin, daß solche Schuldgefühle nicht nur dazu dienen, die eigene Hilflosigkeit zu verleugnen und statt dessen an der Vorstellung festzuhalten, man hätte an der Situation etwas verändern können, wenn man nur gewollt hätte. Eher scheint es sich dabei um die in unserer Kultur vorherrschende, von den Patientinnen internalisierte Vorstellung zu handeln, daß man einem sexuellen Angriff in jedem Falle Widerstand entgegensetzen müsse. Die Selbstverletzungen zeigen dann, daß man versäumt hat, Widerstand zu leisten. «I shall bleed for it» (a. a. O., S. 160), formulierte eine der von Ensink untersuchten Frauen diesen Zusammenhang.

Auch Sachsse (1989) beschreibt bei seinen Patientinnen massive Schuldgefühle und gleichzeitig eine panische Angst vor dem Alleinsein. Die Patientinnen konnten vor allem das Alleinsein nicht ertragen, weil dies eine Situation war, in der frühere traumatische Erfahrungen wieder wach zu werden drohten. Eine seiner Patientinnen bezeichnete dieses Gefühl in der Therapie einmal als «Grau-

---

* Das «Diagnostische Interview für Borderline-Patienten» (DIB) wurde von Gunderson u. Kolb (1978) entwickelt und ist ein halbstandardisiertes Interview, das eine relativ genaue Abgrenzung der Borderline-Störung von anderen Krankheitsgruppen ermöglicht. In seiner revidierten Form (Zanarini u. Gunderson 1989) verbessert es die Möglichkeit zur Abgrenzung der Borderline-Persönlichkeitsstörung von anderen Persönlichkeitsstörungen und zieht die Grenze der Borderline-Diagnose gleichzeitig wesentlich enger. Wenn in diesem Kapitel von reliabel diagnostizierten Borderline-Patienten die Rede ist, dann ist die Bestimmung der Borderline-Diagnose nach dieser revidierten Fassung des «Diagnostischen Interviews für Borderline-Patienten» gemeint.

en» (S. 103). Es ist – so Sachsse – «ein Gefühl der Selbstauflösung und Fraktionierung, das Panik auslöst» (a. a. O.). In diesem Zusammenhang bekommt die Selbstbeschädigung eine rettende Funktion, wie ein Antidepressivum, das die Erinnerung und das damit verbundene Gefühl des Vernichtetwerdens aufhebt.

3.4 Auswirkungen auf die Objektbeziehungen

Vom Gefühl der Selbstauflösung im Alleinsein zur Pathologie der internalisierten Objektbeziehungen bei Frauen mit sexuellen Mißbrauchserfahrungen ist nur ein kleiner Schritt. Wir haben es dabei mit gespaltenen Objektbeziehungen zu tun, in denen die Erwartung des sexuellen Mißbrauchs und der Wunsch nach Schutz und Rettung nebeneinander aufrechterhalten werden. Westen et al. (1990) konnten zeigen, daß es vor allem Borderline-Patientinnen mit der Erfahrung eines sexuellen (also nicht allein physischen) Mißbrauchs waren, die beim Team einer Station entsprechend widersprüchliche Gegenübertragungsgefühle auslösten.

Die Spaltung der Objektbeziehung betrifft hier offensichtlich die Beziehung zu einem wichtigen Objekt der Kindheit, das zutiefst gehaßt wurde und das man gleichzeitig zum eigenen Überleben brauchte. Da der sexuelle Mißbrauch in der Biographie von Borderline-Patienten ganz überwiegend vom Vater verübt wird (vgl. Westen et al. 1990), sind es offenbar vor allem die Gefühle ihm gegenüber, die die mißbrauchte Tochter auf diese Weise spalten muß. Sofern in den beschriebenen Untersuchungen von der Mutter die Rede ist, ist es eine Mutter, die abwesend ist oder die ihr Kind vernachlässigt. Möglicherweise beeinflußt die Beziehung des Kindes zu einer solchen Mutter auch seine Reaktion auf den sexuellen Mißbrauch durch den Vater. Das würde bedeuten, daß Borderline-Patienten und -Patientinnen bereits in den ersten Lebensjahren vor allem im Umgang mit der Mutter den Einsatz bestimmter Abwehrmechanismen (vor allem der Spaltung) erlernt haben, der es ihnen später ermöglichte, das durch den Vater erlittene Trauma in ähnlicher Weise zu verarbeiten. Vielleicht sind diese Patientinnen und Patienten auch besonderes empfindlich für den Mißbrauch von seiten des Vaters, weil gerade sie den Vater notwendig als alternatives positives Identifikationsobjekt benötigt hätten. Wir können eine solche Vorgeschichte aber nur vermuten. Nichts schließt aus, daß ein Kind (Tochter oder Sohn) einen langjährigen sexuellen Mißbrauch auch unabhängig von irgendwelchen vorangegangenen Schädigungen mit Hilfe der beschriebenen, für die Borderline-Entwicklung typischen Abwehrmechnismen zu überleben versucht.

Die Rolle des Traumas in der Borderline-Entwicklung kann nicht beschrieben werden, ohne daß man sich nicht auch der Psychologie des Täters zuwendet. Die Psychologie des Täters ist vor allem deshalb von Bedeutung, weil man sie in der Psychopathologie von Borderline-Patienten wiederfindet. Väter (seltener auch Mütter) von mißbrauchten Kindern reagieren auf andere vor allem mit schlecht kontrollierter Aggression (Prodgers 1984). Daraus wird auch erklärlich, warum physische Gewalt und Inzest so häufig zusammen auftreten (Westen et al. 1990). Sexuell mißbrauchte Borderline-Patientinnen tragen über die Identifizierung mit dem Aggressor dann ein Objekt in sich, von dem sie nie wissen, wann es ihnen aggressiv begegnet und sie angreift. Der vielzitierte Ärger, den Borderline-Patientinnen mit sich herumtragen und der so gar nicht mit ihrer Geschlechtsrolle übereinstimmt, entspringt sehr wahrscheinlich nicht nur ihrer eigenen Wut über die früher einmal erlittenen Verletzungen, sondern dem internalisierten Bild eines Vaters, der diese Eigenschaften tatsächlich besaß. Hirsch (1993) spricht von solchen Internalisierungen auch als «unassimilierten Introjekten», die nicht integriert, aber auch nicht aufgegeben werden können, weil die Patientinnen sie gleichzeitig als existenzerhaltend erleben. Auf diesem Hintergrund wird es auch schwierig, immer nur von jener Aggression zu sprechen, die Borderline-Patienten auf ihre Umwelt projizieren. Sehr oft war ihre Umwelt schlecht, und die (oft nach innen gewendete) Aggression des Patienten eine durchaus adäquate Reaktion.

In diesem Zusammenhang ist eine Untersuchung von Nigg (1991) interessant, in der die frühesten Kindheitserinnerungen von Borderline-Patienten im Vergleich mit denen einer Normalpopulation untersucht wurden. Nur Borderline-Patienten, die von sexuellem Mißbrauch in der Kindheit berichteten, hatten in ihren frühesten Kindheitserinnerungen Bilder von absolut bösen Objekten und solchen, die ihnen absichtlich Verletzungen und Kränkungen zufügten. (Die frühesten Kindheitserinnerungen von Borderline-Patienten, die ausschließlich physisch mißhandelt worden waren, wiesen keine derart schlechten Objekte auf.) Die bösen Objekte in den Kindheitserinnerungen von Patienten mit der Erfahrung eines sexuellen Mißbrauchs in der Kindheit oder Jugend scheinen also zumindest ein Stück weit die reale Welt abzubilden, in der sie einmal gelebt haben.

Was bisher für Borderline-Patientinnen mit einem sexuellen Mißbrauch in der Kindheit oder Jugend festgestellt wurde, gilt selbstverständlich auch für männliche Patienten mit einer entsprechenden Anamnese. Wir finden sie bei männlichen Borderline-Patienten aber seltener; aus diesem Grunde habe ich hier vor allem von weiblichen Patienten gesprochen. Darüber hinaus gibt es unabhängig vom Geschlecht des Patienten traumatische Erfahrungen in der Kindheit und Jugend (Vernachlässigung durch die Mutter, Tod der Mutter, häufig wechselnde oder unzuverlässige Ersatzobjekte, usw.), die zur Entwicklung einer Borderline-Persönlichkeitsstörung beitragen können. Vieles spricht aber dafür, daß es insbesondere die Erfahrung des sexuellen Mißbrauchs in der Kindheit und/oder Jugend ist, die mit hoher Wahrscheinlichkeit für eine solche Störung prädestiniert.

4. Der Einfluß der erlittenen Traumatisierung auf die Borderline-Therapie

Die hier vorgetragenen Erkenntnisse über eine mögliche traumatische Ätiologie der Borderline-Persönlichkeitsstörung haben unmittelbare behandlungstechnische Konsequenzen. Für die Behandlung traumatischer Störungen gibt es mittlerweile bewährte Strategien, die unter anderem von Niederland 1965, Horowitz 1976, Herman 1981 und Shengold 1989 beschrieben wurden. Dabei wird vor allem auf die Bedeutung der Wiederentdeckung der traumatischen Erinnerungen und der damit verbundenen Affekte verwiesen. Dazu gehört insbesondere auch die Validierung (d. h. Anerkennung) der traumatischen Erfahrung des Patienten durch den Therapeuten. Eine solche Integration des Traumas gilt als Vorbedingung für die Verbesserung der Affekttoleranz, der Impulskontrolle und der Abwehrorganisation. Sie ist auch die Voraussetzung für die Wiederherstellung einer integrierten Selbstidentität und die Fähigkeit zur Entwicklung angemessener zwischenmenschlicher Beziehungen.

Kliniker wissen, daß dieser Weg oft nicht beschritten wird, weil die posttraumatischen Zustände nicht als solche erkannt werden, da der Patient bzw. die Patientin sie als Stigma empfinden und gelernt haben, sie mit einem Geheimnis zu umgeben. Der Analytiker identifiziert sich dann unbewußt leicht mit dieser Haltung; so kommt es zu der «Verschwörung des Schweigens», wie wir sie aus der Literatur über die Opfer des Nationalsozialismus kennen (vgl. z. B. Heimannsberg u. Schmidt 1988). Herman et al. (1989) vermuten, daß die in der Therapie von Borderline-Persönlichkeitsstörungen häufig zu beobachtende negative therapeutische Reaktion auch auf die Nichtaufdeckung eines solchen Kindheitstraumas zurückgeführt werden kann. Der Patient stößt bei der Erkundung seines Inneren auf das alte Redeverbot und weicht zurück (oft in eine scheinbar immer tiefere Regression), während der Therapeut ihm nicht behilflich sein kann, die Barriere zu überwinden, weil er sie – in unbewußtem Bündnis mit dem Patienten – übersieht.

Stone (1990) hat ein Inzest-Profil entwickelt, das Anhaltspunkte für eine mögliche biographische Inzesterfahrung einer Patientin liefert, auch wenn es keinerlei Sicherheit verspricht. Patientinnen mit einer Geschichte von Inzest zeigen danach häufig ein verführerisches Auftreten, Impulsivität, Scheu, Verschwiegenheit, Selbstverstümmelungen, Zerstörungswut, Unbeständigkeit und Vorsicht und sind von Gefühlen der Scham und der Rache, des Zynismus und des Mißtrauens beherrscht. Zerstörungswut und Rache sind dabei Reaktionen auf die Ausbeutung in der Kindheit: das Opfer wird zum Aggressor.

Im Zentrum der Therapie einer solchen traumatischen Störung steht die Erinnerung an das Trauma und die Art und Weise, in der es verarbeitet wurde. Wir haben es also mit einer *aufdeckend orientierten Therapie* zu tun; sofern sie sich mit den Vermeidungen des Patienten befaßt, sich seinen traumatischen Erfahrungen zu stellen, arbeitet der Therapeut dabei auch mit den Mitteln der Konfrontation. Eine solches therapeutisches Vorgehen deckt sich aber weitgehend mit dem von Kernberg formulierten Vorschlag, in der Therapie von Borderline-Patienten vorwiegend die pathologische Abwehr zu bearbeiten, um die Spaltung der internalisierten Objektbeziehungen des Patienten in unrealistische «gute» und ebenso unrealistische «böse» Selbst- und Objektbilder zu überwinden. Die gleiche Spaltung der Objektbilder wird auch für die posttraumatischen Syndrome beschrieben, und zwar als eine bereits in der Kindheit eingeübte Anpassungsstrategie, die dem Ziel dient, Bilder des guten Objektes über das erlittene Trauma hinwegzuretten und auf diese Weise das eigene psychische Überleben zu sichern.

Was Kernberg unter psychodynamischen Gesichtspunkten als typische Borderline-Persönlichkeits-Organsiation bezeichnet hat, läßt sich so nachträglich ohne weiteres auch aus der Annahme einer spezifischen, traumatisch bedingten Borderline-Anamnese entwickeln und rechtfertigen. Unbeantwortet bleibt die Frage nach den Gründen für die Verzögerung, mit der die zuletzt beschriebene ätiologische Hypothese des Kindheitstraumas, insbesondere des sexuellen Mißbrauchs in der Kindheit, so spät ins Zentrum der Borderline-Theorie rückte. Die Ausblendung, mit der wir es hier offensichtlich zu tun haben, führt zu der Überlegung, ob das teilweise Abrücken Freuds von der Traumatheorie der Neurosen nicht zu einer möglicherweise allzu einseitigen Aufmerksamkeitsrichtung der Psychoanalyse auf die kindliche Phantasieszene geführt hat. Wie weit kann man beispielsweise bei Borderline-Patienten unbesehen von einem Ödipuskomplex sprechen, wenn die damit verbundenen ödipalen Phantasien bei einer großen Zahl von ihnen verheerende Wirklichkeit geworden ist (dazu auch Simon 1992)? Ein Irrtum wäre es aber auch, nunmehr einfach von der *Realität des sexuellen Mißbrauchs* zu sprechen, so als ob es sich bei der Frage «Phantasie oder Realität?» um Gegensätze handle, zwischen denen der Therapeut sich entscheiden müsse. Denn auch ein Kind, das sexuell mißbraucht wird, hat ödipale Phantasien, und auch bei ihm gibt es den Wunsch, aus der (phantasierten) ödipalen Konkurrenz-Situation als Sieger hervorzugehen. Der reale Inzest bringt diese Phantasien nicht zum Erlöschen, aber er macht sie in extremer Weise schuldhaft.

In der psychoanalytischen Behandlung verlangen diese Patientinnen später deshalb völlig zu Recht, daß der Psychoanalytiker ihre ganze Wirklichkeit erfahren möchte. Wenn Borderline-Patienten und -Patientinnen, in zunächst oft verdeckter Form *ihre* Geschichte erzählen, die bisher tabu war und die niemand hören wollte, dann ist ihre verzweifelte Hoffnung, daß sie dieses Mal akzeptiert wird (ähnlich Shengold 1989; Sachsse 1989; Westen et al. 1990). Zu dieser Geschichte gehören die Erfahrungen des Traumas ebenso wie die Phantasien des Patienten, die das Trauma begleiteten und seiner Bewältigung dienten.

Freud hat seine Verführungstheorie bekanntlich widerrufen, kurz nachdem er im Zusammenhang mit dem Tode seines Vaters einen Traum hatte. Er beschreibt ihn in einem Brief an Fließ (1896): «Einen netten Traum muß ich Dir erzählen von der Nacht nach dem Begräbnis: Ich war in einem Lokal und las dort eine Tafel: Es wird gebeten die Augen zuzudrücken» (zit. nach Krüll 1979,

S. 57). Eine Reihe von Autoren (darunter Krüll 1979) glauben, daß damit indirekt auch Freuds Wunsch nach Schonung des verstorbenen Vaters ausgedrückt wurde, der durch Freuds ursprüngliche Verführungstheorie mit angeklagt worden wäre. Der Widerruf der Verführungstheorie durch Freud diente aus dieser Sicht vor allem der Rehabilitation seines eigenen Vaters. Wie immer man zu diesem Widerruf – der übrigens niemals ein totaler war – stehen mag: Er hat den Weg zu einer psychoanalytischen Neurosentheorie geebnet, in der die Neurose als Ausdruck eines inneren Konflikts verstanden wird, der sich auf unbewußte Phantasien des Patienten stützt und durch sie aufrechterhalten wird. Das Schicksal der Borderline-Patientinnen, das in diesem Kapitel beschrieben wurde, zeigt aber auch, was es heißt, wenn Psychoanalytiker sich auf die Betrachtung dieser Phantasien zurückziehen und dabei die oft schreckenerregendere Realität aus den Augen verlieren.

Kapitel 6
Unbewußte Phantasie und Mythenbildung in psychoanalytischen Theorien über die Differenz der Geschlechter

«Wenn die Differenz der Geschlechter verhandelt wird, ist es das Unbewußte, welches spricht.»

L. Irigaray

1. Die Dialektik von Aufklärung und Remythologisierung in der Psychoanalyse

In diesem Kapitel werde ich mich mit psychoanalytischen Theorien über die Geschlechterdifferenz auseinandersetzen, um zu zeigen, daß sie in die Selbstreflexion der Psychoanalyse einbezogen werden müssen, um ihre mythologisierenden Tendenzen aufzudecken. Denn mit den Mitteln der Psychoanalyse kann nicht entmythologisiert werden, ohne gleichzeitig zu remythologisieren – dieses lakonische Fazit zog Renate Schlesier nach einer sorgfältigen Untersuchung der «Konstruktionen der Weiblichkeit bei Sigmund Freud» (1981, S. 165). Sie machte damit auf den dem psychoanalytischen Aufklärungsvorgang innewohnenden Zirkel von Entmythologisierung und Remythologisierung aufmerksam, den Horkheimer und Adorno (1944) auch als «Dialektik der Aufklärung» beschrieben haben. Danach mündet die aufklärerische Absicht spätestens mit der Kanonisierung der so gewonnenen Erkenntnis in einen neuen Mythos, so als wäre der Aufklärungsvorgang auf Grund einer immanenten Gesetzmäßigkeit dazu verurteilt, in einer seiner ursprünglichen Intention gegenläufigen Bewegung stets wieder in Mythologie umzuschlagen (a. a. O.). Geradezu paradigmatisch läßt sich dieser Zirkel an Freud's berühmter «Theorie der Weiblichkeit» (1917, 1925 b, 1931, 1933) demonstrieren.

2. Freuds «Theorie der Weiblichkeit»: Vom analysierten zum analytischen Mythos

Freud hat mit seiner «Theorie der Weiblichkeit», insbesondere der Entdeckung des Kastrationskomplexes, das Verständnis für die auch heute noch sichtbare soziale Benachteiligung der Frau ganz sicherlich vorangebracht. Er konnte zeigen, daß unbewußte Phantasien, in denen die Frau als kastriert und deshalb minderwertig betrachtet wurde, zu dieser Situation nicht unerheblich beitrugen. In diesen unbewußten Phantasien wurde die Frau mit ihrem «beschädigten und defekten» Genitalapparat identifiziert, parallel zu ihrer Überidealisierung, mit der diese Identifizierung verleugnet werden sollte. Freud lenkte die Aufmerksamkeit der Welt auf die irrationale Natur dieser «phallischen» Verachtung der Frau (Blum 1976, S. 168).

Diese aufklärerischen Ideen existierten jedoch parallel mit anderen, in denen Freud das Bild einer masochistischen und unvollständigen weiblichen Persönlichkeit zeichnete. Danach werden der Frau «eine verringerte und unfreie Libido, eine schwächere und masochistische sexuelle Konstitution, ein zur Sublimation unfähiges Ich, eine Tendenz zu frühem Stillstand und Rigidität, ein relativ unzulängliches Über-Ich und eine unvollständige ödipale und postödipale Entwicklung zugeschrieben» (Blum, S. 169, Übersetzung von Grunert 1981, S. 124).

Diese und andere Widersprüche in Freuds Vorstellungen von der Geschlechterdifferenz veranlaßten Blum (1976) zu der Frage, ob hier tatsächlich ein korrektes wissenschaftliches Bild der weiblichen und männlichen Psyche gezeichnet werde. Oder «beeinflußte der universelle Mythos von der kastrierten Frau die theoretische Konzeption von der Struktur der weiblichen Psyche? *Kehrte der analysierte Mythos als analytischer Mythos wieder?*» (Blum 1976, S.170, Übersetzung und Hervorhebung von mir).

Blum formuliert damit einen Verdacht, wie ihn früher bereits Karen Horney geäußert hatte: In ihrem 1926 erschienenen Aufsatz «Flucht aus der Weiblichkeit» wies sie auf die frappierende Ähnlichkeit zwischen den Phantasien eines vierjährigen Knaben über die Situation des «penislosen» Mädchens und psychoanalytischen Theorien über die weibliche Entwicklung hin. Die in ihrer intellektuellen Scharfsichtigkeit auch heute noch beeindruckende Arbeit wurde von Freud und seinen psychoanalytischen Kollegen damals weitgehend ignoriert. Mit der darin aufgeworfenen Frage gelang dies auf Dauer allerdings nicht in gleichem Maße. In den letzten Jahrzehnten haben sich eine ganze Reihe von weiblichen und männlichen Psychoanalytikern innerhalb und außerhalb der Frauenbewegung (z. B. Irigaray 1974, Schafer 1974, Blum 1976, Schlesier 1981) mit ihr beschäftigt. Sie alle setzten sich mit der Möglichkeit auseinander, daß in psychoanalytischen Wirklichkeitsmodellen unbewußte Phantasien über die Natur von Mann und Frau und die Geschlechterdifferenz als *Wesensaussagen* wiederkehren, die geeignet erscheinen, diese Phantasien, anstatt sie aufzudecken, dauerhaft zu bekräftigen. Folgt man Barthes (1957), dann ist genau dies auch die Funktion des Mythos: Er macht den Begriff natürlich (S. 114), verwandelt Geschichte in «Natur» (S. 113) und schafft eine euphorische Klarheit, durch die die Dinge den Eindruck machen, «als bedeuteten sie von ganz allein» (S. 132), so daß jede Notwendigkeit entfällt, sie zu hinterfragen.

Widersteht man dieser Verführung zur Selbstverständlichkeit, erkennt man eine ähnliche Tendenz zur Mythologisierung auch im aufklärerischen Ansatz neuerer Weiblichkeitstheorien (z. B. M. Mitscherlich 1985; Irigaray 1974; Chodorow 1978; Dinnerstein 1976 und Olivier 1980). Eine tiefenhermeneutische Analyse dieser Theorien könnte deshalb weitere Einsichten über den Zusammenhang zwischen unbewußter Phantasie und remythologisierenden theoretischen Aussagen über die Geschlechterdifferenz eröffnen. Genau dies ist die Absicht der vorliegenden Untersuchung. Ich werde zu diesem Zweck zunächst das Konzept der «unbewußten Phantasie» etwas klarer herausarbeiten. Anschließend werde ich versuchen, drei psychoanalytische Theorien über die Geschlechterdifferenz in die Sprache der unbewußten Phantasie zu übersetzen. Es sind dies:

a) die von Freud zwischen 1917 und 1933 im Rahmen seiner Metapsychologie entwickelte, bis heute nicht eindeutig revidierte Theorie über die weibliche Entwicklung;

b) eine unter dem Titel «Das Erbe der Mütter» von Chodorow (1978) vorgelegte, innerhalb der feministisch orientierten Psychoanalyse weitgehend akzeptierte Theorie der weiblichen Entwicklung [dazu auch Dinnerstein (1976) und Olivier (1980)]; und schließlich

c) Androgynitätstheorien, d. h. theoretische Sichtweisen der Geschlechterdifferenz, die die prinzipielle Doppelgeschlechtlichkeit des Individuums in den Mittelpunkt stellen (Freud 1925 b; 1933; Jung 1921).

In meiner Untersuchung werde ich diese Theorien so behandeln, als ob sie in Theoriesprache gefaßte Derivate unbewußter Phantasien wären. Meine Annahme ist, daß die unbewußte Phantasie aus der Theorie erschlossen werden kann, wenn man mit Hilfe der auch sonst in der Psychoanalyse üblichen Transformationen (Bion 1965) ihre *Grundmuster* freilegt und in einen Beziehungskontext übersetzt.

3. Das Konzept der «unbewußten Phantasie»

Mit unbewußter Phantasie meine ich hier kognitiv-affektive Strukturen von hoher Komplexität, bei denen primär- und sekundärprozeßhafte Verarbeitungen miteinander verwoben sind. Es sind Strukturen, die sich nicht ohne weiteres auf *eine* psychische Funktion, z. B. die des Wunsch-Abwehr-Kompromisses, reduzieren lassen. Sandler (1976) spricht vom «unbewußten Phantasiedenken» (S. 774), in dem sich unbewußte aktuelle Konflikte mit verdrängten Vermutungen und Theorien aus der Kindheit des Betreffenden, mit unbewußt organisierten Objektbeziehungen, beharrlichen Kindheitswünschen, eingeübten Konflikt- und Problemlösungen und vielen anderen Faktoren verdichten (a. a. O.).

Von bewußten Phantasien unterscheiden sich derartige Strukturen vor allem durch ihr anders geartetes Verhältnis zur Realität. Folgt man Freud, dann existieren bewußte Phantasien immer in einem von der Realität abgeschirmten Raum, einer Art «Schonung» (Freud 1924 b, S. 367) neben der Realität, ohne daß ihr illusionärer Charakter dadurch in Zweifel gezogen würde. Sie sind dem Lustprinzip unterworfen und werden vom Ich deshalb den Ansprüchen der Realitätsprüfung entzogen (1930, S. 439). Die Konfrontation mit der andersgearteten Realität würde die Phantasie zerstören. Im Gegensatz dazu drängen unbewußte Phantasien nach Bestätigung im psychischen Außenraum, und zwar vor allem durch Herstellung von «Wahrnehmungsidentität» (Freud 1900, S. 571). Dabei geht es darum, etwas «wirklich» werden zu lassen, d. h. den inneren Entwurf in Szene zu setzen und ihn über verschiedene Sinneswahrnehmungen zu validieren. Sandler (1976) spricht von einer illusionären Aktualisierung, bei der der Wahrnehmungsvorgang die aus der Außenwelt einströmenden sensorischen Daten in Richtung auf Wunscherfüllung entstellt (S. 781).

> Das hier gemeinte unbewußte Phantasiedenken entsteht mit dem spezifischen Ziel, die «Zensur», die das Bewußtsein schützt, zu umgehen, aber es kann eine ganze Reihe von Modifikationen erlebt haben, ehe es in irgendeinem Derivat an der Oberfläche zum Ausdruck gelangt. Es baut sich nicht allein auf Primärprozessen auf, sondern macht sich eine Vielzahl organisierter unbewußter Denkformen zunutze. Es ist natürlich besonders durch die Abwehrmechanismen modifiziert, welche die Gefühlszustände im Erleben des Individuums beherrschen... Es kann das Wissen des Individuums von der äußeren Realität einbeziehen – oder auch nicht –, und wenn es sich in einer bestimmten Distanz vom Bewußtsein (im «topischen» Sinne) befindet, vermeidet es jenen «Stempel des Unwirklichen», der für die bewußten Tagträume charakteristisch ist (Sandler 1976, S. 776).

Unbewußte Phantasien erfüllen eine Vielzahl von Funktionen für die Aufrechterhaltung der psychischen Homöostase: Sie dienen der Wunscherfüllung, ganz wie die Träume, mit denen sie auch den Charakter des Kompromisses gemeinsam haben (Freud 1925 a, S. 90). Sandler (1960) hebt daneben vor allem ihre Bedeutung für die Aufrechterhaltung eines basalen Sicherheitsgefühls hervor, der ich auf Grund meiner eigenen klinischen Erfahrung die Funktion des Kränkungsschutzes hinzufügen möchte. Wie sich zeigen wird, stützen unbewußte Phantasien über die Geschlechterdifferenz darüber hinaus vor allem die eigene Geschlechtsidentität, möglicherweise sogar die psychische Organisation überhaupt (Atwood und Stolorow 1984). Vor allem aber wirken sie handlungsleitend: Unbewußte Phantasien enthalten eine Rollenbeziehung und damit immer auch ein Angebot zur Rollenübernahme (Sandler 1976).

Die Rollenübernahme durch einen anderen ist Voraussetzung für die Inszenierung der unbewußten Phantasie auf der zwischenmenschlichen Bühne, mit der sie gleichzeitig wahrnehmbar bekräftigt wird. Die in der therapeutischen Beziehung aktualisierten Übertragungs-/Gegenübertragungsmuster sind hierfür das überzeugendste Beispiel (vgl. Sandler 1976; zum «Bühnenmodell» der therapeutischen Beziehung auch Thomä u. Kächele 1985). Die Art der Inszenierung und die damit einhergehenden Rollenzuweisungen erlauben einen Rückschluß auf die involvierte unbewußte Phantasie.

4. Unbewußte Phantasien in psychoanalytischen Theorien über die Geschlechterdifferenz

Im folgenden soll gezeigt werden, inwieweit sich die drei genannten psychoanalytischen Theorien über die Differenz der Geschlechter auf dem Wege der tiefenhermeneutischen Interpretation in solche unbewußten Phantasien transformieren lassen. Das Ergebnis soll dann auf Gemeinsamkeiten und Unterschiede untersucht werden, vor allem im Hinblick auf mögliche männliche und weibliche Varianten.

4.1 Die «Theorie der Weiblichkeit» bei Freud (1917, 1925 b, 1931, 1933)

- Jungen und Mädchen sind von Geburt an «männlich» (= aktiv). Jungen bleiben so. Für das Mädchen beginnt mit der Entdeckung des Geschlechtsunterschieds der schwere Weg in die «Weiblichkeit» (= Passivität).
- Die Entdeckung seiner Penislosigkeit bedeutet für das Mädchen eine große Enttäuschung. Es fühlt sich von da an wertlos, unvollständig, «kastriert». Seinen Mangel lastet es der Mutter an. Es wendet sich enttäuscht von ihr ab und dem Vater zu.
- Von nun an begehrt es den Penis des Vaters, jedoch nicht als Lustobjekt, sondern um sich narzißtisch zu komplettieren. Später verwandelt sich der Peniswunsch in den Wunsch nach einem Kind vom Vater (Mann), am liebsten einen Knaben (= Penisträger). Nur deshalb genießt die Frau ihre Mutterschaft.
- Der Penisneid der Frau bleibt in der Regel ein Leben lang bestehen. Neid ist deshalb auch einer ihrer herausragenden Charakterzüge.
- Ihre Interessen beschränken sich auf das enge soziale Beziehungsgeflecht, in dem sie lebt, und auf die Erfüllung der damit verbundenen Alltagsaufgaben. Da ihre Sublimierungsfähigkeit gering ist, erstrebt sie auch nichts anderes. Ihr beschränkter Lebensradius entspricht ihren Bedürfnissen.
- Wegen ihrer organischen und charakterlichen Minderwertigkeit bleibt sie ein

Leben lang vom Mann und seinen narzißtischen Restitutionsleistungen abhängig.

- Sie hat auch die schwächere sexuelle Konstitution. Die Libido (das «Begehren») ist männlich. Der Begriff «weibliche Libido» macht keinen Sinn.
- Die Klitoris ist ein verkümmerter Penis.
- Mit der Entwicklung zur Weiblichkeit muß die klitoridale Sexualität aufgegeben und auf die Vagina, den «Lustort» des Mannes, verschoben werden.
- Der Mann handelt, die Frau reagiert.
- Weiblichkeit ist identisch mit (erworbener) Passivität, die «masochistisch» genossen wird.

Im folgenden wird diese Theorie nun so behandelt, als wäre sie ein «psychoanalytischer Text» (Werthmann 1975). Ein psychoanalytischer Text «wird so interpretiert, als ob in ihm ein zweiter Text enthalten sei, und so, daß dieser zweite Text in Erscheinung tritt... Die klassischen Bezeichnungen für diesen zweiten Text lauten ‹das Unbewußte› oder ‹die unbewußte Phantasie›» (a. a. O., S. 123). Seine Rekonstruktion ist dann abgeschlossen, wenn alle Bestandteile des Ursprungstextes integriert sind und sich zu einem Sinngefüge zusammenschließen (Sandner 1988). Das psychoanalytische Konzept der unbewußten Kastrationsphantasie kann diese Aufgabe allenfalls teilweise erfüllen. Eine lückenlose Rekonstruktion der unbewußten Phantasien, die in die Freudsche Weiblichkeitstheorie eingeflossen sind, könnte dagegen lauten:

«Für meine Mutter (später: meine Frau) bin ich der Einzige. Sie wird immer bei mir bleiben, denn sie ist abhängig von mir. Ich brauche sie mit niemandem zu teilen. Sie braucht mich, nicht umgekehrt. Mein Penis garantiert mir ihren Besitz. Sie selbst hat nichts, worum ich sie beneiden könnte. Im Gegenteil, sie beneidet mich. Ich bin es, der sie liebt und begehrt, nicht umgekehrt. Sie selbst ist ohne Begehren. Deshalb wird sie auch nie nach einem anderen verlangen. Ohne mich gibt es für sie keinen Genuß. Sie lebt nur durch mich (und nicht umgekehrt). Alles, was sie dabei erleidet, ist nicht meine Schuld. Sie will es so.

Weil dies so ist, brauche ich nie zu befürchten, daß

- ich jemals zum passiven Objekt ihrer Liebe oder ihres Begehrens werde (schon als Säugling war ich es nicht);
- ich ihre Liebe mit einem/einer andern teilen muß (schon als Mädchen war sie ihrem Vater exklusiv zugetan);
- ich von ihrem Begehren überwältigt werde oder vor ihm versage (ihre Libido ist schwächer als die meine);
- sie ohne mich sexuell genießt (dafür hat sie nicht das richtige Sexualorgan);

- ich auf sie neidisch sein könnte (sie hat nichts, was Neid erweckt);
- sie mit ihrer Situation unzufrieden sein könnte (ihre Familie ist ihre Welt);
- sie ihre Interessen aktiv auf etwas anderes richten könnte als meine Person (an kulturellen Leistungen ist sie nicht interessiert);
- ich an ihr schuldig werden könnte (z. B. durch eine Schwängerung).

Diese Überzeugung gibt mir Sicherheit. Ich bin froh und stolz, ein Mann zu sein.»

4.2 Die Geschlechterdifferenz in feministischer Perspektive (Chodorow 1978, Dinnerstein 1976, Olivier 1980)

Chodorow hat – in Abgrenzung zu Freud – eine Theorie der weiblichen Entwicklung vorgestellt, die (um einige Annahmen von Dinnerstein [1976] und Olivier [1980] ergänzt) wie folgt lautet:

- Weil es immer und überall Frauen sind, die «muttern», sind auch die primären Bezugspersonen von Jungen und Mädchen zumindest in den ersten Lebensjahren weiblich. Am Anfang des Lebens steht also für beide Geschlechter die Beziehung zu einer *Frau* (sog. «Asymmetrie der Geschlechter»). Diese Tatsache hat für männliche und weibliche Kinder unterschiedliche Konsequenzen:
- Die Mutter-Sohn-Beziehung ist von Anfang an durch die geschlechtliche Verschiedenheit der Beteiligten geprägt: Der Sohn wird von der Mutter als (anderes!) Objekt validiert (bei Olivier auch als heterosexuelles Objekt begehrt). Die Mutter-Tochter-Beziehung dagegen ist durch Ähnlichkeit bestimmt. Die Tochter wird von der Mutter eher als Erweiterung ihres Selbst erlebt und geliebt (*nicht* «begehrt»).
- Um Mann werden zu können, muß der Junge sich früh und abrupt aus der primären Beziehung zur Mutter lösen. Mit ihr fällt auch ein großer Teil seiner Gefühls- und Phantasiewelt der Verdrängung anheim. Seine tiefste Angst ist von nun an, der (auf die Mutter bzw. Frau projizierten) Versuchung zu erliegen und in die primäre Beziehung zurückzusinken. Später wird er die Frau enttäuschen, weil diese Angst ihn unfähig macht, seine Gefühle auszudrükken und auf ihre emotionalen Wünsche einzugehen.
- Die Mutter-Tochter-Beziehung erleidet keinen derartigen Bruch. Sie bleibt, wenn auch durchaus ambivalent, ein Leben lang erhalten. Der Vater kommt als interessanter heterosexueller Beziehungspartner zur Mutter-Tochter-Dyade hinzu. Die Beziehung zu ihm ist für die Tochter aber von zweitrangiger Bedeutung. Er ist «kein genügend wichtiges Objekt, um die Liebe zur Mutter

brechen zu können» (S. 168). Die präödipale Zuneigung zur Mutter war exklusiv, die zum Vater ist es nicht.

- Das Mädchen sucht beim Vater in erster Linie eine unbelastete Alternative zu seiner intensiven Primärbeziehung. Die Sexualisierung dieser Beziehung geht vom Vater aus. Mit ihr bestätigt er das Mädchen gleichzeitig als «kleine Frau». Zur Rivalität zwischen Mutter und Tochter kommt es nur, wenn dies zu intensiv geschieht. Im Normalfall behält das Mädchen beide Eltern als Liebesobjekte und als Rivalen.

- Die Idealisierung des Vaters durch das Mädchen resultiert aus seiner physischen Abwesenheit und emotionalen Nicht-Antreffbarkeit. Sie überdeckt also bereits eine Enttäuschung.

- Dagegen stellt die Feindseligkeit des Mädchens gegenüber der Mutter eine Reaktion auf die früh erlebte «Allmacht» der Mutter dar, die durch keinen Dritten modifiziert wurde. Seine Enttäuschungs- und Ohnmachtserlebnisse koppeln sich mit dem Bild der Mutter, weil der Vater ihr die Last der Kinderaufzucht überläßt.

- Wenn das fatale Arrangement der Geschlechter durchbrochen und in der Generationskette nicht ständig weiter tradiert werden soll, muß die Last des «Mutterns» – so die Schlußfolgerung Chodorows – künftig zwischen Mann und Frau geteilt werden. Bisher scheiterte die Emanzipation der Frau an dieser nicht erfüllten Voraussetzung.*

Auch diese Theorie soll im folgenden so verstanden werden, als wäre sie ein psychoanalytischer Text. Die dahinter verborgene unbewußte Phantasie könnte dann wie folgt beschrieben werden:

«Jungen müssen sich von der Mutter trennen; ich bin es, die bleiben darf. Es gibt keine intensivere und sicherere Beziehung als die zwischen meiner Mutter und mir. Väter (Männer) sind demgegenüber von sekundärer Bedeutung. Sie sind ohnehin nie da. Die Beziehung zu ihnen ist überdies enttäuschend, weil sie Gefühle weder annehmen noch erwidern können. Dies ist aber nicht so schlimm. Ich habe in der Beziehung zur Mutter einen Fundus, der mich vor Kränkungen schützt. Ich werde von Vater (später: einem Mann) deshalb nie wirklich abhängig sein. Deshalb kann er mich auch nicht existentiell enttäuschen.

Ich glaube, auch Mutter ist vom Vater enttäuscht. Wenn sie ihn braucht, dann allenfalls als Liebhaber. Die eigentliche, wirklich befriedigende Beziehung hat

* Die Darstellung ist stark schematisiert. Sie geht auch nicht auf die bestehenden Unterschiede in den Auffassungen von Chodorow, Dinnerstein und Olivier ein. So betont Olivier im Gegensatz zu Chodorow beispielsweise besonders die Vatersehnsucht der Tochter und ihren Schmerz über seine Nicht-Präsenz.

sie zu mir. Ich verstehe sie, weil ich ihr ähnlich bin, ganz im Gegensatz zu Vater. Es gibt nichts, was uns trennen könnte. Später werde ich die gleiche Beziehung mit meinen Kindern haben. Der Vater (Mann) müßte uns eigentlich beneiden. Wenn ich Mutter manchmal hasse, dann nur, weil Vater ihr soviel Macht einräumt und sich selbst davonstiehlt. Und wenn sie mich beneidet, dann nur, weil Vater mich zu ihrer Rivalin macht, was ich selbst nie wollte.

Weil dies so ist, brauche ich nie zu befürchten, daß

- meine Mutter mich verläßt;
- ich mich wirklich von ihr trennen müßte;
- ich im Leben ganz allein dastehen werde;
- mein Vater (ein Mann) mich wirklich enttäuschen kann;
- ich von meinem Vater (einem Mann) existentiell abhängig sein könnte;
- ich auf den Vater (Mann) neidisch oder eifersüchtig sein müßte;
- ich mich in eine ödipale Schuld verstricken könnte;
- die Mutter eine Beziehung zum Vater (einem Mann) hat, die ihr mehr bedeutet als die Beziehung zu mir.

Dieses Wissen gibt mir Sicherheit. Ich bin froh und stolz, eine Frau zu sein.»

Die Theorie validiert hier also die Mutterbeziehung der Frau. Verharmlost wird die Enttäuschung am Vater, wie Männer auch sonst als eher «ungenügend» eingestuft werden. Anders als bei Freud sind Menschen hier auch nicht «Anhängsel ihrer Geschlechtsteile»(Chodorow); es ist vielmehr die *Beziehung*, die im Vordergrund des Denkens und Erlebens steht.

Sexualität kann hinzutreten, muß es aber nicht. Männer sind im wesentlichen erotisch begehrte Objekte. Eine befriedigende gefühlsmäßige Beziehung können sie nicht aufbauen.

Die Mutter bleibt von daher das mehr oder minder exklusive Liebesobjekt der Tochter, und zwar ein Leben lang. Die mit den emotional eher verkrüppelten Männern immer wieder erlebten Enttäuschungen können ihr deshalb nicht wirklich etwas anhaben. Sie bleibt geborgen und sicher in ihrer primären Beziehung.

4.3 Psychoanalytische Theorien von der Spiegelbildlichkeit der Geschlechter und der androgynen Verfassung des Menschen

Unter diesem Titel sind Vorstellungen von der Geschlechterdifferenz zusammengefaßt, in denen der Mensch als androgynes Wesen gesehen wird, der durch seinen Körper zwar auf ein Geschlecht festgelegt ist, dessen Persönlichkeit aber immer auch Anteile des Gegengeschlechts mit einschließt, auch wenn diese sich erst entwickeln müssen und/oder zunächst bekämpft werden. Ihre bejahende Integration wird oft im Sinne einer Entwicklungsaufgabe verstanden, mit der die Persönlichkeit sich vervollständigt, das Selbst sich arrondiert. In diesen Vorstellungsbereich gehören vor allem die Vorstellungen C.G. Jungs vom gegengeschlechtlichen «Seelenbild» des Menschen, nämlich «Animus» und «Anima», die zunächst als abgewehrter Schatten im Unbewußten existieren, um später im anderen Geschlecht gesucht und – wenn auch teilweise konflikthaft – erfahren werden. Mit fortschreitender Reifung wird diese Projektion allmählich zurückgenommen und in das eigene Selbst integriert (ein für die Selbstwerdung bei Jung notwendiger Prozeß, vgl. dazu Jung 1921; Jacobi 1971). Das Verhältnis zwischen den Geschlechtern ist hier also nicht asymmetrisch, sondern komplementär. Die damit verbundene Vorstellung von Beziehung und Vollständigkeit ist symbolisch sehr treffend im taoistischen Yin-Yang-Zeichen ausgedrückt.

Mit gewissen Einschränkungen lassen sich auch Freuds Vorstellungen von der Bisexualität des Menschen, an denen er ungeachtet seiner dazu im Widerspruch stehenden Weiblichkeitstheorie ein Leben lang festhielt, hier subsumieren. Freud glaubte daran, «daß alle menschlichen Individuen infolge ihrer bisexuellen Anlage und der gekreuzten Vererbung männliche und weibliche Charaktere in sich vereinigen, so daß die reine Männlichkeit und Weiblichkeit theoretische Konstruktionen bleiben mit ungesichertem Inhalt» (1925 b, S. 30). Später (1933) beschreibt er die Bisexualität, «als ob das Individuum nicht Mann oder Weib wäre, sondern jedesmal beides, nur von dem einen so viel mehr als vom anderen» (S. 121).

Alle Androgynitätsvorstellungen implizieren in ihrem Kern eine Phantasie von der Ungeteiltheit des Menschen. Sie heben die irreversible Getrenntheit der Geschlechter auf, indem sie sie zu einer vorübergehenden oder rein körperlichen machen. Grundsätzlich ist der Mensch nach dieser Theorie in der Lage, Männlichkeit und Weiblichkeit – wenn auch oft nach längerer Anstrengung – so in sich zu vereinen, daß ein vollkommenes, den konflikthaften Niederungen der Geschlechterdifferenz enthobenes «ICH» (v. Braun 1985) entsteht.

Auch eine solche Androgynitätstheorie läßt sich in die Sprache der unbewußten Phantasie übersetzen. Eine solche Übersetzung könnte lauten:

«Ich weiß zwar, daß ich ein männliches (weibliches) Geschlecht habe, aber das ist nur vorübergehend, oder betrifft nur einen Teil von mir. Wenn ich nur lange genug warte (mich genug bemühe), wird dies anders werden. Ich werde dann Mann *und* Frau sein und damit vollkommen und unabhängig von meinem Gegengeschlecht. Ich werde autark sein und nichts mehr entbehren. Ich brauche niemanden um etwas zu beneiden, was ich nicht habe, denn es ist mir grundsätzlich verfügbar oder wird es doch sein. Da ich den anderen in mir trage, kann er mich auch nicht wirklich verlassen. Mit seinem Seelenbild in mir bin ich auch ohne ihn komplett.»

Diese androgyne Phantasie enthält scheinbar keine geschlechtsspezifische Variante. Die frühen Objekte des Kindes (Mutter bzw. Vater) sind darin auch nicht unmittelbar repräsentiert, ebensowenig wie die mit ihnen verbundenen Beziehungserfahrungen. Sie verschwinden hinter den vorgenommenen Apriori-Setzungen, die hier allerdings durchweg von männlichen Autoren vorgenommen werden. Wir dürfen deshalb annehmen, daß es sich dabei vor allem um männliche Sehnsüchte nach einer Vervollkommnung durch das Weibliche handelt, in Verbindung mit der Phantasie von narzißtischer Ganzheit und Autarkie. Dahinter steht mit großer Wahrscheinlichkeit die Verleugnung des Geschlechtsunterschieds, die einmal als sehr traumatisch erfahren wurde. Es scheint, als ob die unbewußte Phantasie die Weigerung beinhalte, die männliche Geschlechtsidentität mit einer Desidentifizierung von der Mutter und ihren weiblichen Fähigkeiten, insbesondere ihrer Gebärfähigkeit, zu erkaufen (dazu auch Fast 1984). Die Phantasie von einer wenigstens zukünftigen Androgynie macht die Trennung von der Mutter erträglich: Man wird das Verlorene irgendwann einmal zurückgewinnen und in das eigene Selbst aufnehmen. Die Mutter (bzw. die an ihr begehrten Eigenschaften) werden in der Phantasie in die eigene narzißtische Vollkommenheit integriert und damit ein Zustand wiederhergestelt, wie er das Erleben des Kindes auch am Anfang seiner Entwicklung bestimmte (Fast 1984).

5. Zur Struktur unbewußter Phantasien über die Geschlechterdifferenz

Im folgenden wollen wir die Struktur der unbewußten Phantasien hinter den verschiedenen Theorien über die Geschlechterdifferenz genauer betrachten. Dabei wird eine gemeinsame Basis sichtbar, die wahrscheinlich eine ubiquitäre, geschlechtsunabhängige Reaktion auf die Entdeckung der Geschlechterdifferenz darstellt. Sie bezieht sich sowohl auf den Inhalt als auch auf den formalen Aufbau der unbewußten Phantasien.

5.1 Inhaltliche Strukturen

Alle drei Phantasien validieren ein dyadisches Beziehungsmuster mit der Mutter, in dem störende Elemente weitgehend ausgeschlossen sind: Es gibt keine wirkliche Abhängigkeit vom Gegengeschlecht, keinen Neid, keinen sexuellen Rivalen, keine Schuld und damit auch keinen Anlaß zur Wiedergutmachung. Die Mutter ist Selbstobjekt, d. h. ihre Interessen sind mit denen des Kindes identisch. Ihre bedeutsamste Beziehung ist die zum Sohn (zur Tochter).

Alle drei Phantasiemuster versichern darüber hinaus gegen basale Risiken, die offenbar mit der Entdeckung des Geschlechtsunterschieds verbunden sind: Dazu gehören Trennungsangst, Kränkung und andere traumatische Erfahrungen von Unvollkommenheit, Ohnmacht und Abhängigkeit. In ihrem Zentrum steht die Illusion von der Unzerstörbarkeit der Primärbeziehung, die durch die Erfahrung des Geschlechtsunterschieds nicht beeinträchtigt, sondern eher bekräftigt wird. Gleichzeitig stützen und validieren sie die eigene Geschlechtsidentität und (vor allem in den ersten beiden Theorien) auch die Überlegenheit über das jeweilige Gegengeschlecht.

5.2 Denk- und Abwehrstrukturen

Wenn man davon ausgeht, daß Kinder in der zweiten Hälfte des 2. Lebensjahres den Geschlechtsunterschied entdecken und von da an mit der Aufgabe konfrontiert sind, diese Entdeckung kognitiv und emotional zu verarbeiten, und wenn es weiter zutrifft, daß das hier untersuchte Phantasiedenken der Verarbeitung dieser Entdeckung und der damit verbundenen Ängste dient, dann müßten sich in den geschilderten Phantasien auch jene kognitiven Strukturen nachweisen lassen, die für das psychische Funktionieren des zwei- bis vierjährigen Kindes charakteristisch sind. Im folgenden soll dies für die verwendeten Abwehroperationen und das vorherrschende Denkmuster gezeigt werden.

Abwehroperationen. In der männlichen ebenso wie in der weiblichen Version unbewußter Phantasien über die Geschlechterdifferenz spielen Abwehrmechanismen der Spaltung, der Projektion, der Verleugnung sowie der Idealisierung und Abwertung eine zentrale Rolle. Dabei handelt es sich um Abwehroperationen, die aus der Sicht der psychoanalytischen Objektbeziehungstheorie der Frühphase der menschlichen Entwicklung zuzuordnen sind, wo sie mit Beginn des dritten Lebensjahres allmählich (aber niemals vollständig) durch die Verdrängung ersetzt werden (vgl. Kernberg 1975; Rohde-Dachser 1979).

Präoperationales Denken. Eine ähnliche zeitliche Zuordnung ergibt sich auch für die involvierten kognitiven Strukturen. Hier können wir auf die Theorie von Piaget über die kognitiven Entwicklungsstufen des Kindes zurückgreifen (vgl. Piaget u. Inhelder 1966). Zwischen dem zweiten Lebensjahr und dem Schuleintritt beschreibt Piaget eine Phase des präoperationalen anschaulichen Denkens. Das Kind kann sich in diesem Lebensstadium bereits sprachlich äußern. Aus diesen sprachlichen Äußerungen lassen sich die Art seines Denkens, seine Einsichten in Probleme und Ursache-Wirkungs-Zusammenhänge, seine Sicht der Welt, seiner Mitmenschen und seiner selbst erschließen (vgl. Oerter/Montada 1987). Danach ist das präoperationale Denken durch Egozentrismus und Zentrierung der Aufmerksamkeit auf ein Merkmal eines Gegenstandes oder einer Person unter Außerachtlassung anderer Merkmale gekennzeichnet (Oerter/Montada, a. a. O.; zur Objektwahrnehmung auch Melito, 1983).

Die untersuchten unbewußten Phantasien über die Geschlechterdifferenz lassen sich zumindest in der männlichen Version in mehrerer Hinsicht dieser Entwicklungsstufe zuordnen, geht es dabei doch um Vorstellungen des Geschlechtsunterschieds, die sich an einem konkreten, leicht sichtbaren Körpermerkmal festmachen (wofür sich der Penis natürlich in besonderer Weise anbietet), während andere mögliche (und notwendige!) Unterscheidungskriterien außer acht gelassen werden. Dies entspricht der Struktur des von Piaget beschriebenen präoperationalen Denkens der Drei- bis Sechsjährigen. Die Zentrierung des männlichen Phantasiedenkens auf den Penis als einzigem und wesentlichem Unterscheidungsmerkmal zwischen den Geschlechtern ist wahrscheinlich ein Ausfluß dieses präoperationalen Denkens. Prototypisch ist auch die egozentrische Ausrichtung der Phantasien, nämlich an der Person des Kindes, *seiner* Perspektive, die als die einzig mögliche angesehen wird, und die damit verbundene Unfähigkeit zum Perspektivewechsel auch angesichts widersprüchlicher Erfahrungen (vgl. Oerter/Montada, S. 420 f.).

Inwieweit sich die weibliche Version mit ihrer Betonung der Ähnlichkeit von Mutter und Tochter, bei der es weniger um ein konkretes Körpermerkmal als um eine gemeinsame Beziehungserfahrung geht, hier subsumieren läßt, läßt sich nicht ganz so leicht bestimmen. Die ausdrückliche Betonung der Ähnlichkeit der beschriebenen Beziehung (unter Außerachtlassung der beobachtbaren Verschiedenheit) weist jedoch in die gleiche Richtung. Man könnte außerdem vermuten, daß die Ausblendung des wahrnehmbaren Geschlechtsunterschieds hier bereits eine Abwehrreaktion darstellt, mit der das kleine Mädchen auf den scheinbaren Mangel eines eigenen *sichtbaren* Genitales reagiert (zur Neigung zwei- bis dreijähriger Mädchen, den entdeckten Geschlechtsunterschied immer wieder zu verleugnen, vgl. Galenson und Roiphe 1977; Galenson 1986). Möglicherweise stoßen wir hier aber auch auf einen Unterschied in der männlichen und weiblichen Wahrnehmung, der schon das präoperationale Denken prägt und im einen Fall einen Körperteil, im anderen Fall eine Beziehung in den Mittelpunkt der Aufmerksamkeit rückt. Dies führt uns zu den Unterschieden in der geschlechtsspezifischen Ausgestaltung unbewußter Phantasien über die Geschlechterdifferenz.

6. Männliche und weibliche Versionen unbewußter Phantasien über die Geschlechterdifferenz

Neben den beschriebenen Gemeinsamkeiten weisen unbewußte Phantasien über die Geschlechterdifferenz Unterschiede auf, die geschlechtsspezifisch sind und sich sowohl auf den Inhalt als auch auf die Form der erschlossenen Phantasien erstrecken:

1. Die *männliche Version* betont den Unterschied zum Primärobjekt, die *weibliche Version* die Ähnlichkeit.

2. Die *männliche Version* stellt ein sichtbares Geschlechtsmerkmal in den Vordergrund, die *weibliche Version* eine Beziehung.

3. In der *männlichen Version* hängt alles vom Besitz des Penis ab, der hier die Funktion einer elementaren Sicherheitsgarantie übernimmt (dies könnte ein neues Licht auf die Bedeutung der Kastrationsangst für die männliche Entwicklung werfen). – In der *weiblichen Version* hängt alles von der Beziehung zur Mutter ab, die deshalb wahrscheinlich auch von Aggression, Neid und Schuld entlastet werden muß.

4. In der *männlichen Version* wird eine (männliche) Person regelmäßig durch den Penis repräsentiert und seinetwegen begehrt oder auch gefürchtet. Der Penis fungiert auf diese Weise als Partialobjekt, so wie die «gute» und «böse» Brust in den Theorien von Melanie Klein, ohne daß das Fehlen der dazugehörigen Person des Vaters als Mangel auffällig würde. Man könnte auch sagen, daß es sich hier um pars-pro-toto-Strukturen handelt, wie sie uns ähnlich auch in fetischistischen Perversionen begegnen, die man vielleicht doch nicht rein zufällig fast ausschließlich bei Männern antrifft. Jedenfalls scheinen Frauen viel eher in der Lage, sich lustvoll in ihre körperliche Ähnlichkeit mit der Mutter (z. B. in die gemeinsame Gebärfähigkeit) hineinzuversetzen, während der Gedanke «Vater und ich haben beide einen Penis, deshalb verbindet uns eine unverbrüchliche, einzigartige Beziehung» in dem von uns untersuchten kindlichen Phantasiedenken so nicht auftaucht und vermutlich auch wegen seiner homosexuellen Implikationen gefürchtet wird.

5. In der *weiblichen Version* spielen Gefühle (vor allem eigene, aber auch die vermuteten Gefühle des Vaters/Mannes) eine Rolle; in der *männlichen Version* ist nur von den (vermuteten!) Affekten des Gegengeschlechts die Rede (Enttäuschung, Neid, Eitelkeit, Leidensbereitschaft, usw.). Die Abtretung der Emotionalität an die Frau wirkt hier fast total.

6. Die *männliche Version* bekräftigt den status quo; sie begründet, warum alles so ist, wie es ist, und enthält Anweisungen (an die Frau!) zu seiner Aufrechterhaltung. Die *weibliche Version* enthält demgegenüber ein stärker utopisches Element: Auch sie beschreibt, warum alles so ist, aber mit dem Ziel der Veränderung.

7. Die *männliche Version* liefert der Frau ein Weiblichkeitsmodell, zusammen mit Rollenvorschriften, die ihr den Weg dahin weisen. Auch in der *weiblichen Version* werden Rollenvorschriften an den Mann adressiert, die sich jedoch nicht primär auf seine Männlichkeit richten. Diese wird vielmehr vorausgesetzt und teilweise auch kritisch gesehen, nicht aber ernsthaft in Frage gestellt. Vielmehr geht es um eine Handlungsaufforderung, einen Appell des Typs: «Tu was!», «Kümmere Dich!».

8. In beiden Versionen findet man latente Rollenzuweisungen an das jeweils andere Geschlecht: Die *männliche Rollenzuweisung an die Frau* ist vom kom-

plementärnarzißtischen Typ (vgl. Willi 1975): «Folge mir, sei mir untertan, denn ich bin vollkommen. Wenn Du bei mir bleibst (ein Teil von mir wirst), wirst Du an dieser Vollkommenheit teilhaben!» In der Negation könnte sie lauten: «Du sollst nicht merken, daß Du auch ohne micht vollwertig bist und existieren könntest.» – Die *weibliche Rollenzuweisung* ist demgegenüber stärker ambivalent, so zum Beispiel: «Du wirst gebraucht, entziehe Dich nicht!» Aber auch: «Enttäusche mich nicht; Du wirst mich enttäuschen!» Und als fundamentale Botschaft: «Wenn Du mir ähnlich wirst oder es doch versuchst (Du kannst es nicht!), könnten wir glücklich zusammen werden. Ich bin es, der einen Weg zum Glück weiß, den Du vergessen hast. Ich möchte ihn Dir zeigen (obwohl ich weiß, daß Du ihn wahrscheinlich nicht gehen wirst).»

Sandler (1976) meint, daß der Adressat einer solchen Phantasie den Sinn der Inszenierung unbewußt versteht und die ihm latent angesonnene Rolle übernimmt. Wenn dies zutrifft, dann akzeptiert er aber auch die insgeheim damit verknüpften Versprechungen, Belohnungen und (Ent-)Täuschungen. Hier führt uns die Untersuchung der unbewußten Phantasien von Männern und Frauen also mitten hinein ins «Arrangement der Geschlechter» (Dinnerstein 1976), ihrer Kollusion, ihrer Sehnsüchte, ihrer wechselseitigen Glücksverweigerung, ihres angestrengten Suchens und – oft genug – auch ihres Scheiterns.

7. Die Validierung unbewußter Phantasien über die Geschlechterdifferenz durch Wahrnehmungs- und Denkidentität

Unbewußte Phantasien können über längere Zeit nur überdauern, wenn sie von außen wahrnehmbar bestätigt werden, die innere Phantasieszene also eine über Sinneseindrücke vermittelte Entsprechung in der Außenwelt findet. Wie gelangen die hier beschriebenen unbewußten Phantasien über die Geschlechterdifferenz zu einer solchen «Wahrnehmungsidentität» (Freud 1900)? Vor allem aber: Wie gelingt ihre Validierung über scheinbar logische (also sekundärprozeßhafte) Ableitungen im Rahmen eines wissenschaftlichen Theoriemodells? Dies führt uns zur Frage einer möglichen «Denkidentität» (Freud 1900) für unbewußte Phantasien, die Freud ausschließlich dem Sekundärprozeß vorbehalten wollte, allerdings ohne auszuschließen, daß auch die komplizierteste Denktätigkeit letzten Endes einen «durch die Erfahrung notwendig gewordenen Umweg zur Wunscherfüllung» (1900, S. 572) darstelle.

7.1 Herstellung von Wahrnehmungsidentität

Für die Herstellung von Wahrnehmungsidentität ist bedeutsam, daß alle im Unbewußten festgehaltenen Phantasien über Wesensunterschiede zwischen Mann und Frau und das daraus resultierende Verhältnis der Geschlechter grundsätzlich auch in der Realität beobachtet werden können. Selbstverständlich gibt es vom Mann abhängige Frauen; es gibt Mütter, die sich nur einen Sohn und nie ein Mädchen wünschen; Frauen, die keine intensiveren kulturellen Interessen verspüren oder deren Über-Ich korrupt ist; und es gibt uneinfühlsame Männer, enttäuschte Frauen, wunderbare Mutter-Tochter-Beziehungen, sanfte, weiblich anmutende Männer «(Softies») und aktive, durchsetzungsfähige «(phallische») Frauen. Man kann sie tagtäglich antreffen, im eigenen Alltag, mehr noch in den Massenmedien. *Für die unbewußte Phantasie sind diese Wahrnehmungen der «Beweis»*. Gegenteilige Beobachtungen oder einfach die Erfahrung der gelebten ungeheuren Vielfalt von Mann-Frau-Beziehungen können daran nichts rütteln. Sofern ihnen überhaupt Bedeutung zuerkannt wird, figurieren sie – wie aus der Stereotypenforschung hinlänglich bekannt ist (vgl. z. B. Tajfel 1981) – als die berühmten «Ausnahmen, die die Regel bestätigen».

Über die Nutzung des sozial Vorfindbaren hinaus können sich Individuen ihre unbewußten Phantasien über die Geschlechterdifferenz dadurch bestätigen, daß sie die damit zusammenhängenden Rollenvorstellungen in Szene setzen und sich eine Umgebung schaffen, die bereitwillig den komplementären Part übernimmt. Hier wird die unbewußte Phantasie also durch eine entsprechende Inszenierung validiert. Was in der Psychoanalyse als Wiederholungszwang bekannt ist und in der Praxis des Eheberaters als Klage auftaucht, trotz verzweifelter Anstrengungen immer wieder in der gleichen Beziehungskiste zu landen, hat hier wahrscheinlich eine seiner Determinanten.

7.2 Herstellung von Denkidentität

Bei der Untersuchung des Zusammenhangs von unbewußter Phantasie und Mythenbildung in psychoanalytischen Phantasien über die Differenz der Geschlechter stoßen wir auf das interessante Phänomen, daß eben jene Theorien, die ersonnen wurden, um unbewußtes Phantasiedenken ans Licht und damit unter die Herrschaft des Ichs zu bringen, auch Verwendung finden, um diese Phantasien zu bestätigen und als Theorie zu validieren. Dabei darf die logische Konsistenz der Theorie keine sichtbare Einbuße erleiden; sie ist es ja gerade, die dem Rationalisierungsvorgang – um einen solchen dürfte es sich handeln – seine Überzeugungskraft verleiht. Was macht diesen Rationalisierungsvorgang möglich? Was ist nötig, um Phantasie und Wirklichkeit derart unbemerkt im gleichen theoretischen Gedankengebäude unterzubringen?

Hier spielen einmal sicherlich institutionelle Mechanismen eine Rolle: Eine einmal etablierte Theorie wird um so weniger hinterfragt, je angesehener die professionelle Gruppe ist, die die Theorie vertritt, und je höher der wissenschaftliche Rang ist, der dem Urheber der Theorie von der Expertengruppe zuerkannt wird. Dies gilt vor allem dann, wenn die Profession sich auf die Gültigkeit der Theorie geeinigt hat, ihr praktisch den Status eines Paradigmas zuerkennt (vgl. Kuhn 1962). Kritik am herrschenden Paradigma stempelt den Kritiker leicht zum Dissidenten, der eher mit seiner Eliminierung aus der Gruppe rechnen muß, als daß er Gelegenheit bekäme, den Beweis für die Stichhaltigkeit seiner Behauptung zu führen (a. a. O.). Das entbindet die Vertreter der etablierten Theorie jedoch nicht davon, offenkundige Widersprüche im herrschenden Paradigma zu erklären oder auf andere Weise zu ihnen Stellung zu nehmen.

Im Falle der Freudschen Weiblichkeitstheorie geschieht dies meinem Eindruck nach vorwiegend durch einen Prozeß der fortgesetzten Widerlegung. Nur wenige Analytiker reden heute noch ganz ungeniert von «Penisneid» und «weiblichem Masochismus»; trotzdem bleiben diese Vorstellungskomplexe im Gespräch, und zwar in einer aus zunächst schwer begreiflichen Gründen immer wieder neu zu vollziehenden Negation. Kein psychoanalytisches Buch, kein Zeitschriftenartikel zum Thema «Weiblichkeit» ohne die obligate Auseinandersetzung mit den einschlägigen Freud'schen Vorstellungen zu diesem Thema, und das seit vielen Jahrzehnten! «Was ständig wiederholt wird, muß existieren!», sagt sich das Unbewußte, das keine Verneinung kennt.

Die neueren feministischen Weiblichkeitstheorien werden von den etablierten psychoanalytischen Experten (die meistens Männer sind) dagegen kaum rezipiert und deshalb bis heute auch nicht als ernstzunehmender Widerspruch empfunden, der in der Lage wäre, das bestehende Paradigma zu gefährden. Nach meinem Eindruck werden sie vor allem von einer Gruppe weiblicher Analytiker vertreten, deren Einfluß auf den wissenschaftlichen Diskurs der Profession jedoch bis heute eher dürftig bleibt (dazu auch Rohde-Dachser et al. 1993). Die Theorie bezieht ihre Bestätigung hier vermutlich auch aus der gemeinsamen sozialen Frauenlage, die in vieler Hinsicht eine der spürbaren und wahrnehmbaren Benachteiligung ist), und der theorieimmanenten Vision von einer anderen, «besseren» Gesellschaft.

Neben solchen institutionellen Vorbedingungen sind es bestimmte *Denkoperationen*, die sich dazu eignen, unbewußtes Phantasiedenken mit Hilfe einer wissenschaftlichen Theoriesprache zu bekräftigen. Freud's Theorie der Weiblichkeit wurde unter diesem Aspekt bereits mehrfach recht kompetent untersucht (vgl. z. B. Schafer 1974; Irigaray 1974; Schlesier 1981). Ich werde mich auf diese Untersuchungen beziehen und lediglich auf einige Denkoperationen verweisen, die für die Mythologisierung von Wissenschaftssprache geradezu prädestiniert erscheinen (weitere Hinweise bei Barthes 1957). Es sind dies vor allem *Fehlattribuierungen*, *Auslassungen*, *Assoziationen*, *Dissoziationen*, *Überdehnung von Begriffen, analogische Beweisführung*, *metaphorische Ausdrucksweise* und die unbemerkte *Konkretisierung von Metaphern* (ein Prozeß, den Mentzos [1971] auch als «regressive Desymbolisierung» beschrieben hat).

Bei Freud und seinen orthodoxen Nachfolgern findet man in diesem Kontext vor allem ein charakteristisches Driften zwischen Metapher und Wesensaussage, Phantasie und Realität. Der Ebenenwechsel erfolgt unbemerkt, ohne daß die damit erzeugte Widersprüchlichkeit des Diskurses auffällig würde und nach Klärung verlangte. So erwähnt Freud wiederholt, daß das kleine Mädchen auf die Entdeckung seiner Penislosigkeit mit der Phantasie reagiere, es sei kastriert. Beinahe gleichzeitig spricht er jedoch von der *«Entdekkung* seiner Kastration», der Weigerung, «die *Tatsache* ihrer Kastration anzunehmen», und vom Bedürfnis der Frau, ihre *«sexuelle Minderwertigkeit»* zu verbergen (zitiert nach Chodorow, S.189, alle Hervorhebungen von mir). Von der Klitoris ist als «verkümmertem Penis» die Rede, oder auch als Organ, das in *«Wirklichkeit* nur ein ungenügender Ersatz für den Penis ist» (a.a.O., S.190). Bei Abraham liest man dann über die Bedeutung dieser Organe: «Wir müssen die *Tatsache* im Auge behalten, daß sexuelle Aktivität in grundlegender Weise mit dem männlichen Organ verbunden *ist*, daß die Frau nur die Libido des Mannes erregen oder auf sie reagieren *kann*, und daß sie darüber hinaus zu einer abwartenden Haltung *gezwungen ist»* (zitiert nach Chodorow, S. 189, alle Hervorhebungen von mir).

Haben wir es hier mit einer verdeckten Konkretisierung von Metaphern zu tun, dem Verlust ihres «Als-ob-Charakters», wie er uns sonst vor allem in den Denkstörungen von Borderline-Patienten begegnet (vgl. Mentzos 1971; Rohde-Dachser 1979), so macht Schafer (1974) auf die Überdehnung von Konzepten und damit verbundenen Fehlattribuierungen in Freuds Theoriebildung aufmerksam, die den gleichen mystifizierenden Effekt erzielen. «Um nur ein Problem herauszuheben: Freud begünstigte vorschnell die Etikettierung »Penisneid« für einen vielschichtigen Bereich von Gefühlen, Wünschen und Phantasien, von denen Penisneid lediglich ein Teil ist, obwohl oft höchst intensiv und folgenreich. Hier kann der Einfluß des Phallozentrismus kaum übersehen werden» (Schafer, S. 348, meine Übersetzung).

Auslassungen resultieren vor allem aus dem mangelnden Interesse an der Subjekthaftigkeit von Frauen und Müttern, wenn man von der Beschreibung ihrer negativen Gefühle über ihre Weiblichkeit und den Wert ihres Geschlechts und ihren kompensatorischen Strebungen, geliebt und geschwängert zu werden, besonders mit Söhnen, einmal absieht (Schafer, S. 359). Über Freud's «Lücken» sagt Schafer in diesem Zusammenhang: «Es scheint, daß er den Vater und den Kastraten in sich und anderen Männern kannte, nicht aber die Mutter und die Frau» (S. 357).

Aussagen und Auslassungen in einem Theorietext wiederum verflechten sich zu einem Netz von Assoziationen und Dissoziationen, die unabhängig von ihrem jeweiligen logischen Kontext eine Gestalt erzeugen können, die mit dem involvierten Phantasiedenken zusammenfällt und es auf diese Weise bestätigt (z.B. phallozentrische Bilder, aber auch das Bild eines harmonischen Mutter-Tochter-Paares oder eines androgynen Wesens, das narzißtisch in sich ruht und ohne Verlangen scheint).

In der analogischen Beweisführung schließlich legitimiert sich eine Behauptung mit Hilfe eines Vergleichs; dabei gewinnt das herangezogene Vergleichsobjekt unversehens normierende Funktion, wie etwa in Freud's (von ihm an anderer Stelle vorsichtig relativierter) Feststellung: «Die männliche

Geschlechtszelle ist aktiv beweglich, sucht die weibliche auf und diese, das Ei, ist unbeweglich, passiv erwartend. Das Verhalten der geschlechtlichen Elementarorganismen ist sogar vorbildlich für das Benehmen der Geschlechtsindividuen beim Sexualverkehr» (Freud 1933, S. 122).

Damit haben wir einige der komplexen Mechanismen beschrieben, mittels derer das unbewußte Phantasiedenken über die Differenz der Geschlechter jene Denk- und Wahrnehmungsidentität herstellt, die es zu seiner Erhaltung benötigt. Was offen bleibt, ist die Frage, warum diese Phantasiebildungen offenbar auch ungeachtet aller später gewonnenen «reiferen» Einsichten mit derartiger Hartnäckigkeit persistieren und immer wieder an die Oberfläche drängen.

8. Das Fortbestehen unbewußter Phantasien über die Differenz der Geschlechter

Meine Vermutung ist, daß das Fortbestehen unbewußter Phantasien über die Differenz der Geschlechter mit der Funktion zusammenhängt, die sie für die Aufrechterhaltung der Geschlechtsidentität besitzen, und darüber hinaus für die Aufrechterhaltung der psychischen Organisation überhaupt. Folgt man Kohlberg (1966, 1969) oder auch Simon (1984), dann strukturieren Kinder bereits sehr früh in ihrem Leben die Myriaden verfügbarer Informationen durch binäre Zuordnungen. Anders ausgedrückt: Sie reduzieren Komplexität, indem sie aus der Vielfalt von Eindrücken einen Auszug von Invarianz herstellen. Ein solcher Auszug ist die binäre Zuordnung von Erfahrungen zu den Invarianten «gut» und «böse», ein anderer ist die nach dem Schema «männlich/weiblich». Die binäre Klassifikation von Informationen nach diesem Schema ist vermutlich eines der zentralen psychischen Strukturprinzipien überhaupt (vgl. dazu Frieze, Parsons et al. 1978, S. 114 ff.). Kognitive Entwicklungspsychologen sind sogar der Auffassung, daß dieser (irreversible!) kognitive Akt die Basis jeder späteren Identifizierung darstellt: Sobald ein Kind sich selbst als männlich oder weiblich definiert hat, wird es jene Verhaltensweisen imitieren, die mit diesem Selbstbild kongruent sind. Die umgebende Kultur verstärkt diese Kategorisierungsneigung, die auch dem konkreten Denken des Kindes in jener Altersstufe entgegenkommt (a. a. O.). Es ist dieses noch primitive, «präoperationale» Denken, das der so erworbenen Geschlechtsidentität und den damit verbundenen Vorstellungen von Männlichkeit und Weiblichkeit seinen Stempel aufprägt. Sozialpsychologische Untersuchungen haben ergeben, daß die auf diese Weise geformten Stereotypen sich trotz der fortschreitenden Reifung des Kindes über Jahre hinweg erhalten, Beeinflussungsversuchen erfolgreich trotzen und sich (wenn überhaupt!) erst mit der Pubertät zögernd verändern, wobei neue Informationen und Erfahrungen, die im Widerspruch zu den bisherigen Kategorisierungen stehen, eine gewisse Rolle spielen können, aber nicht müssen (a. a. O.,

S. 121 f.). Auch diese Befunde deuten darauf hin, daß es sich bei der Geschlechterkategorisierung um einen offenbar zentralen Organisator (Kohlberg) handelt, der vor allzuviel Korrekturen und Grenzverwischungen geschützt werden muß, weil nicht nur die Aufrechterhaltung der Geschlechtsidentität, sondern – basaler noch – der psychischen Organisation als solcher von seinem ungebrochenen Funktionieren abhängt.

Möglicherweise stoßen wir hier auf jenen gewachsenen Fels, den Atwood und Stolorow (1984) meinen, wenn sie von den «invarianten Strukturen» der subjektiven Repräsentanzenwelt eines Individuums sprechen. Für die beiden Autoren konstituieren diese Strukturen eine Art präreflektiven Bezugsrahmen, in den Ereignisse assimiliert werden und der seinerseits die Erfahrungen strukturiert. Seine Funktionen werden ähnlich beschrieben (a. a. O., S. 91 f.), wie ich dies oben für die unbewußten Phantasien versucht habe. Der unverzichtbare Zweck eines solchen Bezugsrahmens liegt für Atwood und Stolorow in der Organisation von Erfahrung überhaupt (a. a. O.).

Wenn es aber zutrifft, daß unbewußte Phantasien über die Geschlechterdifferenz ein elementares psychisches Strukturprinzip zum Ausdruck bringen, dessen Stabilität die psychische Organisation garantiert, dann gilt Ähnliches vielleicht auch für jene Invarianzen, auf die wir bei unserer Untersuchung von immerhin drei psychoanalytischen Theorien über die Geschlechterdifferenz gestoßen sind: Allen gemeinsam war die Phantasie einer (trotz Geschlechterdifferenz!) ungebrochenen Dyade mit dem Primärobjekt, ohne die trennenden Aspekte von Neid, Eifersucht und Schuld, und ohne Angst vor Trennung. Wäre es denkbar, daß Menschen sich eine solche Phantasie als Basis ihres psychischen Funktionierens schaffen (und erhalten!), weil sie ihnen jene basale Sicherheit liefert, die notwendig ist, um sich auf dieser Basis als Individuum zu definieren? Das würde bedeuten, daß Wunscherfüllung, Sicherheitsgefühl, Kränkungsschutz, Identitätsgarantie und psychisches Funktionieren (die oben beschriebenen Funktionen der unbewußten Phantasie) unverbrüchlich mit dem Bild einer Mutter verbunden sind, der gegenüber wir uns nicht schuldig fühlen müssen und von der wir wissen, daß sie uns nie verläßt. Die Ausgestaltung dieses Bildes variiert zwischen Mann und Frau (und sicher auch mit dem jeweiligen soziokulturellen Kontext), sein Grundmuster aber ist für beide Geschlechter identisch. Es ist jenes Muster, nach dem der Mensch eine Wirklichkeit konstruiert, die sich mit wissenschaftichen Mitteln nicht objektivieren läßt, die aber der Aufrechterhaltung seiner psychischen Organisation (seiner «Autopoiese») dient und über die er sich mit anderen Individuen, die eine ähnliche innere «Wahrheit» in sich tragen, verständigen kann (zu der damit angeschnittenen Frage der Autopoiese vgl. Maturana u. Varela 1984).

9. Schlußbemerkung

Kehren wir zurück zum Anfang dieses Kapitels, zur Beschreibung des Zirkels von Aufklärung und Remythologisierung in der Psychoanalyse. Was haben wir mit unserer Untersuchung erfahren? Wir haben psychoanalytische Theorien über die Differenz der Geschlechter auf die Ebene der unbewußten Phantasie transformiert und diesem «Text hinter dem Text» dann weiter nachgespürt bis an einen Ort nahe den Wurzeln psychischen Funktionierens. Diese Reise war möglich, weil wir das methodische Instrumentarium der Psychoanalyse benutzten, einer wissenschaftlichen Disziplin also, deren Theorien zur Geschlechterdifferenz wir gleichzeitig als Mythen entlarvten. Wir stießen dabei auf Betrachtungen der Wirklichkeit, die – wollte man sie ontologisch dingfest machen – sehr schnell ihre diskursive Herkunft erweisen würden. Was uns die Theorien über die Geschlechterdifferenz innerhalb der Psychoanalyse anbieten, ist nicht die Wirklichkeit. Was wir in ihnen finden, ist viel eher ein Erkennen, das für einen Moment die Illusion von Wahrheit schafft, bis wir wieder feststellen müssen, daß wir einen Mythos festgehalten haben. Es gilt, was Ludwig Wittgenstein 1917 an seinen Freund Paul Engelmann schrieb: «In den besseren Stunden aber wachen wir soweit auf, daß wir erkennen, daß wir träumen» (zitiert nach Watzlawick 1987).

Kapitel 7
Männliche und weibliche Homosexualität

> «Und im übrigen gilt auch hier die Beschränkung, die immer vorausgesetzt werden muß, wo einer versucht, dem Leben eines Menschen wahrsagend nachzugehen: Wir werden oft vor dem Unbekannten innezuhalten haben.»
>
> Rainer Maria Rilke

1. Von der Schwierigkeit, als Psychoanalytikerin über Homosexualität zu sprechen

Als Psychoanalytikerin über Homosexualität – und gar noch über geschlechtsspezifische Formen von Homosexualität – zu sprechen, ist aus mehreren Gründen ein eher schwieriges Unterfangen. Es berührt nicht nur ein immer noch mit Vorurteilen durchsetztes Terrain, sondern konfrontiert uns unmittelbar mit der nur wenige Jahrzehnte zurückliegenden Ära des Nationalsozialismus, in der Homosexualität, *offenkundig* gewordene Homosexualität, Konzentrationslagerhaft und Tod bedeutete. Allein von daher fällt es mir schwer, tradierte psychoanalytische Aussagen über Homosexualität oder Homosexuelle ohne weiteres zu übernehmen. Dies gilt um so mehr, als diese Theorien Homosexualität in aller Regel pathologisieren. Dies bestätigte sich unter anderem auf dem Herbsttreffen 1983 der *American Psychoanalytic Association*, auf dem Leavy feststellte, daß innerhalb der Psychoanalyse Heterosexualität, die auch die Reproduktivität gewährleiste, die *normale* Sexualität darstelle, und Homosexualität vor diesem Hintergrund eine verfehlte Heterosexualität (Panel Report, Friedman 1986).

Diese meines Wissens bis heute kaum veränderte Sichtweise steht in Kontrast zu Befragungsergebnissen (so bereits dem Kinsey-Report 1948, 1953), nach denen homosexuelle Erfahrungen bei beiden Geschlechtern so weit verbreitet sind, daß es schwerfällt, hier noch von einer sexuellen Minorität zu sprechen.*

---

* Kinsey et al. (1948, 1953) fanden in einem repräsentativen Ausschnitt der weißen amerikanischen Bevölkerung bei den männlichen Befragten 8 Prozent mit ausschließlich homosexuellen Erfahrungen und 23 Prozent mit vorwiegend oder fast ausschließlich homosexuellen Erfahrungen während eines Zeitraumes von drei Jahren. Bei den Frauen

Sie widerspricht auch dem in westlichen Gesellschaften beobachtbaren Trend zu einer Normalisierung homosexuellen Verhaltens, der unter anderem 1980 – wenn auch nach heftiger Kontroverse – dazu führte, daß der Begriff «Homosexualität» als Krankheitsdiagnose aus dem Diagnostischen und Statistischen Manual Psychischer Störungen der *American Psychiatric Association* (DSM-III) entfernt wurde.

Demgegenüber bescheinigen Psychoanalytiker wie Bieber et al. (1962, 1988) und Socarides (1968, 1978) Homosexuellen eine schwere Charakterpathologie (mit einer Beeinträchtigung der Geschlechtsidentität und anderen Anzeichen einer gravierenden prägenitalen Störung). Ähnlich beschreiben Joyce McDougall (1978) und Elaine Siegel (1988) die weibliche Homosexualität. Wenn man bedenkt, daß manifeste Homosexualität vielerorts immer noch als Ausschlußkriterium von der psychoanalytischen Weiterbildung gilt (Rauchfleisch 1993), dann sprechen Psychoanalytikerinnen und Psychoanalytiker hier gleichzeitig von einem Tatbestand, den sie sehr wohl aus klinischer, nicht aber aus eigener Erfahrung kennen. Das bedeutet, daß Homosexuelle in diesen psychoanalytischen Theorien vor allem als Patienten zu Wort kommen. Entsprechend groß erscheint die Versuchung, Homosexualität mit dem Stigma des Krankhaften zu versehen.

Freud selbst war – zumindest in seinen frühen Jahren – darüber anderer Ansicht. In den «Drei Abhandlungen zur Sexualtheorie» (1905) rückte er ausdrücklich von der damals herrschenden Lehrmeinung ab, nach der die Homosexualität eine nervöse Degenerationserscheinung darstellte. «Die psychoanalytische Forschung widersetzt sich mit aller Entschiedenheit dem Versuche, die Homosexuellen als eine besonders geartete Gruppe von anderen Menschen abzutrennen. Indem sie auch andere als die manifest kundgegebenen Sexualerregungen studiert, erfährt sie, daß alle Menschen der gleichgeschlechtlichen Objektwahl fähig sind und dieselbe auch im Unbewußten vollzogen haben» (Freud 1905, S. 44, Anmerkung).

Und er fährt fort: *«Im Sinne der Psychoanalyse ist also auch das ausschließliche Interesse des Mannes für das Weib ein der Aufklärung bedürftiges Phänomen und keine Selbstverständlichkeit, der eine im Grunde chemische Anziehung zu unterlegen ist»* (a. a. O., meine Hervorhebung). Die homosexuelle und die heterosexuelle Objektwahl erscheinen hier also als zwei mögliche Manifestationen menschlicher Sexualität, die eine so sehr (oder so wenig) erklärungsbedürftig wie die andere. In späteren Arbeiten beschreibt dann aber auch Freud die Heterosexualität als das leitende Telos der Entwicklung und letztendlich die einzige «richtige Entscheidung» (Freud 1910 b, S. 169).

Im folgenden möchte ich zunächst in einem kurzen Überblick die klassischen psychoanalytischen Theorien über die Homosexualität darstellen, um sie an-

---

lagdieser Prozentsatz zum Zeitpunkt der Befragung wesentlich niedriger: 1 bis 3 Prozent erwiesen sich nach den Kriterien der Studie als ausschließlich homosexuell, ca. 10 Prozent hatten vorwiegend oder fast ausschließlich homosexuelle Erfahrungen (befragt wurden nur Frauen im Alter von 20–35 Jahren.

schließend mit neueren Befunden aus verschiedenen wissenschaftlichen Disziplinen zu vergleichen. Für diese klassischen Theorien ist charakteristisch, daß sie die weibliche Homosexualität weitgehend ausblenden. Ihre Aussagen beziehen sich bei näherem Zusehen fast alle auf die männliche Homosexualität, ohne daß die damit gegebenen Einschränkungen immer explizit gemacht würden. Erst in jüngerer Zeit gibt es hier eine klarere Differenzierung [so z. B. Friedman (1988) und Isay (1989)].

2. Das klassische psychoanalytische Modell der (männlichen!) Homosexualität

Freud ging von einer angeborenen Bisexualität des Menschen aus (vgl. Freud 1905). Aus diesem Grunde sah er auch den Ödipuskomplex grundsätzlich in einer positiven und einer negativen Version. Im positiven Ödipuskomplex richtet das Kind seine sexuellen Wünsche auf den gegengeschlechtlichen, im negativen Ödipuskomplex auf den gleichgeschlechtlichen Elternteil. Beide Versionen existieren nebeneinander. Welche der beiden Orientierungen sich letztlich durchsetzt, ist – so Freud – von der relativen Stärke der maskulinen oder femininen Disposition abhängig. Auch während der späteren Jahre gibt es ein Schwanken der Libido, so daß neben heterosexuellen Wünschen immer auch homosexuelle Strebungen eine Rolle spielen, und vice versa. In der normgerecht verlaufenden Entwicklung werden die homosexuellen Strebungen jedoch sublimiert. Sie kommen dann etwa in Freundschaft oder in bestimmten Charakterzügen mehr weiblicher oder mehr männlicher Prägung zum Ausdruck.

Am Anfang jeder manifesten homosexuellen Entwicklung (hier ausdrücklich des Mannes) steht für Freud eine Phase intensiver Liebe zur Mutter, die dazu führt, daß der Junge sich mit der Mutter identifiziert. Diese Identifizierung führt dazu, daß er sich selbst als Sexualobjekt erwählt, um sich und später einen anderen Mann so zu lieben, wie er von der Mutter geliebt worden ist. Die homosexuelle Liebe ist von daher eine narzißtische Liebe. Sie geht mit dem femininen Wunsch nach sexueller Unterwerfung (unter den Vater) einher. Andere, die Homosexualität begünstigenden Faktoren können hinzutreten, zum Beispiel eine starke anale Fixierung oder eine besonders massive Kastrationsangst. Gleichzeitig fand Freud ein typisches pathogenes Familienmuster mit einer verführerischen Mutter, die den Sohn eng an sich bindet, und einem schwachen oder auch besonders bedrohlichen ödipalen Vater. «Im Unbewußten bleibt die Fixierung an die Mutter und an die seligen Erinnerungen des Verkehrs mit ihr bewahrt» (Freud 1910 b, S. 205).

Rado (1940, 1949) war es dann, der als erster die Annahme einer angeborenen Bisexualität des Menschen in Frage stellte. Es gebe – so Rado – keinen angeborenen homosexuellen Wunsch; Homosexualität sei vielmehr ein reparativer Ersatz für eine eingeschüchterte Heterosexualität, ein Notbehelf sozusagen, hinter dem sich immer der Wunsch nach der Frau verberge. Bieber et al. (1962) griff diese These auf und kam in einer fast 10-jährigen vergleichenden Untersuchung von homosexuellen und heterosexuellen Patienten, die bei ihm in psychoanalytischer Behandlung waren, zu dem Ergebnis, daß Homosexualität eine behandlungsbedürftige Störung sei. Aus seiner Sicht war bei allen seinen homosexuellen Patienten die Heterosexualität lediglich aus Abwehrgründen unterbunden.*

Ähnlich führt auch Socarides (1968, 1978) die exklusive Homosexualität auf eine präödipale Fixierung zurück, die mit einer schweren Störung der Geschlechtsidentität, dem Vorherrschen primitiver Abwehrmechanismen und mit fragilen Selbstgrenzen verbunden ist. Auch mildere Ausprägungen homosexueller Neigungen lassen aus der Sicht von Socarides immer noch eine Schwäche der Ichfunktionen erkennen, die an eine schwere narzißtische Pathologie erinnert. So ist es nur folgerichtig, wenn Socarides – ebenso wie übrigens auch Rado – das Ziel einer psychoanalytischen Behandlung darin sieht, dem Patienten zu einer Änderung seiner sexuellen Orientierung zu verhelfen. Auch Kernberg geht davon aus, daß man keine männliche Homosexualität ohne schwerwiegende Charakterstörung findet (Kernberg 1985, S. 184). Er hält es aber für angezeigt, daß der Analytiker nicht aktiv nach einer Veränderung der sexuellen Orientierung des Patienten strebt, sondern im Hinblick auf das Endergebnis der psychoanalytischen Behandlung eine technische Neutralität bewahren sollte (vgl. S. 198 f.).

3. Die traditionelle Sicht der weiblichen Homosexualität

Der weiblichen Homosexualität wurde innerhalb der Psychoanalyse von jeher weniger Aufmerksamkeit zuteil. Freud sah in ihr einen Ausdruck nicht überwundenen Penisneides, der zu einer Intensivierung des negativen Ödipuskomplexes des Mädchens führt und in die Identifizierung mit dem Vater mündet. In seinem Aufsatz über «Die Psychogenese eines Falles von weiblicher Homosexualität» (Freud 1920 a) interpretiert er die homosexuelle Neigung seiner 18-jährigen Patientin als Resultat der ödipalen Enttäuschung am Vater und der Wiederholung dieser Enttäuschung in der Pubertät. In der Folge dieser Enttäuschung «wandelte (sie) sich zum Manne um und nahm die Mutter anstelle des Vaters als Liebesobjekt» (S. 285). Der von Freud für die weibliche Entwicklung postulierte Objektwechsel von der Mutter zum Vater wurde hier also zunächst vollzogen, unter dem Eindruck der erlittenen Enttäuschung jedoch rückgängig gemacht, um einer Identifizierung (mit dem Vater) Platz zu machen.

Spätere psychoanalytische Autoren verlagerten den Ursprung der weiblichen

* Auch Bieber fand eine typische pathogene Familienkonstellation mit einer übermäßig vereinnahmenden, sexuell verführerischen Mutter, die den Sohn idealisierte und den Ehemann verachtete, während der Vater uninteressiert und feindselig war und den Sohn vor allem als Rivalen betrachtete.

Homosexualität im Vergleich dazu immer stärker in das präödipale Entwicklungsstadium – eine Tendenz, der wir ähnlich bereits in den Theorien über männliche Homosexualität begegnet sind. Dabei ist es besonders die Annahme einer nicht stattgefundenen oder mißlungenen Triangulierung, die der weiblichen Homosexualität in den Augen vieler Psychoanalytikerinnen und Psychoanalytiker eine ausgesprochen regressive Note verleiht (vgl. Socarides 1978; McDougall 1978; Chasseguet-Smirgel 1984). Weibliche Homosexualität unterliegt auf diese Weise einem noch stärkeren Trend zur Pathologisierung als die männliche Homosexualität, in der sich die narzißtische Objektwahl immerhin auch als ein Schritt der Befreiung aus der Beziehung mit dem Primärobjekt interpretieren läßt. «Die homosexelle Frau ist auf der Flucht vor dem Mann. Die Ursachen dieser Flucht liegen in ihren Schuldgefühlen gegenüber der Mutter, in der Furcht, mit ihr zu verschmelzen, und in der Furcht vor Enttäuschung und Zurückweisung von seiten des Vaters, sollte sie es wagen, sich um Liebe und Hilfe an ihn zu wenden» (Socarides, zit. nach McDougall 1978, S. 126). Siegel (1988) sieht in der weiblichen Homosexualität ebenfalls eine Störung des Prozesses von «Loslösung und Individuation» (Mahler et al. 1975), mit einer besonderen Beeinträchtigung in der Differenzierungs- und Übungs-Subphase dieses Individuationsprozesses. «Die phasenspezifischen Entwicklungskonflikte zwischen Mutter und Kind waren ganz offensichtlich ungelöst, so daß meine Patientinnen nicht fähig waren, sich von der Mutter weg und zum Vater hinzuwenden und beide Eltern in ihre libidinösen Strebungen einzubeziehen» (Siegel 1988, S. 13, meine Übersetzung). «Das Ergebnis ist, daß diese Patientinnen eine Fixierung bzw. eine Tendenz zur Regression auf die früheste Mutter-Kind-Beziehung aufweisen» (Socarides, zit. nach Siegel, S. 11, meine Übersetzung). Nach Siegel suchen Frauen in ihren homosexuellen Beziehungen vor allem eine Bestätigung ihrer als verboten erlebten Weiblichkeit und eine Komplettierung ihres Körperschemas durch die früher nicht gelungene Integration der Vagina. In der Beziehung zu einer anderen Frau sind sie von daher gleichzeitig auf der Suche nach ihrem eigenen Geschlecht und damit letztlich nach sich selbst. Insofern ist auch die lesbische Liebe eine narzißtische Liebe, die aus einer Mangelerfahrung resultiert, ein irgendwo immer auch leidvoller Ersatz, eine «unfreiwillige Wahl» (*«Choice without Volition»*, wie der amerikanische Titel des 1988 erschienenen Buches von Elaine Siegel lautet).

Auch für die lesbische Entwicklung wird immer wieder eine typische pathogene Familienkonstellation beschrieben: Ein enttäuschender, die Idealisierung der Tochter zurückweisender (und oft von der Mutter entwerteter) Vater, der durch seine Haltung die Wendung der Tochter zurück zum gleichgeschlechtlichen Liebesobjekt erzwingt (vgl. McDougall 1978), und eine männerverachtende Mutter, die oft auch die Tochter lieblos behandelt, während sie von dieser stark idealisiert wird. Aus dieser Idealisierung heraus wirbt die Tochter um die Liebe der Mutter, und zwar mit den Mitteln eines Mannes. Das bedeutet, daß sie ihr gleichzeitig die Liebe zum Vater opfert (McDougall 1978).

4. Die traditionellen psychoanalytischen Grundannahmen über Homosexualität im Lichte neuerer Erkenntnisse

Nach den wissenschaftlichen Erkenntnissen verschiedener Disziplinen bedürfen diese Annahmen über die menschliche (männliche und/oder weibliche) Homosexualität, die immer noch von vielen Psychoanalytikern geteilt werden, heute in mehrfacher Hinsicht einer Revision. Ich will die wichtigsten davon kurz erläutern.

- *Eine homosexuelle Objektwahl ist keineswegs immer auch ein Indiz für eine prekäre Geschlechtsidentität* (Friedman 1988). Die Geschlechtsidentität wird bereits in den ersten Lebensjahren erworben (sog. «core gender-identity», vgl. Stoller 1968) und erweist sich von da an als praktisch irreversibel. Sie wird auch durch eine spätere homosexuelle Objektwahl nicht grundsätzlich in Frage gestellt. Aus diesem Grunde spricht Money (1988) lieber von einer *homosexuellen, heterosexuellen* oder *bisexuellen Orientierung* von Mann und Frau.

- *Die verschiedenen Versionen der homosexuellen Orientierung stellen mit großer Wahrscheinlichkeit das Resultat eines komplizierten Wechselspiels von genetischen, hormonellen und umweltbedingten Einflüssen dar* (so wie von Freud [1905] bereits vermutet). Männliche Zwillingsstudien haben bei eineiigen Zwillingen 50 Prozent Konkordanz, bei zweieiigen 8,3 Prozent Konkordanz ergeben (Rosenthal 1970). Eine von Hamer veröffentlichte Studie legt sogar die Vermutung nahe, daß die Veranlagung zur Homosexualität mit dem von der Mutter vererbten X-Chromosom gekoppelt ist (Hamer 1993; eine Zusammenfassung des augenblicklichen Stands der biologischen Forschung findet sich bei Lautmann 1993, S. 307 ff.). Für die weibliche Homosexualität ist ein solcher genetischer Einfluß meines Wissens bis jetzt nicht nachgewiesen (vgl. auch Hertoft 1976, S. 284; ebenso Schuyf 1993).
  Dagegen gibt es sowohl für Männer als auch für Frauen eindrucksvolle Hinweise über den Einfluß der pränatalen Hormonkonstellation auf die spätere sexuelle Orientierung eines Menschen als homosexuell, heterosexuell oder bisexuell (Money 1988). Nichts spricht jedoch für eine ausschließliche und unwiderrufliche Weichenstellung durch Hormoneinwirkungen im pränatalen Stadium; spätere (postnatale) Determinanten müssen hinzutreten, um diese Einflüsse wirksam werden zu lassen oder auch zu modifizieren (a. a. O.). Money (1988) möchte das alte Gegensatzpaar «Anlage-Umwelt» deshalb durch ein drittes Moment, die «kritische Periode», ergänzt wissen (a. a. O., S. 129). «Wenn es» – so Money – «in einer kritischen Periode zur Interaktion von Anlage und Umwelt kommt, dann kann dies dauerhafte und unveränderliche Folgen (für die sexuelle Orientierung, C.R.D.) haben» (a. a. O.). Als eine solche kritische Periode nennt Money die Phase des Spiels mit Gleichaltrigen im Alter von etwa vier bis sieben Jahren, in der sich die Muster des späteren

Liebesspiels herausbilden (Money spricht in diesem Zusammenhang von *love-maps*), mit einer entsprechenden Störanfälligkeit für traumatisierende Eingriffe in diese Entwicklung (vgl. Money 1986).

- *Untersuchungen homosexueller Männer und Frauen (die keine Patienten waren) ergaben keinerlei Hinweise auf eine in irgendeiner Weise typische oder auffälligere Psychopathologie bei Homosexuellen im Vergleich zu Heterosexuellen* (Hooker 1957; Saghir und Robins 1973). Psychoanalytiker sind offenbar in Gefahr, das gemeinsame Auftreten von Homosexualität und schwerer Psychopathologie in einen Ursache-Wirkungs-Zusammenhang zu stellen, ohne zu bedenken, daß die gleichen Symptome, Familienkonstellationen und Beziehungskonflikte jederzeit auch im Zusammenhang mit Heterosexualität auftreten können.

- *Der/die typische Homosexuelle der traditionellen Psychoanalyse ist eine Fiktion.* So unterscheidet sich die Entwicklung von Männern mit einer von Anfang an festgelegten homosexuellen Identität, wie Isay (1989) sie beschreibt, in vielerlei Hinsicht von einem homosexuellen «coming-out» eines Homosexuellen während oder nach der Adoleszenz, wo Umweltfaktoren wahrscheinlich eine größere Rolle spielen (Richards 1987). Solche Unterschiede im Zeitpunkt des «coming-out» lassen sich auch bei weiblicher Homosexualität beobachten. Frauen wenden sich häufiger als Männer auch erst im späteren Lebensalter, nach einer langen Phase heterosexueller Orientierung und damit verbundener Enttäuschungen, einer anderen Frau als Liebespartner zu. Ein solches Muster homosexueller Orientierung unterscheidet sich ganz wesentlich von dem einer Frau, die sich, solange ihre Erinnerung reicht, zu Frauen hingezogen fühlte und niemals in einen Mann verliebt war. Möglicherweise hat Homosexualität für Frauen darüber hinaus ganz allgemein eine weniger bedrohliche Konnotation. Darauf weist unter anderem Kernberg hin, der eine größere Häufigkeit gelegentlicher (nicht obligater) homosexueller Interaktionen bei Frauen findet (z. B. beim Gruppensex), im Gegensatz zum enormen Widerwillen und zu Äußerungen der Furcht und des Abscheus vieler Männer, sich auf solche Begegnungen einzulassen (Kernberg 1985, S. 185). Es könnte sein, daß dabei auch Unterschiede in der gesellschaftlichen Ächtung männlicher und weiblicher Homosexualität eine Rolle spielen (a. a. O.).

- *Homosexuelle Phantasien sind nicht unbedingt ein Zeichen latenter Homosexualität.* Besonders interessant erscheint mir die von Friedman (1988) vorgeschlageneUnterscheidung zwischen homosexueller Orientierung und homosexuellen Phantasien, die man unabhängig von der sexuellen Orientierung bei Männern und Frauen regelmäßig antrifft. Freud wertete solche homosexuellen Phantasien als Anzeichen menschlicher Bisexualität und/oder als-Ausdruck latenter homosexueller Strebungen. Demgegenüber beschreibt Friedman zumindest für den Mann die gleichen Phantasien nicht als Ausdruck eines latenten homosexuellen Wunsches, sondern als eine Form der *Vermeidung männlichen Verhaltens* (z.B. männlichen Konkurrenzverhaltens). Eine ähnliche Deutung könnte sich auch für weibliche homosexuelle Phantasien anbieten. Ein Mann könnte einer männlichen Autoritätsperson bzw. einem männlichen Konkurrenten mit einer solchen Phantasie zum Beispiel signalisieren: «Du brauchst mich nicht zu fürchten oder anzugreifen! Schau her, ich verhalte mich wie eine Frau.» Eine Frau könnte mit einer ähnlichen Phantasie einer anderen Frau die Botschaft vermitteln: «Schau her, ich bin für dich keine Konkurrentin. Ich bin am Mann gar nicht interessiert, denn es sind ja Frauen, die ich liebe!»

Zusammenfassend kann man feststellen, daß es *die* Homosexualität nicht gibt, sondern statt dessen eine Vielfalt von Formen und Erscheinungsweisen homosexuellen Verhaltens mit vermutlich unterschiedlicher Genese. Aus diesem Grunde muß auch der Versuch fehlschlagen, eine psychoanalytische Theorie *der* Homosexualität zu formulieren, so als könnte man vom Symptom unmittelbar Rückschlüsse auf den zugrundeliegenden Konflikt und die Persönlichkeitsstruktur eines Menschen ziehen. Aus dem gleichen Grunde gibt es auch keinen theoretisch klar beschreibbaren Unterschied zwischen männlicher und weiblicher Homosexualität, wie der Titel dieses Kapitels dies vielleicht suggerieren könnte.

Eine sinnvolle psychoanalytische Fragestellung wird sich aus meiner Sicht deshalb vor allem auf die unbewußten Phantasien konzentrieren, die sich mit der homosexuellen Orientierung oder dem homosexuellen Verhalten eines Mannes oder einer Frau verbinden, und auf ihre jeweilige Rolle für die Aufrechterhaltung des Gleichgewichts der psychischen Struktur eines solchen Menschen. Grundsätzlich kann die Homosexualität (ebenso wie die Heterosexualität) dabei vielfältige Funktionen übernehmen. Sie steht damit (ebenso wie die Heterosexualität) im Dienste der Progression und nicht der Regression. Auch dies gilt für männliche und weibliche Homosexualität in gleichem Maße.

5. Einige Hypothesen über die unbewußte Bedeutung der Homosexualität innerhalb der männlichen und der weiblichen Entwicklung

Im folgenden möchte ich mich auf die Herausarbeitung möglicher Unterschiede in der unbewußten Bedeutung männlicher und weiblicher Homosexualität beschränken, die sich aus dem für beide Geschlechter unterschiedlichen Charakter ihrer Primärsozialisation ergeben (vgl. auch Kernberg 1985, S. 185). Dieser Unterschied hängt mit der Tatsache zusammen, daß das Primärobjekt bei beiden Geschlechtern in aller Regel eine Frau ist. Jungen müssen sich von diesem ersten Objekt «desidentifizieren» (Greenson 1968), um eine sichere männliche Geschlechtsidentität zu entwickeln. Das Mädchen kann demgegenüber seine ursprüngliche Identifikation mit der Mutter aufrechterhalten und muß sich (bei heterosexueller Entwicklung) lediglich hinsichtlich seiner sexuellen Objektwahl neu orientieren (Chodorow 1978). Die männliche Entwicklung zielt damit auf Abgrenzung vom Primärobjekt, während in der weiblichen Entwicklung Mutter und Tochter in einer zentralen Beziehung verbunden bleiben (Chodorow, a. a. O.).

Man könnte den Unterschied in der männlichen und der weiblichen Identitätsbildung auch so beschreiben, daß die männliche Identität auf Autonomie, die weibliche dagegen auf Verbundenheit beruht (oder auch einem «Selbst-in-Beziehung» [Jordan u. Surrey 1986]). Daraus folgt, daß in der weiblichen Entwicklung der Erwerb bzw. die Aufrechterhaltung von Autonomie die vermutlich schwierigere Entwicklungsaufgabe darstellt; in der männlichen Entwicklung gilt das gleiche für die Aufrechterhaltung von Intimität und Verbundenheit. Die homosexuelle Objektwahl kann in den Dienst dieser für beide Geschlechter unterschiedlichen Entwicklungsaufgaben treten.

In der homosexuellen Objektwahl des Mannes ebenso wie der Frau (so sie nicht ausschließlich der Vermeidung von Heterosexualität dient) wird die Begegnung mit dem Gleichen gesucht, also *Identität anstelle von Differenz*. Vieles spricht dafür, daß in der auf Trennung vom Primärobjekt angelegten männlichen Entwicklung der tief verleugnete Schmerz der Verschiedenheit vom Primärobjekt hier jenem Entzücken weicht, das – der Sage zufolge – Narziß empfand, als er in der Quelle sein Spiegelbild erblickte. Es ist das Entzücken über eine Begegnung mit seinesgleichen, die den Schmerz des Andersseins zum Verschwinden bringt und durch die Freude an der Schönheit des Spiegelbildes ersetzt. Nach Morgenthaler (1984) geht dieser gleichgeschlechtlichen Objektwahl in der ödipalen Phase oft bereits eine intensive Besetzung der Autoerotik durch den Knaben voraus, die die Funktion haben kann, die Abgrenzung von einer Mutter zu unterstützen, die der Autonomie des Sohnes im Wege steht. Auf der Basis einer solchen über die Autoerotik gesicherten Identität kann später die narzißtische Objektwahl gewagt werden.

Bei der weiblichen Homosexualität liegen die Verhältnisse auf den ersten Blick komplizierter. Das Geschlecht des homosexuellen Liebesobjekts ist hier identisch mit dem des Primärobjekts; die Beziehung wechselt also lediglich ihre Qualität, und zwar ohne daß dies – wie bei der heterosexuellen Objektwahl – durch die Differenz der Körper bestätigt und gesichert würde. Viele Psychoanalytiker (so Freud 1920 a; McDougall 1978) glauben deshalb, daß die homosexuelle Objektwahl der Frau aus einer Identifizierung mit dem Vater heraus erfolgt, der hier – genau wie in der männlichen Entwicklung – als notwendiger Garant einer eigenen (hier weiblichen!) Identität gegenüber dem primären Objekt in Erscheinung tritt. McDougall (1978) sieht in einer solchen Introjektion der Vaterfigur in der lesbischen Entwicklung einen irreversiblen Akt, der verhindert, daß der Platz des Vaters später jemals von einem andern Mann eingenommen werden kann. Gleichzeitig wird dabei die Urszene verleugnet, um sie später unter Ausschluß des Mannes und des Penis neu zu erfinden (a. a. O.,

S. 127). Kann man eine solche lesbische Entwicklung als eine schöpferische Leistung betrachten, die im Dienste des menschlichen Grundbedürfnisses nach Spiegelung in einem «gleichen Andern» steht, oder eher als eine perverse Leugnung der Realität, ein Verfehlen des genitalen Primats oder allgemein eine Notlösung angesichts einer wodurch auch immer blockierten heterosexuellen Entwicklung?

Bei dem Versuch, auf diese Frage eine Antwort zu finden, stütze ich mich vor allem auf Eisenbud (1982). Während die bisher vorgestellten Erklärungsansätze die lesbische Entwicklung auf eine Identifizierung mit dem Vater zurückführen, spricht Eisenbud (1982) von einer *primären weiblichen Homosexualität*, die sich unmittelbar aus der Sexualisierung der frühen Mutter-Kind-Beziehung herleitet (S. 98). Daß die frühen Interaktionen von Mutter und Kind (hier von Mutter und Tochter) mit erotischen und sexuellen Erfahrungen einhergehen, und zwar sowohl auf seiten der Mutter als auch auf der des Kindes (der Tochter), ist in der Psychoanalyse seit langem bekannt. Von daher bedarf es wahrscheinlich einer massiven Verleugnung, wenn man – wie Olivier (1980) dies tut – die Entwicklung des Mädchens als eine «weiße (*a*sexuelle) Wüste Kindheit» bezeichnet, die vom Vater belebt werden muß, damit das Mädchen sich überhaupt in seiner Weiblichkeit erfahren kann. Eine mäßige Sexualisierung der frühen Mutter-Kind-Beziehung braucht nicht konflikthaft zu sein und ist per se auch nicht das Resultat von Konflikten. Sie kann aber eingesetzt werden, um im Sinne einer durchaus progressiven Lösung der Bewältigung früher Einsamkeits- und anderer traumatisierender Erfahrungen des kleinen Mädchens zu dienen.

Eisenbud sieht die Rolle der Autoerotik für die Entwicklung einer lesbischen Disposition des Mädchens damit ähnlich, wie Morgenthaler (1984) dies für die männliche Entwicklung tut: Das kleine Mädchen entdeckt angesichts einer ungenügenden, immer wieder unterbrochenen Bemutterung seine Fähigkeit, sich selbst erotisch zu stimulieren. Diese Selbstbefriedigung gewährt nicht nur Trost, sondern vermittelt auch die Erfahrung einer gewissen Unabhängigkeit vom unbefriedigenden Primärobjekt. Das gleiche gilt für die die Selbstbefriedigung begleitenden Phantasien. In diesen Phantasien können die guten Erfahrungen mit der Mutter, die wirklichen ebenso wie die phantasierten, oder vielleicht auch nur die Sehnsucht nach solchen Erfahrungen, einer Sexualisierung unterliegen. Es wären dann sexualisierte Beziehungsphantasien, die die autoerotische Betätigung des Mädchens prägen. Das so entstandene Phantasiemuster, in dem sich die erotisierte Beziehung zu einer Frau abbildet (mit Money [1986] könnte man auch von einer *love map* sprechen), kann später – grundsätzlich oder «bei Bedarf» – in eine homosexuelle Beziehung eimmünden. Die autoerotische Betätigung des kleinen Mädchens, die eine solche homosexuelle Entwicklung einleitet oder doch vorbahnt, dient damit gleichzeitig der Überbrückung eines Beziehungsdefizits; sie steht im Dienste eines Beziehungswunsches (nach Nähe, nach körperlicher und emotionaler Intimität, nach Bindung) angesichts einer diese Wünsche ganz oder weitgehend versagenden Realität. Eine solche Entwicklung dürfte dadurch untersützt werden, daß die Mutter-

Tochter-Beziehung oft ausgesprochen ästhetisch ausgestaltet ist, während alles Häßliche, Unästhetische, Aggressive, Anale dem Mann zugeschrieben wird, den Mutter und Tochter dann gleichermaßen verachten. Eindrucksvolle Schilderungen einer solchen «Analisierung» des Mannes finden sich bei Joyce McDougall (1978). Eisenbud (1986) weist darauf hin, daß lesbische Beziehungen sehr viel häufiger an dem Versuch scheitern, diesen anal-aggressiven Bereich aus der Beziehung auszuklammern, als an der Übermäßigkeit regressiv-symbiotischer Wünsche.

Es könnte aber auch sein, daß Frauen nach einer jahrhundertelangen Patriarchatserfahrung in ihren lesbischen Beziehungen gerade heute auch immer wieder nach einem Ort suchen, in dem es möglich erscheint, *Weiblichkeit zu idealisieren*, während in unserer Gesellschaft sonst praktisch alles auf die Idealisierung des Mannes ausgerichtet ist (die psychoanalyitschen Theorien über weibliche Homosexualität sind hierfür ein gutes Beispiel). Auch ein solcher Versuch könnte als progressive Lösung verstanden werden, auch wenn er nicht in der Lage ist, alle Konflikte einer weiblichen Biographie zu lösen. Wir werden weibliche Homosexualität deshalb immer wieder auch bei Frauen mit schwereren psychischen Störungen antreffen und früher oder später auch Siegels Vermutung bestätigt finden, daß unsere Patientinnen sich mit Hilfe ihrer Homosexualität vor einer schwereren psychischen Erkrankung schützen (Siegel 1988). Das bedeutet aber nicht, daß die Homosexualität die Folge einer solchen psychischen Erkrankung ist. Sie ist es genau so wenig wie die weibliche Heterosexualität, deren immer wieder beobachtbare Verknüpfung mit verschiedenen Formen der Psychopathologie keinen Schluß darauf erlaubt, daß die Heterosexualität selbst dem Bereich der Psychopathologie entstammt.

6. Schlußbemerkung

In diesem Kapitel habe ich versucht, Homosexualität als möglichen Bestandteil der psychosexuellen Entwicklung von Männern und Frauen darzustellen und gleichzeitig als Teil jenes reichen sexuellen Potentials, über das Menschen verfügen und das sie für ganz verschiedene Zwecke benutzen können: im Dienste der Lust ebenso wie im Dienste des Überlebens. Unbeantwortet blieb – neben vielem anderen – die Frage, welches die individuellen und kollektiven Befürchtungen sind, die Menschen dazu veranlassen, vor diesem Potential nicht nur zurückzuschrecken, sondern besonders die Homosexualität immer wieder neu zu diffamieren. Wir können sie an dieser Stelle nicht mehr aufgreifen. Plädieren möchte ich aber dafür, daß Psychoanalytikerinnen und Psychoanalytiker ihren Patientinnen und Patienten eine Wertschätzung dieses reichen menschlichen Potentials vermitteln, so wie Morgenthaler (1984) dies für die Perversion vorschlägt. «Es gibt Menschen» – schreibt er – «die entdecken in ihrer Kindheit irgendwie und irgendwann, immer ganz früh und unerforschbar, einen scharf umrissenen Zug perverser Faszination. Sie bauen das Gefundene, Überbewertete, gleich einem farbigen Stein, treffsicher und an entscheidender Stelle in das Mosaik des Bildes ihrer selbst» (S. 176). Morgenthaler sieht darin den Ausdruck einer «Begabung», den «Niederschlag einer schöpferischen Leistung» (a. a. O.).

Ich werde niemals den Studenten vergessen (dessen Homosexualität mir bekannt war), der nach einer meiner Vorlesungen über Morgenthaler zu mir kam, um mir im Ton tiefsten Vorwurfes mitzuteilen: «Sie haben den Stein vergessen!» Ich wußte zuerst nicht, was er meinte, bis er mich an die zitierte Stelle bei Morgenthaler erinnerte, von der er offenbar ganz selbstverständlich annahm, daß ich sie ebenso wie er als den wichtigsten Satz in diesem Buch betrachtete. Ich habe das Vergessene in der darauffolgenden Vorlesung nachgeholt. Er strahlte.

Teil C
Der Dialog in der Behandlungstechnik

Im dritten Teil dieses Buches möchte ich mich Fragen des *therapeutischen Dialogs* zuwenden.

Ich werde zunächst einen Überblick über Weiterentwicklungen der psychoanalytischen Behandlungstechnik geben und insbesondere zeigen, wie auch die psychoanalytische Situation mittlerweile vor allem unter einem *Beziehungsaspekt* betrachtet wird. Dies betrifft nicht nur das Verständnis von Übertragung und Gegenübertragung, sondern auch die Trauminterpretation. Hinzu kommen Ergebnisse der modernen Säuglingsforschung über frühe Beziehungserfahrungen, die mit gewissen Einschränkungen auch auf die psychoanalytische Situation übertragen werden können. Einige dieser Themen werden in den folgenden Kapiteln nochmals aufgegriffen.

Das *9. Kapitel* ist dem Umgang mit Träumen bei ichgestörten Patienten gewidmet. Im *10. Kapitel* befasse ich mich mit Erklärungsmodellen für das Scheitern psychoanalytischer Behandlungen. Das *11. Kapitel* setzt sich mit der verbreiteten Illusion auseinander, daß die psychoanalytische Beziehung eine *dyadische Beziehung* ist. Wie wirkt – so lautet die Frage, an der ich das Trügerische dieser Illusion deutlich machen möchte – die psychoanalytische Beziehung auf die Partnerbeziehung des Patienten, und wie reagiert der Partner auf diese Beziehung, aus der er selber ausgeschlossen ist?

Das *letzte Kapitel des Buches* wird sich mit der Frage der Zeit und der Zeitbegrenzung auseinandersetzen, die vor allem in der psychoanalytischen Kurztherapie von Bedeutung ist, grundsätzlich aber jeden Psychoanalytiker und jede Psychoanalytikerin mit der Aufgabe von Trennung und Abschied konfrontiert.

Kapitel 8
Die psychoanalytische Behandlungstechnik in der Entwicklung

1. Die Unterscheidung zwischen einer allgemeinen und einer klinischen Theorie der Psychoanalyse

Entwicklungslinien der psychoanalytischen Behandlungstechnik nachzuzeichnen, ist keine ganz einfache Aufgabe. Dies zeigt sich bereits, wenn man versucht, den Referenzpunkt festzulegen, von dem aus eine solche Beschreibung ihren Anfang nehmen könnte. Denn die Weiterentwicklung jener psychoanalytischen Methode, die Freud in seinen berühmten technischen Schriften (1911 a, 1912 a, 1912 b, 1913) zur Darstellung brachte, ist von damals bis heute sicherlich keine lineare. Davon zeugt allein die Geschichte des psychoanalytischen Abstinenzgebots, das – wie u. a. Cremerius (1984) zeigte – von Freud relativ flexibel gehandhabt wurde, um mit dem Aufkommen der Idee vom ausschließlich spiegelnden Analytiker von seinen Schülern dann bis vor nicht allzulanger Zeit zu einem rigiden Verbotskatalog umfunktioniert zu werden. Das daraus entstandene Stereotyp eines über die Maßen abstinenten Psychoanalytikers hat auch heute noch eine gewisse Wirksamkeit, wie etwa Mosers Formulierung vom Analytiker als «sprechender Attrappe» (Moser 1986) zeigt.

Was den Überblick über die Weiterentwicklung der psychoanalytischen Behandlungslehre aber vor allem erschwert, ist der Theorien-Pluralismus, der die gegenwärtige psychoanalytische Szene kennzeichnet. Das gleiche gilt für das ungeklärte Verhältnis zwischen Theorie und Praxis der Psychoanalyse. Die klinische Praxis des Analytikers – so Sandler (1983) – generiert implizite Theorien und Konzepte, die vom offiziellen Theorie-Diskurs der Psychoanalyse abweichen, so daß von diesem Diskurs nicht ohne weiteres auf die vorherrschende Behandlungspraxis geschlossen werden kann. Klein und Gill haben deshalb bereits 1976 vorgeschlagen, zwischen einer klinischen Theorie und einer allgemeinen Theorie oder Metapsychologie der Psychoanalyse zu unterscheiden. Für Klein ist die klinische Theorie die einzige Theorie, die für die Psychoanalyse notwendig ist, und sie ist auch die einzige Theorie, die durch die aus der psychoanalytischen Behandlung gewonnenen Daten gestützt und getestet werden kann.

In seiner Eröffnungsrede auf dem 35. Internationalen Psychoanalytischen Kongreß in Montreal (1987) hat Wallerstein diese Unterscheidung aufgegriffen.

Er stellte eine wachsende Vielfalt psychoanalytischer Theorien fest, um anschließend zu fragen, «was es denn ist, das uns als gemeinsame Anhänger der psychoanalytischen Wissenschaft und Profession angesichts dieser zunehmenden Verschiedenheiten noch immer zusammenhält» (1988, S. 126). Seine Antwort bestand in einer Beschwörung der Schlüsselkonzepte der psychoanalytischen *Methode*, zu der vor allem Übertragung und Widerstand, aber auch die Konzepte des Unbewußten, des psychischen Konflikts und der Abwehr gehören; diese an der psychoanalytischen Methode orientierten theoretischen Begriffe stellen – so Wallerstein – «die Grundbausteine unseres gemeinsamen psychoanalytischen Gebäudes» (S. 128) dar. Was wir gegenwärtig in der Psychoanalyse vorfinden, ist danach eine einheitliche, überprüfbare klinische Theorie und daneben eine pluralistische allgemeine Theorie mit «erklärenden» Symbolen, die unsere «pluralistischen Glaubensartikel» (S. 147) ausmachen.

Wenn man sich – und sei es nur für eine Weile – dieser Sprachregelung anschließt und sich ausschließlich der klinischen Theorie der Psychoanalyse zuwendet, dann lassen sich dort bestimmte Trends oder auch Konvergenzen beobachten, die es rechtfertigen, von einer Weiterentwicklung dieser Theorie und der daraus abgeleiteten psychoanalytischen Behandlungstechnik zu sprechen. *Ihr gemeinsamer Nenner ist die zunehmende Gewichtung des Beziehungsaspektes in der psychoanalytischen Situation und eine Verlagerung des Interesses von der Vergangenheits-Rekonstruktion auf das Hier und Jetzt der therapeutischen Beziehung.* Dabei handelt es sich um mehr als lediglich die Verschiebung einer Perspektive. Eher könnte man von einem sich anbahnenden Paradigmenwechsel sprechen, der früher oder später mit großer Wahrscheinlichkeit auch auf die allgemeine Theorie der Psychoanalyse zurückwirken und auch dort manches vertraute Konzept infrage stellen wird.

Die Neugewichtung des Beziehungsaspekts in der therapeutischen Situation findet ihren Niederschlag in mehreren Bereichen. Dazu gehören

1. das Verständnis und die Interpretation der Übertragung;
2. Veränderungen im Verständnis der Gegenübertragung;
3. die Trauminterpretation, insbesondere die veränderte Bewertung des manifesten Trauminhaltes; und
4. das veränderte Verständnis und die Neubewertung des Beziehungsaspekts der psychoanalytischen Situation durch die Einbeziehung von Ergebnissen der empirischen Säuglingsforschung.

Ich werde diese vier Bereiche im folgenden umreißen. Für eine ausführlichere Darstellung sei auf Mertens (1991) verwiesen, der in einer dreibändigen «Einführung in die psychoanalytische Therapie» die Veränderungen in der psychoanalytischen Behandlungstechnik seit Beginn der Psychoanalyse mit großer Anschaulichkeit beschreibt.

2. Entwicklungen innerhalb der klinischen Theorie der Psychoanalyse: Vom intrapsychischen zum interpersonellen Paradigma

2.1 Veränderungen im Verständnis der Übertragung

Um den Wandel im klinischen Verständnis der Übertragung zu illustrieren, unterscheidet Cooper (1987) zwischen einem historischen und einem modernistischen Modell der Übertragung (vgl. Cooper 1987, S. 81). In dem historischen, man könnte auch sagen: klassischen Modell wird die Übertragung als neurotische Wiederholung der Vergangenheit verstanden, als eine realitätsunangepaßte Verwechslung von Vergangenheit und Gegenwart (so z. B. noch Greenson, 1967). Die Übertragungsdeutung dient hier deshalb vorrangig dem Ziel, Vergangenheit und Gegenwart voneinander zu differenzieren und den Patienten zum Verzicht auf seine Übertragungswünsche zu bewegen, die in diesem traditionellen Verständnis immer infantile Wünsche sind. Die Aufmerksamkeit des Analytikers ist vorwiegend retrospektiv gerichtet; die Übertragung dient der Rekonstruktion der infantilen Neurose, die auf diesem Wege aufgedeckt und überwunden werden soll.

Im Gegensatz dazu fokussiert das modernistische Modell auf dem «Hier und Jetzt» des Übertragungsgeschehens, und zwar als einer neuen Beziehung in der Gegenwart, die in einem positiven Sinne regulatorische Funktionen für das emotionale Erleben und das Verhalten des Patienten übernimmt. Die infantile Neurose, deren Aufdeckung und Deutung im Zentrum des historischen Modells steht, hat hier allenfalls den Rang einer unter vielen im Unbewußten wirksamen Phantasien. Während der Analytiker im alten Modell vor allem in beobachtender und deutender Funktion in Erscheinung trat, wird er nunmehr zu einem aktiven Teilnehmer der therapeutischen Dyade, in der die Persönlichkeitszüge des Analytikers Inhalt und Verlauf der Übertragung mitbestimmen (vgl. Cooper, S. 81 f.). Im Zentrum der therapeutischen Arbeit stehen die Inhalte des Gegenwarts-Unbewußten (Sandler u. Sandler 1983)*, aus denen sich auch die Über-

* Sandler u.Sandler (1983) unterschieden zwei Ebenen des unbewußten Funktionierens: Das Vergangenheits- und das Gegenwarts-Unbewußte. Das *Vergangenheits-Unbewußte* ist ein theoretisches Konstrukt, das nur auf dem Wege der Rekonstruktion erschlossen werden kann. Es enthält jene Aspekte des frühkindlichen Erlebens, die unter dem Diktat des Lust-Unlust- und des Sicherheitsprinzips verdrängt werden mußten. Den Zeitpunkt dieser Verdrängung datieren Sandler u. Sandler in das 6. Lebensjahr, den Beginn der Latenzzeit. Das *Gegenwarts-Unbewußte* unterliegt einer anderen Zensur, die durch die Antizipation von Scham und Peinlichkeit in der aktuellen Beziehung erfolgt. Dem Gegenwarts-Unbewußten geht es darum, das psychische Gleichgewicht im Hier und Jetzt aufrechtzuerhalten. Die Forderungen des Vergangenheits-Unbewußten werden vor allem deshalb als störend empfunden, weil sie nicht mehr zur Gegenwart «passen» und bei ihrem unvermuteten Einbruch ins Bewußtsein Gefühle der Peinlichkeit, der Scham und der Furcht vor Demütigung hervorrufen würden.

tragungsphantasien des Patienten speisen. Mit der Interpretation der Übertragung will der Analytiker seinem Patienten helfen, seine mit Beschämung, Angst und Schuldgefühlen verbundenen Wünsche und Phantasien zu erkennen und schließlich zu akzeptieren (vgl. Sandler u. Sandler 1984, S. 801). Die Einsicht des Patienten in die bis dahin unannehmbaren Seiten seiner Persönlichkeit wird gleichzeitig in ein Muster von Konstruktionen und Rekonstruktionen eingebettet, die den sich wiederholenden Verhaltensweisen des Patienten, die in der Analyse sichtbar werden, einen historisch-biographischen Sinn verleihen (a. a. O., S. 825). Aus der im historischen Modell angestrebten Rekonstruktion der Vergangenheit wird so zunehmend eine von Patient und Analytiker gemeinsam erarbeitete, sinngebende Konstruktion, ein Narrativ (Spence 1982), das seine Rechtfertigung nicht mehr allein aus seinem objektiven Wahrheitsgehalt, sondern vor allem aus seiner sinnstiftenden Funktion bezieht.

In allen Varianten dieses modernistischen Modells (vgl. z. B. Gill 1982; Weiss 1982; Weiss et al. 1977, 1980) tritt die einsichtsvermittelnde Funktion der Deutung zurück, um einer *neuen Beziehungserfahrung* Platz zu machen, in der Veränderung und Heilung möglich werden. So sehen Weiss (1982) und Weiss et al. (1977, 1980) in den Übertragungs-Inszenierungen ihrer Patienten weniger eine Wiederauflage der Vergangenheit, die Ausdruck eines Wiederholungszwangs ist und in diesem Sinne der Deutung bedarf, sondern vor allem ein unbewußtes Probehandeln, mit dem die therapeutische Beziehung daraufhin getestet werden soll, ob sie eine gefahrlose Erprobung neuer Pläne und Verhaltensweisen des Patienten verspricht.

2.2. Zur veränderten Rolle der Gegenübertragung

Auf dem Hintergrund eines derart veränderten Übertragungskonzeptes bekommt auch die in der Psychoanalyse lange Zeit eher als Störfaktor betrachtete Gegenübertragung eine neue Bedeutung (vgl. Tyson 1986). Paula Heiman war es, die 1950 als erste nicht nur die Fiktion des idealiter neutralen, durch die Übertragungsangebote des Patienten nicht irritierbaren Analytikers in Frage stellte, sondern ausdrücklich den Wert seiner Gegenübertragungs-Reaktionen für das Verständnis des Patienten innerhalb der psychoanalytischen Situation hervorhob (1950, 1960). Kernberg (1975) entwickelte im Anschluß an diese Diskussion den Begriff der «ganzheitlichen» *(totalistic)* Übertragungs-Gegenübertragungs-Konstellation, in der der Patient abgewehrte Aspekte seiner internalisierten Beziehungsrepräsentanzen auf den Analytiker projiziert. Der Psychoanalytiker identifiziert sich (vorübergehend) mit dieser Projektion, um auf diese Weise das anders nicht kommunizierbare Erleben seines Patienten zu begreifen.

Die therapeutische Situation wird auf diese Weise zum Ort der Inszenierung der internalisierten Objektbeziehungen des Patienten, in der dem Analytiker wechselnde Rollen zugewiesen werden; dessen Bereitschaft zur Rollenübernahme (Sandler 1976) bildet die Voraussetzung, daß diese Inszenierung stattfinden kann, in welcher der Patient nacheinander seine inneren Konflikte wie auf einer Bühne zur Darstellung bringt. Der psychoanalytische Raum ermöglicht so ein fortwährendes Probehandeln, bei dem die beiden Beteiligten immer wieder von der Bühne in den Zuschauerraum hinüberwechseln können, um ihre Inszenierungen von dort aus zu überprüfen.

Thomä & Kächele führen dieses in Anlehnung an Habermas (1968) entwikkelte Bühnenmodell des therapeutischen Prozesses weiter aus:

> Virtuell befinden sich beide [Analytiker und Patient, C.R.D.] gleichzeitig auf der Bühne und im Zuschauerraum. In der Selbstdarstellung des Patienten kommen bevorzugte Hauptrollen und hintergründige Nebenrollen zum Ausdruck, deren latente Bedeutungen dem Analytiker besonders wichtig sind. Auch als Beobachter bleiben Patient und Analytiker nicht auf demselben Platz sitzen. Mit der Perspektive verändert sich auch das Bild, das gerade auf der Bühne dargestellt wird. Zum Wechsel der Perspektive tragen die Deutungen des Analytikers bei, die das Reden oder Schweigen des Patienten unterbrechen und Metakommunikationen, nämlich Mitteilungen über den sich gerade abspielenden Austausch enthalten. Betont man den metakommunikativen Aspekt der Deutung aber zu sehr, verkennt man, daß sie sich wie Regieanweisungen auswirken und in das Spiel der Akteure eingreifen. Daß der Regisseur auch selbst auf der Bühne steht, zeigt sich besonders bei den Übertragungsdeutungen, die das Zwiegespräch dramatisch vertiefen (Thomä u. Kächele 1985, S. 197).

Hier fügt sich das Konzept des szenischen Verstehens, wie es insbesondere von Argelander (1970) und Lorenzer (1970, 1974) entwickelt wurde, fast selbstverständlich ein. Szenisches Verstehen heißt hier, daß sich die Übertragungsdeutungen des Analytikers nicht an einem vorgefaßten theoretischen Modell orientieren sollten (sei es der psychoanalytischen Neurosenlehre, der psychoanalytischen Entwicklungspsychologie oder welcher psychoanalytischen Schulrichtung auch immer), sondern an der introspektiv erfaßten Szene, die der Patient mit Hilfe der Bereitschaft des Psychoanalytikers zur Rollenübernahme in der psychoanalytischen Situation zur Darstellung bringt.

Die hier dargestellte Auffassung der Übertragung erfährt ihre Beschränkung in der Bereitschaft des Analytikers, die Übertragungsangebote seines Patienten zu akzeptieren. Grundsätzlich kann jeder Analytiker nur diejenigen Übertragungen (und Gegenübertragungen!) deuten, die er wahrnimmt (Cooper 1987). Psychoanalytiker unterscheiden sich in der Sensibilisierung für die verschiedenen Apekte des Übertragungsangebotes ihrer Patienten oft ganz erheblich (vgl. Cooper 1987; Pulver et al. 1987). Dies hat einmal sicher mit ihrer Persönlichkeit und ihrer theoretischen Ausrichtung zu tun. Wir dürfen aber auch annehmen, daß sich beim derzeitigen Stand der Entwicklung ältere Theorien und Auffassungen der Übertragung immer wieder mit dem neuen Übertragungs-Gegenübertragungs-Modell überschneiden. «Unsere gegenwärtige pluralistische Theorienwelt, in der fast alle Analytiker arbeiten, ob sie es zugeben oder nicht, mit individuellen Amalgamen aus Freudscher Triebtheorie, Ichpsychologie, interpersoneller Sullivan'scher Psychoanalyse, Objektbeziehungstheorie, Bindungstheorien Bowlbyscher oder Mahlerscher Prägung, und für gewöhnlich auch eingeschmuggelten Versionen der Selbstpsychologie – diese Theorienwelt bildet auch die Basis der neueren Vorstellungen und Meinungsverschiedenheiten in Bezug auf die Übertragungsinterpretation» (Cooper, S. 89, meine Übersetzung). Insofern ist das hier dargestellte Übertragungs-Gegenübertragungs-Modell gleichzeitig Ausdruck einer bis heute nicht abgeschlossenen Suche nach einer übergreifenden psychoanalytischen Theorie, die die heute immer noch beobachtbaren Konflikte zwischen psychoanalytischer Triebtheorie, Ich-Psychologie, Selbstpsychologie und den verschiedenen Richtungen der Objektbeziehungstheorie zu einem Ausgleich bringen kann.

3. Weiterentwicklungen der psychoanalytischen Traumtheorie

Die Neugewichtung des «Hier und Jetzt» innerhalb der therapeutischen Beziehung gegenüber dem gewohnten Rückblick auf die Kindheits-Szene verändert auch die Trauminterpretation (vgl. Erikson 1954; Rohde-Dachser 1983; Thomä und Kächele 1985; Pulver 1987).

Freud's Hypothese, daß Träume der infantilen Wunscherfüllung dienen, wird von neueren Traumforschungen nicht bestätigt. Sie unterstützen statt dessen die von Freud in Betracht gezogene, dann aber verworfene Hypothese, daß Träume schlafend gewonnene Erkenntnisse sind, in denen sich unsere unerledigten Aufgaben und Befürchtungen widerspiegeln, und die als Versuch verstanden werden können, diese Probleme zu meistern (vgl. Eagle 1984, S. 227). Freud war der Auffassung, daß der Traum der «Hüter des Schlafes» sei, weil er die in der Schlaf-Regression auftauchenden verpönten infantilen Wünsche soweit chiffriere, daß der Schläfer nicht ängstlich erwache (vgl. Freud, 1900). Heute gilt der Schlaf umgekehrt als «Hüter des Traumes» (vgl. Thomä und Kächele 1985, S. 142). Der Schlaf ermöglicht den Traum, der neben anderen psychobiologisch bedeutsamen Funktionen vor allem der *Problemlösung*, der *Informationsverarbeitung* und der *Ichkonsolidierung* dient (vgl. Thomä u. Kächele 1985, S. 149). Die Gestaltung dieser Trauminhalte spiegelt gleichzeitig Züge der Persönlichkeit des Träumenden wider (vgl. Cohen 1976). Dazu gehören auch die für den Träumer habituellen Abwehroperationen. Diese Abwehroperationen richten sich nicht nur gegen infantile (d. h. vergangene) Wünsche. Die im Traum auftauchenden Wünsche entstammen der Gegenwart (in den Begriffen von Sandler u. Sandler: dem Gegenwarts-Unbewußten), auch wenn sie auf vielfältige Weise mit früheren Wünschen verflochten sein können.

In der analytischen Situation hat der Traum darüber hinaus eine *kommunikative Funktion* (vgl. Kanzer 1955; Thomä und Kächele 1985). Er ist immer auch eine unbewußte Mitteilung des Patienten an den Analytiker, wie der Patient die aktuelle therapeutische Beziehung erlebt und welche Wünsche und Ängste im Hier und Jetzt seine Übertragung auf den Analytiker bestimmen.

Träume sind gleichzeitig kreative Schöpfungen des Patienten. Als solche werden sie in der psychoanalytischen Situation auch zu einem Mittel der *Selbstdarstellung*. Diese kann sich auf den Zustand des Selbst beziehen (vgl. Kohut 1971), auf den Widerspruch zwischen Ideal-Selbst und realem Selbst (vgl. Lüders 1982) oder auf den Wunsch nach Spiegelung eines bisher abgewehrten Selbstanteils. Der manifeste Traum zeigt, welches Bild der Träumer von sich selbst entworfen hat, was davon er in seine Selbstdefinition aufgenommen und was er für sich verworfen hat und nunmehr auch im Traum von sich zu weisen sucht (vgl. Thomä und Kächele, S. 155). Das gleiche gilt für die im Traum vollzogenen Probehandlungen. Immer zeigt sich darin die Bedeutung des Hier und Jetzt. Denn: «So notwendig und wichtig die Vergangenheit des Träumers mit seinen lebensgeschichtlichen Entwicklungshindernissen auch ist, sein Leben spielt sich im Hier und Jetzt ab und ist auf die Zukunft orientiert» (Thomä u. Kächele, S. 164).

Im nächsten Kapitel, in dem es um den Umgang mit Träumen bei ichgestörten Patienten geht, werden die zuletzt geschilderten Aspekte der Traumbearbeitung aufgegriffen und ausführlicher dargestellt.

4. Der Einfluß der Säuglingsbeobachtung auf die Weiterentwicklung der psychoanalytischen Behandlungstechnik

Mittlerweile werden in die psychoanalytische Theorie zunehmend auch Befunde integriert, die nicht der psychoanalytischen Situation entstammen. Dies gilt vor allem für die Ergebnisse der Säuglingsforschung. Die Säuglingsforschung präsentiert uns das Bild eines Säuglings, der mit einem Repertoire von Verhaltensmustern auf die Welt kommt, das es ihm ermöglicht, von Anfang an zwischenmenschliche Beziehungen aufzunehmen und aktiv mitzugestalten. Die Säuglingsforschung konzentriert sich aber nicht nur auf diesen «kompetenten Säugling» (Dornes 1992), sondern auf die Interaktion zwischen Mutter und Kind. Im Vordergrund steht dabei das Konzept der Bindung (Bowlby 1969), das ältere psychoanalytische Vorstellungen über die Oralität des Säuglings zumindest teilweise ersetzt und auch entwicklungspsychologische Ansätze der Psychoanalyse wie das Konzept einer «autistischen Phase» bei Mahler et al. (1975) in Frage stellt. Stern (1985, 1990) hat auf der Grundlage der Erkenntnisse der Säuglingsforschung eine Theorie der Selbstentwicklung des Kindes in den ersten Lebensjahren vorgelegt, die Anlaß gibt, auch das psychoanalytische Konzept der symbiotischen Mutter-Kind-Beziehung neu zu überdenken (eine gute Zusammenfassung dieser Diskussion findet sich bei Dornes, 1992).

Die therapeutischen Implikationen dieser und anderer Befunde der Säuglingsforschung für die Psychoanalyse sind weitreichend, auch wenn der Meinungsstreit darüber immer noch im Gange ist. Insbesondere die Erkenntnisse der Säuglingsforschung über die Mutter-Kind-Beziehung führen auch zu einer veränderten Sicht der therapeutischen Beziehung, in der die Aufmerksamkeit des Analytikers heute stärker als früher auch den präverbalen Beziehungserfahrungen des Patienten und ihrer Wiederholung in der therapeutischen Beziehung gilt. Damit ist gleichzeitig eine Änderung des psychoanalytischen Menschenbildes verbunden, welches in der psychoanalytischen Triebtheorie vorherrschend war. Während der Mensch dort vor allem als Organismus gesehen wurde, der von Triebbefriedigung und Spannungsminderung angetrieben wird, haben wir es nunmehr mit einem Menschen zu tun, dessen zentrale Motivation die Suche und das Bedürfnis nach einem Objekt ist.

Lichtenberg (1983, 1987 a, 1987 b) kommt auf diesem Hintergrund zur Entwicklung seines Konzepts der *Modellszenen*. Modellszenen sind typische Mutter-Kind-Interaktionen, die nicht nur die Erwartungen und das Verhalten des Kindes, sondern bis zu einem gewissen Umfang auch die des späteren Erwachsenen bestimmen und auch in der therapeutischen Beziehung wirksam werden. Solche Modellszenen können in der therapeutischen Situation identifiziert werden, ohne daß es dazu zusätzlicher theoretischer Konstruktionen bedarf. Statt dessen wird dem «Zueinander-Passen» von Analytiker und Patient eine große Bedeutung beigemessen (in Analogie zum «Aufeinander-Abgestimmtsein», das Stern [1985] für die Mutter-Kind-Beziehung beschrieben hat). Der Analytiker muß für den Patienten dabei vor allem emotional verfügbar sein (Emde 1988 a, Lichtenberg 1983, Stern 1985). Analog zur «gleichschwebenden Aufmerksamkeit» (Freud 1923 a) entwickelt Emde (1988 b) in diesem Kontext das Konzept einer «freischwebenden Reaktionsbereitschaft», die der Analytiker für den Patienten bereithalten sollte. In der traditionellen Sicht der Psychoanalyse waren es demgegenüber vor allem die korrekten Deutungen des Analytikers, die den Fortgang der therapeutischen Arbeit bestimmten.

Bedeutsam sind in diesem Zusammenhang auch neuere Befunde der Entwicklungsgenetik (Emde 1988 a), nach denen Veranlagung und Umwelteinflüsse während des ganzen Lebens sehr viel dichter miteinander verschränkt sind, als bisher angenommen wurde. Menschliche Erbanlagen werden oft erst im Zusammenspiel mit Umwelteinflüsen wirksam. Solche Umwelteinflüsse können auch später im Leben wirksam werden und dann die entsprechenden Erbanlagen «einschalten» (a. a. O.). Das bedeutet, daß sich aus dem Verhalten eines Menschen während der frühen Kindheit nur schwer Voraussagen für die späteren Jahre machen lassen (Emde 1988 a, S. 747). Voraussagen lassen sich allenfalls für grundlegende Beziehungsstile treffen, die sich innerhalb der frühen Mutter-Kind-Beziehung entwickeln und das spätere Beziehungsverhalten eines Menschen nachhaltig (wenn auch nicht unveränderlich) prägen. Andere Erkenntnisse kommen aus der Neuropsychophysiologie. Dabei geht es vor allem um Versuche, das psychoanalytische Konzept des Unbewußten auf eine neurophysiologische Grundlage zu stellen (dazu Koukou u. Leuzinger-Bohleber 1992).

Auch aus der Affektforschung stammen wichtige Befunde, die zur Weiterentwicklung der psychoanalytischen Behandlungstechnik beigetragen haben. Neuere Ergebnisse der Affektforschung zeigen unter anderem, daß es nicht an bestimmte Körperzonen gebundene Patrialtriebe sind, die das Kind hauptsächlich motivieren und es auf seine Objekte lenken, sondern *positive Emotionen* (Freude, Überraschung, Interesse). Diese positiven Emotionen entfalten sich bereits in der frühen Säuglingszeit, und zwar unabhängig von negativen Emotionen (vgl. Emde 1988 b, S. 333). Sie offerieren unabhängige Stimuli für das Beziehungsverhalten, für die Erforschung der Umwelt und für Lernprozesse und können sich dort entfalten, wo Mutter und Kind (Analytiker und Patient) emotional aufeinander abgestimmt sind (im Sinne des *affect-attunement*, vgl. Stern 1985).

Für die Borderline-Störungen hat Lichtenberg (1987 b) – aus meiner Sicht überzeugend – gezeigt, wie diese positiven, mit Selbstausdruck und Selbstbehauptung verbundenen Emotionen sich mit dem aversiven Motivationssystem verstricken können, um schließlich gänzlich von ihm überlagert zu werden. Freude, Neugier und Interesse können dann nicht mehr erlebt werden; es kommt zu jener Gefühlsverfassung, die in der Literatur als Borderline-Anhedonie beschrieben wird (vgl. Rohde-Dachser 1979, 1986). In der therapeutischen Beziehung geht es dann darum, diese «falschen Verknüpfungen» (Krause 1990) rückgängig zu machen und die verschütteten positiven Emotionen freizusetzen.

5. Der Einfluß des Menschenbildes auf die Behandlungstechnik

Der Säugling der Säuglingsforscher ist nicht der Säugling der Psychoanalyse. Psychoanalytiker sind in ihren Therapien mit den Auswirkungen und der Rekonstruktion einer traumatisierten Kindheit befaßt. Daraus ergibt sich ein Bild des Kindes, das von schweren Konflikten, Verlassenheitsängsten, Neid und Aggression geschüttelt ist. Der Säuglingsforscher befaßt sich demgegenüber mit einem Säugling im Zustand wacher Aufmerksamkeit, in dem der Säugling sein Interesse aktiv der Welt zuwendet und seine Kompetenzlust entfaltet. Hier wird sichtbar, wie das Kind komplizierte Aufgaben bewältigt und wie es gedeiht, wenn ihm die Umwelt hierfür nur einigermaßen angemessene Bedingungen zur Verfügung stellt (vgl. Stern, 1985).

Säuglingsforscher und Psychoanalytiker richten ihr Hauptaugenmerk also auf ganz verschiedene Aspekte der conditio humana. Der Säuglingsforscher kennt meines Wissens keinen Säugling, der primär, sozusagen per Konstitution, von Haß- und Neidgefühlen und den dazugehörigen Phantasien umgetrieben ist, wie dies etwa von Melanie Klein (1960) beschrieben wird, sondern ein Baby, das sich in einem Rhythmus von Schlaf- und Wachzuständen organisiert und das kurzzeitig auftretende Gefühle von Verzweiflung, Angst und Wut mit Hilfe einer durchschnittlich guten, vertrauensvollen Beziehung zu seiner Mutter oder einer anderen Pflegeperson längerfristig in seine Persönlichkeit integrieren kann. Können wir in diesem Bild noch Spuren jenes Konfliktes finden, der im Zentrum der Theorie der Psychoanalyse steht, einer Psychoanalyse, die als vielleicht einzige Theorie den Menschen, auch schon das ganz kleine Kind, in der ganzen ihm auferlegten Konflikthaftigkeit wahrnimmt? Riskiert die Psychoanalyse mit ihrer Annäherung an die Säuglingsforschung möglicherweise auch dieses für ihre Theorie zentrale Konfliktbewußtsein und ist im Begriff, sich in eine triviale Selbstpsychologie zu verwandeln?

Diese Fragen sind sicherlich berechtigt. Sie können angesichts der Ergebnisse der modernen Säuglingsforschung aber nicht darüber hinwegtäuschen, daß die traditionelle psychoanlytische Entwicklungspsychologie, die eng mit der psychoanalytischen Triebtheorie verflochten ist, kein verläßliches Bild der frühen Kindheit zeichnet. Insbesondere Stern hat in seinem 1985 veröffentlichten Buch über «Die Lebenserfahrung des Säuglings» darauf hingewiesen, daß die mentale Organisation des Kindes erst mit der Entfaltung des «verbalen Selbst» gegen Ende des zweiten Lebensjahres in der Lage ist, Konflikte zu erleben und entsprechende Abwehrformen zu entwickeln. Mittlerweile gibt es Anzeichen dafür, daß diese Entwicklung kontinuierlicher verläuft, als ursprünglich von Stern angenommen. Die episodisch strukturierten Erfahrungen des präverbalen Säuglings lassen sich aber mit Sicherheit nicht unter eine Konflikttheorie subsumieren, die Denkleistungen erfordert, die erst jenseits der präverbalen Entwicklung liegen. Das heißt nicht, daß die Konflikttheorie aufgegeben werden muß. Die Psychoanalyse kann in der Auseinandersetzung mit den Ergebnissen der Säuglingsforschung aber ein differenzierteres Bild der frühen Kindheit gewinnen, das dazu führen kann, auch die Konflikte späterer Entwicklungsphasen mehr noch als bisher in einen *Beziehungskontext* zu stellen, für dessen Verständnis die Säuglingsforschung wichtige Hinweise liefern kann.

6. Schlußbemerkung

Vieles deutet darauf hin, daß wir innerhalb der Psychoanalyse heute nicht nur eine größere Theorie-, sondern wahrscheinlich auch eine größere Methodenvielfalt vorfinden, in der die klassischen klinischen Begriffe der Psychoanalyse sich auf vielfache Weise mit den beschriebenen Ansätzen einer Betrachtung der therapeutischen Beziehung im Hier und Jetzt verschränken. Nur auf diesem Hintergrund wird es aber auch sinnvoll, von einer psychoanalytischen Behandlungslehre zu sprechen, die sich in der Entwicklung befindet (also nicht erstarrt ist). Diese Entwicklung wird weitergehen.

Kapitel 9
Der Umgang mit Träumen in der Behandlung ichgestörter Patienten

1. Unterschiede im psychotherapeutischen Umgang mit Träumen bei neurotischen Patienten und bei Patienten mit schwereren Ichstörungen

Nach dem Überblick über die Entwicklung der psychoanalytischen Behandlungstechnik im letzten Kapitel möchte ich mich nunmehr spezifischeren Fragen der psychotherapeutischen Beziehung zuwenden. Als erstes soll der Umgang mit Träumen in der Behandlung von Patienten mit schwereren Ichstörungen dargestellt werden.

Die psychoanalytische Arbeit mit den Träumen dieser Patienten unterscheidet sich in verschiedener Hinsicht von dem Umgang mit Träumen, wie er in der psychoanalytischen Behandlung neurotischer Patienten üblich ist (dazu Freud 1900). Dort wird der manifeste Text des Traumes als – wenn auch chiffrierter – Ausdruck eines verpönten Kindheitswunsches verstanden, der deshalb verdrängt werden mußte. Mit Hilfe der Traumdeutung soll dieser Wunsch dem Patienten bewußt werden, um auf diese Weise eine andere Lösung zu erfahren, als sie in der Kindheit möglich war. Der Analytiker fordert den Patienten zu diesem Zweck auf, zu den einzelnen Elementen seines Traumes zu assoziieren. Die vom Patienten produzierten Assoziationsketten sind in der Regel durch eine unbewußte Phantasie verbunden, die auf den verdrängten Kindheitswunsch hinweist. Der Analytiker versucht, diese unbewußte Phantasie zu verstehen und dem Patienten entsprechend zu deuten. Der manifeste Trauminhalt liefert das Material, von dem diese Assoziationen ihren Ausgang nehmen. Eine weitergehende Bedeutung wird ihm von Freud und der klassischen Psychoanalyse im allgemeinen nicht zugemessen. Die Aufforderung zur freien Assoziation leitet gleichzeitig einen regressiven Prozeß ein, ein «Rückgleiten» (Kemper 1977) auf frühere Entwicklungsphasen und die mit ihnen verbundenen Erlebensweisen. In diesem Prozeß kommen früher oder später auch die verdrängten Konflikte des Patienten an die Oberfläche und können innerhalb der therapeutischen Beziehung bearbeitet und einer besseren Lösung zugeführt werden.

In der psychotherapeutischen Behandlung von ichgestörten Patienten, zu denen vor allem die Borderline-Störungen und die narzißtischen Persönlichkeitsstörungen gehören, haben wir es mit einer anderen Konstellation zu tun. Das hat mehrere Gründe. Einer davon ist, daß stärker ichgestörte Patienten keine klare, situationsunabhängige Trennung von Primär- und Sekundärprozeß vollziehen können. Sie sind deshalb auch nicht (oder zumindest nicht ausreichend) in der Lage, inkompatible Inhalte zu verdrängen und durch eine stabile Gegenbesetzung vom Wiedereintritt in das Bewußtsein fernzuhalten. Das Ich ist hier deshalb immer der Gefahr ausgesetzt, von primärprozeßhaften Inhalten überschwemmt zu werden. Unter regressionsfördernden Bedingungen, wie sie unter anderem im Setting des psychoanalytischen Standardverfahrens gegeben sind, wächst diese Bedrohung. Schwerer gestörte Patienten reagieren in einer solchen Situation oft mit dem verstärkten Einsatz von Abwehrmechanismen, darunter vor allem der Spaltung und der projektiven Identifizierung, die per definitionem mit einer Minderung der Realitätsprüfung einhergehen und so die ohnehin prekäre Ich-Integration weiter schwächen (Kernberg 1975). Jede psychotherapeutische Technik, die die Aufmerksamkeit des Patienten vermehrt auf primärprozeßhafte Inhalte lenkt, ist bei diesen Patienten deshalb kontraindiziert. Dies gilt auch für die von Freud entwickelte Technik der psychoanalytischen Traumdeutung. Patienten mit schwereren Ich-Störungen bringen oft nicht die Voraussetzungen mit, um von einem solchen Vorgehen zu profitieren. Khan (1962) beschreibt recht anschaulich, unter welchen Bedingungen ein Mensch einen – wie er es nennt – «guten Traum» träumen kann, d. h. einen Traum, der einen unbewußten Wunsch erfolgreich verarbeitet. Dazu gehört unter anderem ein Ich, dessen Integrationsfähigkeit so verläßlich funktioniert, daß es auch vorübergehende regressive Prozesse tolerieren kann. Darüber hinaus muß das Ich stark genug sein, seine Triebwünsche zuzulassen, aber auch, ihrem starken und chaotischen Ansturm Einhalt gebieten zu können. Das Ich muß außerdem die Fähigkeit zur Traumarbeit besitzen. Traumarbeit wiederum setzt eine funktionierende Zensur-Instanz voraus, die die unbewußten Triebregungen so einkleidet, daß eine Kompromißlösung zwischen Zensur und Wunsch entsteht. Der manifeste Trauminhalt enthält eine solche Kompromißlösung, die dem Träumer die halluzinatorische Wunscherfüllung ermöglicht, ohne daß die Funktion des Traumes als «Hüter des Schlafes» (Freud 1900) dadurch beeinträchtigt würde.

Bei schwerer gestörten Patienten, insbesondere Borderline-Patienten, besitzt das Ich die hier geschilderten Fähigkeiten aber nur in begrenztem Maße. Die Träume haben hier oft eher die Funktion einer primitiven Spannungsabfuhr, in der Triebimpulse von sadistischer oder inzestuöser Art ganz unverhüllt zutage treten können (Green 1977). Solche Träume sind erschreckend, oft auch für den Träumer selbst, der angsterfüllt aus ihnen hochfährt. Der Schlaf bleibt auf diese Weise labil; oft kommt es zu fließenden Übergängen zwischen Schlaf- und Wachzustand, wie man sie aus Alpträumen kennt (hierher gehören auch die von Isakower [1936] geschilderten Einschlafphänomene). Der Patient kann sich gegen die im Traum andrängenden, ungemein starken Triebimpulse dann oft nur schützen, wenn er sich nicht voll auf den Schlafzustand einläßt oder ihn rechtzeitig unterbricht.

Stone (1980) hat charakteristische Träume von Borderline-Patienten beschrieben, die insbesondere dann, wenn sie zu Beginn oder im frühen Stadium einer psychoanalytischen Behandlung auftreten, als diagnostischer Hinweis für eine schwere Ichstörung gewertet werden können, manchmal sogar als Warnsignal für eine bevorstehende Ich-Dekompensation. In solchen Träumen kann ein manifester Inzest vorkommen, bis hin zum unverhüllten Koitus mit einem Elternteil.

Häufiger sind aber (auch nach meinen eigenen klinischen Erfahrungen) Träume mit aggressivem Inhalt. Dabei handelt es sich meist um archaisch-aggressive Impulse, die in Bildern von Mord, herumliegenden Leichenteilen u. ä. zum Ausdruck kommen, oder auch in der Darstellung von Katastrophen riesigen Ausmaßes oder einer allgegenwärtigen tödlichen Bedrohung, die von einem Gegner ausgeht, der nur unscharf konturiert ist. Hierher gehören Träume von Gift, verpesteter Luft, Flugzeugen, die von irgendwo herkommen und tödliche Geschoße abwerfen, alles vernichtenden Explosionen, usw.). Oft träumen solche Patienten auch, daß sie selber im Traum sterben oder daß ihr Körper sich verändere, auflöse, verfaule. Stone (1980) schildert in diesem Zusammenhang den Traum einer jungen Patientin, den diese kurz vor einer psychotischen Dekompensation berichtete:

> Sie träumte von einem Flugzeugabsturz, in welchem sie mit ungeheurer Wucht zu Boden geschleudert und buchstäblich in Stücke zerschmettert wurde. Dabei sah sie einen ihrer Arme auf den angrenzenden Feldern liegen und ihr Herz halb ausserhalb ihres Körpers.

Dieser Traum zeigt einige besondere Merkmale, die auf die Schwere der psychischen Störung der Träumerin hindeuten und in der psychoanalytisch/psychotherapeutischen Behandlung deshalb besondere Aufmerksamkeit verdienen. Einige dieser Merkmale sollen hier wenigstens kurz betrachtet werden.

2. Merkmale von Träumen, die eine Ich-Dekompensation andeuten können

Wenn wir uns den von Stone geschilderten Traum betrachten, sehen wir, daß er sich in verschiedener Hinsicht von «üblichen» Träumen unterscheidet. Da ist einmal die tödliche, durch nichts aufhaltbare Wucht des Sturzes aus großer Höhe, den diese Patientin (die wegen einer nicht verarbeiteten Liebesenttäuschung in Analyse gekommen war) im Traum erleidet. Absturzträume nach der Enttäuschung an einem idealisierten Objekt oder nach dem Zusammenbruch einer narzißtischen Selbstvorstellung kommen auch bei neurotischen Patienten vor, haben dort aber nicht diesen ungemein destruktiven Charakter (der im übrigen auch als Indiz für das sadomasochistische Potential gewertet werden kann, über das ein Patient verfügt). Der Sturz endet buchstäblich in der Zerstückelung des Körpers. Im Rahmen der psychoanalytischen Selbstpsychologie könnte man diesen Absturz auch so beschreiben, daß er die Fragmentierung des Selbst zum Ausdruck bringt, und zwar ganz konkret des körperlichen Selbst. Die Metapher von dem an einer Liebesenttäuschung «gebrochenen Herzen» drückt sich im Traum ebenfalls ganz konkret als sichtbarer, körperlicher Organverlust aus. Im Traum deutet sich damit ein Mangel an Symbolisierungsfähigkeit an, wie er auch für die streng gegenständliche Orientierung des Denkens schizophrener Patienten charakteristisch ist (vgl. z. B. Searles 1962). Der Traum zeigt darüber hinaus, auf welche Stufe der Abwehr die Patientin unter der Wucht ihrer Enttäuschung regrediert: Um die Enttäuschung und die damit einhergehende Wut nicht zu fühlen, suspendiert sie ihr reifes Denkvermögen ebenso wie ihre integrativen Ichfunktionen; sie entzieht sich der Konfrontation mit der – äußerlich wie innerlich gleich unterträglichen – Realität durch die Flucht in die Fragmentierung, man könnte auch sagen: Selbstauflösung. In der Realität reagierte sie kurz darauf mit einer psychotischen Episode.

Versetzt man sich in die therapeutische Situation, in der ein solcher Traum berichtet wird, dann wird schnell deutlich, warum das Verfahren der Traumdeutung, das in der Behandlung neurotischer Patienten üblich ist, hier in der Regel nicht zu dem erwünschten Ergebnis führt. Patient *und* Therapeut reagieren hier beide auf die Traumschilderung mit Betroffenheit und Angst. Der Analytiker muß sich also selbst mit seinen Affekten auseinandersetzen und gleichzeitig auf die emotionale Verfassung des Patienten reagieren, die möglicherweise seiner eigenen ähnelt. Das im Traum sichtbar werdende Erlebnis existentiellen Bedrohtseins ist dabei unmittelbar evident und braucht nicht erst durch eine komplizierte Deutungsarbeit entschlüsselt zu werden. Die freie Assoziation zu solchen Träumen liefert deshalb auch selten zusätzliches Erkenntnismaterial; die Einfallsketten verbreitern statt dessen lediglich den manifesten Trauminhalt um weitere Bilder von Entsetzen, Mord und Sterben und führen den Patienten damit weiter in seine innere Schrekkenswelt und die damit verknüpfte Panik hinein. Der Traum liefert darüber hinaus unmißverständliche Hinweise, daß das Ich des Patienten gegenwärtig nicht in der Lage ist, die archaische Aggression, die sich in den Traumbildern ausdrückt, zu integrieren. Jede Interpretation, die auf die Deutung dieser aggressiven Impulse zielt, wäre in diesem Stadium der Therapie deshalb verfrüht, weil sie die ohnehin prekäre Ich-Integration des Patienten weiter gefährden würde.

Aus all diesen Gründen wird in der einschlägigen Literatur zur Borderline-Therapie immer wieder die Meinung vertreten, daß Träume in der psychoanalytischen Behandlung dieser Patienten entweder überhaupt nicht oder nur ganz dosiert bearbeitet werden sollten (Green 1977). Gerade diese Einstellung des Analytikers führt nach meiner Erfahrung aber oft zu einer therapeutischen Vermeidungsreaktion, die von dem für alle averbalen Signale des Therapeuten hochsensibilisierten Patienten unweigerlich wahrgenommen wird. Seine Reaktion besteht dann oft in neuen, nunmehr iatrogen gesetzten Ängsten und Kränkungsreaktionen. Der Patient erlebt insbesonders, daß seine Träume so gefährlich sind, daß sie auch vom Analytiker gemieden werden, er mit den bedrohlichen Bildern seines Traumes also auch in der psychoanalytischen Situation allein bleibt, so wie dies in seinem Leben immer schon der Fall gewesen ist.

Und er erlebt, daß er mit den auch für ihn selbst bedrohlichen Träumen den Analytiker kränkt, weil er sich durch sie als «schlechter» Patient erweist, der die Bemühungen des Analytikers torpediert. Solche Erfahrungen führen in aller Regel nicht zu der Ichstärkung und Verbesserung des Realitätsbezugs, die der Analytiker mit der Ausklammerung der Träume des Patienten aus der therapeutischen Beziehung gerade erreichen wollte.

Wie aber können solche Träume so in die Behandlung einbezogen werden, daß der Patient sich auch in seinen Träumen vom Analytiker angenommen und narzißtisch bestätigt fühlen kann und allein von daher nicht mehr weiter zu regredieren braucht? Ich möchte versuchen, dies zunächst für jene Träume zu zeigen, deren Inhalt von archaisch-destruktiven Aggressionen geprägt ist.

3. Der Umgang mit der archaischen Aggression in den Träumen ichgestörter Patienten

Bei der Behandlung von Patienten mit schweren Ichstörungen gelten Ichstärkung, Verbesserung des Realitätsbezugs und die Fähigkeit zum Aufbau von Objektbeziehungen allgemein als vorrangige Zielsetzung (vgl. Blanck u. Blanck 1974). Auf die Traumbearbeitung übertragen bedeutet dies, die «ich-aufbauenden» (Blanck u. Blanck 1974) Elemente des Traumes zu identifizieren und den Patienten gleichzeitig aufzufordern, die im Traum sichtbar werdenden Wünsche, Phantasien und Ängste auf ihre Realisierbarkeit im Hier und Jetzt zu überprüfen. Die Traumanalyse ist darüber hinaus aber auch eine *Beziehungsanalyse*. Der Beziehungsaspekt des Traumes ergibt sich allein schon daraus, daß der Traum in der therapeutischen Situation einem anderen Menschen berichtet wird und damit den Charakter einer Mitteilung erhält. Dieser kommunikative Aspekt der Traumerzählung bedarf in der Behandlung ichgestörter Patienten einer besonderen Aufmerksamkeit, weil er nicht nur zeigt, wie der Patient die therapeutische Beziehung im Hier und Jetzt erlebt, sondern auch, wie weit sie ihm jene Sicherheit gewährt, die es ihm möglich macht, sich mit den bedrohlichen Inhalten seiner Träume zu konfrontieren.

Ein Teil dieser Bedrohung schwindet oft bereits durch die Erfahrung, daß sie mitteilbar ist, ohne daß der andere entsetzt zurückweicht. Der Analytiker kann seiner Betroffenheit über den Inhalt des Traumes dabei durchaus Ausdruck verleihen. Wichtig ist nur, daß er dem Patienten gleichzeitig (averbal oder besser noch verbal) versichert, daß er die in seinen Träumen sichtbar werdende Verwundbarkeit und die damit zusammenhängende archaische Wut verstanden hat und bereit ist, sie eine Zeitlang zusammen mit dem Patienten zu tragen und zu ertragen. Der Patient erfährt auf diese Weise, daß er mit dem alptraumhaften Entsetzen in seinem Inneren nicht mehr allein ist, sondern in der Analyse einen Ort findet, der es möglich macht, dieses Entsetzen zu kommunizieren. Der Analytiker übernimmt in dieser Situation vor allem eine beruhigende und sicherheitsspendende Funktion, die der Patient allmählich verinnerlichen kann, ähnlich einem Kinde, das zunächst auf die Beruhigung durch die Mutter angewiesen ist, wenn es nachts aus einem bösen Traum aufschreckt, bis es ihm gelingt, diese beruhigende und tröstende Instanz im eigenen Innern zu errichten und sich selbst wieder in Schlaf zu wiegen. Wenn der Analytiker diese ihm unbewußt vom Patienten angesonnene Funktion versteht und akzeptiert, anstatt in die oben beschriebene Vermeidungshaltung zu verfallen, kann dieser ichstärkende und beziehungsfördernde Prozeß ungehindert fortschreiten.

Anders ist die Situation, wenn die von Angst und Grauen aufgeladene Atmosphäre solcher Traumberichte trotz der empathischen Einstellung des Analytikers über eine längere Zeit hinweg unverändert bestehen bleibt. In diesen Fällen darf man in aller Regel vermuten, daß der Patient den Analytiker mit seinen Horrorschilderungen überschütten und ihn auf diese Weise in die eigene Panik und die eigenen sadomasochistischen Phantasien hineinziehen will, ganz ähnlich einem Autor von Gruselgeschichten, dessen Erfolg sich ebenfalls daran mißt, wieweit es ihm gelingt, beim Leser eine Gänsehaut zu erzeugen. Hier ist eine schnelle Deutung angebracht, die sehr oft ans Tageslicht bringt, daß die Traumberichte des Patienten vor allem der Befriedigung sadomasochistischer Impulse dienen und gleichzeitig die Aufmerksamkeit des Analytikers von anderen, für den Patienten ängstigenderen Themen ablenken sollen. Immer dann, wenn der Analytiker eine ungewöhnliche Faszination an den Schreckensträumen seines Patienten spürt, sollte er deshalb überlegen, ob es sich nicht um ein solches – nach meiner Erfahrung insbesondere in der Borderline-Behandlung häufiges – Widerstandsphänomen handelt.

In allen anderen Fällen sollte der Traumbericht des Patienten so ernst wie möglich genommen und nicht in gutgemeinter Absicht verharmlost werden. Dies gilt vor allem für Träume, in denen sich das archaische Aggressionspotential des Patienten ausdrückt. Manchmal ist dieses aggressive Potential alles andere als zielgerichtet (es manifestiert sich dann zum Beispiel im Bild einer alles vernichtenden Explosion). In anderen Fällen kann der Patient im Traum ganz zielgerichtet jemanden verletzen oder töten. Eine ähnlich archaische Aggression kann im Traum auch gegen die eigene Person gerichtet werden. Träume mit massiver Autodestruktivität, wie zum Beispiel der früher geschilderte Traum vom Flugzeugabsturz, sind bei Borderline-Patienten häufig. Nach meiner Erfahrung sollte der Analytiker in einem solchen Fall dem Patienten vor allem Verständnis dafür signalisieren, daß die Angst des Patienten vor dem Ausmaß des eigenen aggressiven Potentials zu Recht besteht. Er wird den Patienten dann auch nicht zum Ausdruck dieser Aggression ermutigen, wie dies bei aggressionsgehemmten Patienten durchaus sinnvoll sein könnte. Der Patient braucht vom Analytiker vielmehr die Versicherung, daß die Traumbilder keine Realität darstellen, und daß diese Sicherheit dazu führen kann, sich im Schutz der therapeutischen Beziehung mit ihnen zu konfrontieren.

Der Analytiker kann dem Patienten dabei auch zu verstehen geben, daß die im Traum sichtbar werdende exzessive Aggression von einem bestimmten Standpunkt aus berechtigt ist (Blanck u. Blanck 1974). Er könnte zum Beispiel sagen: «Wenn ich die Wut sehe, die sich in Ihrem Traum ausdrückt, bekomme ich eine Ahnung von den Enttäuschungen und Kränkungen, die Sie erlitten haben und gegen die Sie sich nicht anders wehren konnten, als Ihren Haß in sich aufzustauen.» Meine Erfahrung ist, daß sehr oft eine Beruhigung eintritt, wenn man dem Patienten – oft zum ersten Mal in seinem Leben – bestätigt, daß seine Gefühle und Reaktionen verstehbar sind und eine Berechtigung haben. Da man außerdem davon ausgehen kann, daß archaische Haß- und Wutreaktionen sich immer mit dem Erlebnis realer Ohnmacht koppeln, schlagen Blanck u. Blanck (1974) vor, mit dem Patienten nach Wegen zu suchen, wie das Gefühl realer Ohnmacht in der jetzigen sozialen Situation überwunden werden kann. Die Äußerung archaischer Wut kommt dafür grundsätzlich nicht in Frage, und andere Möglichkeiten der Selbstbehauptung hat der Patient oft nicht zur Verfügung. Manchmal ist es aber doch möglich, wenigstens im nachhinein zu überlegen, was der Patient hätte sagen oder tun können, um sich in adäquater Form zur Wehr zu setzen. Solche Überlegungen können – und sei es noch so allmählich – eine Verhaltensänderung einleiten, die mit einer Umformung der archaischen Wut in angemessene, zielgerichtete Aggression einhergeht. In diesem Prozeß verlieren dann auch die archaischen Aggressionsträume ihre Kraft und machen anderen Trauminhalten Platz, die einer im engeren Sinne psychoanalytischen Bearbeitung offenstehen.

Patienten, die ihre Aggression in ihren Träumen vor allem autodestruktiv verarbeiten, müssen gehindert werden, diese autodestruktiven Tendenzen auszuagieren. Suizidale Tendenzen deuten sich manchmal zuerst im Traum an (vgl. Rohde-Dachser 1979). Solche Träume sollten unter dem Aspekt der Selbstbestrafung und der damit verbundenen Schuldgefühle analysiert werden. In manchen Fällen bedarf es darüber hinaus vielleicht sogar einer Hospitalisierung des Patienten, bis dieser selbst in der Lage ist, seine Suizidneigungen zu kontrollieren.

Was hier über den Umgang mit der archaischen Aggression in den Träumen von ichgestörten Patienten erörtert wurde, läßt sich auch auf den Umgang mit Träumen von grob sexuellem und inzestuösem Inhalt übertragen. So schlägt Boyer (1967) vor, einem Patienten, der vom Koitus mit seiner Mutter träumt und darüber erschrocken ist, zu sagen: «Der Traum zeigt auch, wie sehr Sie Ihre Mutter lieben.» In einer solchen Interpretation wird der sexuelle Inhalt des Traumes nicht verleugnet oder in anderer Weise «desexualisiert». Statt dessen werden die grob sexuellen Wünsche in eine Objektbeziehung integriert, in der auch Zärtlichkeit und nicht sexualisierte Zuneigung ihren Platz haben.

4. Die Abbildung von Objektbeziehungen im Traum

Ich habe mich so ausführlich mit den aggressiven und sexuellen Inhalten von Borderline-Träumen befaßt, weil hier innerhalb der psychoanalytischen Behandlung nach meiner Erfahrung die größten Probleme liegen. Im Zentrum der psychoanalytischen Therapie stehen aber auch hier die oft grob verzerrten Selbst- und Objektbilder des Patienten, die im Rahmen der therapeutischen Beziehung erfahrbar und einer korrigierenden Erfahrung zugänglich werden. Nach meiner Erfahrung können Träume dabei eine wichtige Rolle spielen.

So berichtete einer meiner Patienten ziemlich am Beginn der Psychoanalyse einen Traum, der nur aus einem einzigen Bild bestand: Er blickte im Traum auf den nackten Unterleib einer Frau, der mit Blut verschmiert war. Der Patient berichtete außerdem noch, daß er im Traum Mitleid mit der Frau empfunden habe.

Ein solcher Traum liefert eine ganze Reihe von Hinweisen auf die Psychopathologie des Träumers, einschließlich der Struktur seiner internalisierten Objektbeziehungen. Im Traum wird einmal der sadistische Aspekt des Patienten deutlich, der sich hier auf Frauen richtet, und hier wiederum vor allem auf die weiblichen Genitalien. In der therapeutischen Beziehung deutet der Traum außerdem darauf hin, daß das Bild des verletzten weiblichen Unterleibs unbewußt Wünsche und Ängste gegenüber der Analytikerin zum Ausdruck bringt – Wünsche und Ängste, die dem Patienten peinlich sind und die im Traum deshalb nur im Ausschnitt eines weiblichen Körpers symbolisiert werden, der keiner bestimmten Person zugeordnet werden kann. Da Patienten in den Bildern ihrer Träume immer auch ihre eigenen Wünsche und Ängste zum Ausdruck bringen, signalisiert der Traum auch die Kastrationsangst des Patienten, der ein wahrscheinlich ebenso intensiver Kastrationswunsch gegenübersteht. Der Kastrationswunsch könnte bedeuten, daß der Patient eine Frau sein möchte, so wie auch die Analytikerin eine Frau ist. Er würde dann auf intensive Verschmelzungswünsche hinweisen, die in der unbewußten Vorstellung zum Ausdruck kommen: «Wenn ich keinen Penis hätte, wäre ich eine Frau (wie meine Mutter oder meine Analytikerin)». Alles Aggressive und Sadistische, so signalisiert der Traum weiter, ist für den Patienten mit dem Erlebnis des Mannseins verbunden. Der Patient möchte deshalb selbst kein Mann sein. Das Wort «Mitleid» könnte so verstanden werden, daß er lieber mit den Frauen leiden möchte, als auf der Seite der Männer zu stehen, die den Frauen Leid zufügen. Daß die hier geschilderten Phantasien sich im Traum lediglich durch die Darstellung eines Teil-Objekts, nämlich des verletzten weiblichen Unterleibs, ausdrücken, zeigt gleichzeitig, wie sehr der Patient vor der bewußten Auseinandersetzung mit ihnen zurückschreckt.

Wie kann die Analytikerin auf einen solchen Traum reagieren? Wahrscheinlich wird sie zunächst den primitiven Schutzmechanismus des Patienten respektieren, der sich in der Dissoziation von «Unterleib» und dem Bild einer realen Frau, in der Übertragung also dem Bild der Analytikerin, ausdrückt. Sie wird dann nicht fragen, wen der Patient zu diesem Teilobjekt «Unterleib» assoziiert, noch wird sie unmittelbar auf den latenten sadistischen Impuls des Traumes eingehen. Sie könnte statt dessen zunächst ganz generell ihre Aufmerksamkeit auf das Bild der Frau richten, das im Traum des Patienten zum Ausdruck kommt. Mein Patient beschrieb auf meine damalige Nachfrage überraschenderweise die Vorstellung, daß Frauen für ihn Wesen seien, die von

Männern verletzt und gedemütigt werden. Dem entsprach das Bild des Mannes als eines rücksichtslosen sexuellen Wüstlings, von dem er sich unter allen Umständen zu distanzieren trachtete. Es gab aber auch noch ein anderes Männerbild, das vermutlich einer ödipalen Wunschphantasie entsprang, nämlich eines Mannes ohne eigenes sexuelles Begehren, der auf die Welt gekommen war, um das den Frauen von der Männern angetane Unrecht wieder gut zu machen. Der Patient war voll mit der zuletzt beschriebenen Männergestalt identifiziert.

Wenn solche primitiven und grob verzerrten Selbst- und Objektbilder aber in der Analyse einmal herausgearbeitet worden sind, können sie von nicht-psychotischen Patienten einer Realitätsprüfung unterzogen werden. Durch diese fortlaufende Korrektur gelangt der Patient allmählich zu einer Verbesserung seiner zwischenmenschlichen Beziehungen auf der Ebene ganzer Objekte, ohne daß verpönte Triebimpulse – wie in unserem Traum der sadistische Impuls – dabei vorzeitig gedeutet werden müssen.

Gleichzeitig wird der Patient mit seinen pathologischen Abwehrmechanismen konfrontiert, insbesondere seiner Neigung zur Spaltung und Verleugnung. Der bereits erwähnte Patient träumte in einer späteren Phase der Behandlung folgenden Traum:

> Ich liege in meinem Bett und fühle mich wohl und geborgen, weil ich weiß, daß meine Mutter im Zimmer ist und darin herumhantiert. Plötzlich sehe ich, wie sie sich über mich beugt. Dabei wird ihr Gesicht ganz groß, und ich habe das Gefühl, daß dieses Gesicht mich erdrückt und daß ich unter ihm ersticke. Dann bin ich plötzlich auf der Flucht, und ich spüre in panischer Angst, wie eine Frau mit einem Messer in der Hand hinter mir herläuft.

Der Traum enthält drei ganz verschiedene, voneinander dissoziierte Frauenbilder und die dazu jeweils komplementäre Selbstrepräsentanz: die Frau, deren Nähe Geborgenheit vermittelt; daneben die Frau, deren Nähe erstickt, und die verfolgende Frau mit dem Messer in der Hand, wobei der Patient sich den beiden zuletzt beschriebenen Frauengestalten wehrlos ausgeliefert fühlt. Der Traum zeigt auch, wann die beschriebenen Bilder jeweils umkippen: Das «gute» Objekt wird offenbar bedrohlich, wenn es dem Patienten zu nahe kommt, und es wird zum Verfolger, wenn der Patient versucht, sich dem bedrohlich nahen Objekt durch Flucht zu entziehen. Man darf vermuten, daß der Patient gleichzeitig seine in der Nähesituation stimulierten aggressiven Impulse auf den Verfolger projiziert, der dann im Traum besonders bedrohlich erscheint.

Ich halte es aber nicht für sinnvoll, bei der Bearbeitung eines solchen Traumes unmittelbar auf die darin enthaltenen aggressiven Impulse des Patienten einzugehen, solange der Patient selbst an den Selbst- und Objektvorstellungen einer absolut nährenden und einer absolut verfolgenden Frau festhält und sich dabei als wehrloses Opfer fühlt. Gäbe es nämlich solche Objekte wirklich und wäre der Patient ihnen wirklich passiv und wehrlos ausgeliefert, dann wären auch seine Wünsche und Befürchtungen gegenüber diesen Objekten legitim und müßten nicht hinterfragt werden. Von daher liegt es nahe, den Patienten zunächst mit den Widersprüchen zu konfrontieren, die zwischen seinen dissoziierten Selbst- und Objektvorstellungen bestehen. In der Borderline-Therapie hat dieser «Brückenschlag» zwischen widersprüchlichen Selbst- und Objektvorstellungen eine zentrale Bedeutung (vgl. Rohde-Dachser 1982). Im Zusammenhang mit dem zuletzt geschilderten Traum könnte man dem Patienten etwa sagen: «Der Traum deutet darauf hin, daß Sie Ihre Mutter auf sehr unterschiedliche Weise erlebt haben. Sie haben sich in ihrer Nähe wohlgefühlt, manchmal aber auch bedroht oder sogar von ihr verfolgt.» Die Betonung liegt hier auf dem unscheinbaren Wörtchen «auch». Die gespaltenen Traumbilder können auf diese Weise allmählich integriert werden, so daß der Patient in die Lage versetzt wird, gegenüber einem Objekt Ambivalenz zu erleben, anstatt es immer wieder neu entweder als «ganz gut» oder aber als «ganz böse» einzustufen. Damit ist gleichzeitig der Weg gebahnt, sich selbst als ganze, integrierte Person wahrzunehmen.

5. Der Umgang mit den prospektiven und subjektstufenhaften Aspekten des Traumes

Der im letzten Abschnitt beschriebene therapeutische Prozeß muß nach meiner Erfahrung ein gutes Stück weit fortgeschritten sein, bevor der Analytiker beginnen kann, sich anderen Aspekten der Traumbearbeitung zuzuwenden. Dies gilt insbesondere für *Impulsdeutungen*. Ichgestörte Patienten haben in aller Regel nicht gelernt, sich als Subjekt ihrer Wünsche, geschweige denn ihrer Handlungen zu fühlen. Impulsdeutungen sind aber sinnlos, solange sich der Patient als Objekt der andrängenden Impulse erlebt und nicht als ihr Urheber. Der geschilderte Traum mit den drei voneinander dissoziierten Frauenbildern zeigt deutlich, wie der Patient im Traum ausschließlich auf Stimuli reagiert, die in seinem Erleben von außen kommen. Der Traum zeigt, daß der Patient nicht in der Lage ist, die Nähe zu einem Objekt selbst zu bestimmen oder sich aus eigenem Entschluß heraus seinem Verfolger zu stellen. Statt dessen bleibt er passiv, liegt «im Bett». Er muß also erst lernen, daß er jemand ist, der auf seine Realität auch gestaltend einwirken kann. Die Träume des Patienten zeigen, wie weit er in dieser Entwicklung bereits fortgeschritten ist.

Ein Patient, der träumt, ist in der Lage, etwas in seinem Innern zu gestalten und kreativ zu erschaffen. Nach meiner Erfahrung sollte die Trauminterpretation des Analytikers diesen kreativen Aspekt des Traums besonders hervorheben. Das gleiche gilt für die prospektive Seite des Traums. Jung (1928) spricht von der prospektiven Funktion des Traums als einer unbewußten Antizipation von Handeln, vergleichbar etwa der Vorskizzierung eines unbewußt bereits entworfenen Plans. Die Patienten sind oft überrascht, daß sich in ihren Träumen Lösungsversuche abzeichnen, von denen ihr Bewußtsein noch kaum etwas geahnt hat, aber auch darüber, daß der Traum die Realität oft sehr viel klarer abzeichnet als ihr Wachzustand (ein Phänomen, das Eisenstein [1952] vor allem bei psychotischen Patienten beobachtete). Der Patient erfährt so allmählich, daß er zumindest im Traum der Initiator von Konfliktlösungen ist, und daß er dieser inneren Richtschnur trauen kann. Sogar Träume mit einem stark negativen Akzent lassen sich vor diesem Hintergrund so verstehen, daß sie eine aus dem Unbewußten des Patienten kommende Aufforderung darstellen, an dieser negativen Situation etwas zu verändern.

Die *Qualität des Ich-Gefühls*, das sich im Traum des Patienten ausdrückt, hat in der Traumbearbeitung eine besondere Bedeutung. Mit Ich-Gefühl ist hier nicht so sehr das Gefühl des Körper-Ich gemeint, wie es von Federn (1932) beschrieben worden ist, sondern das Erlebnis von Kraft und Energie, das sich für den Patienten mit dem Wort «Ich» verbindet. Enthält der Traumbericht solche kraftvollen Ich-Aktivitäten oder werden die Initiativen im Traum ausschließlich von außen gesetzt?

Eine meiner Patientinnen träumte zum Beispiel, daß sie zu einer bestimmten Uhrzeit zu ihrer Hochzeit bestellt war. Sie war auf der Fahrt dorthin, und zwar in einem ihr unbekannten Auto, in dem sie auf dem Fahrersitz saß, aber ohne das Lenkrad zu berühren. Das Auto fuhr irgendwie von selbst. Sie blickte auf den Nebensitz und sah dort einen Zettel liegen, auf dem genau verzeichnet war, was «man» zu einer bestimmten Tageszeit (in einer bestimmten Lebensphase) jeweils zu tun habe.

Die Bearbeitung dieses Traumes war für die Patientin der Anstoß, ihre Lebensgestaltung, die sie völlig an ihren Partner abgetreten hatte, wieder selber in die Hand zu nehmen und auf diese Weise auch ihre Depression zu überwinden, derentwegen sie ursprünglich in Behandlung gekommen war. Leitend dabei war die Erkenntnis, daß ihr in ihrer aktuellen Lebenssituation die Subjekthaftigkeit ihres Handelns entglitten war, und nicht so sehr die Analyse ihrer verdrängten Aggression gegenüber ihrem Partner, auf die wir uns in der Analyse längere Zeit hindurch konzentriert hatten, weil ich die Wurzeln ihrer Depression zuerst dort vermutet hatte.

6. Der Umgang mit Träumen bei narzißtischen Persönlichkeitsstörungen

Im letzten Abschnitt dieses Kapitels möchte ich auf den Umgang mit Träumen bei narzißtischen Persönlichkeitsstörungen eingehen. Die Träume narzißtisch gestörter Patienten haben sehr häufig eine exhibitionistische Funktion und stehen im Dienste des Wunsches nach Selbstdarstellung (Thomä u. Kächele 1985, S. 151 ff.). Man könnte auch sagen, daß der manifeste Traum gleichzeitig eine Selbstdarstellung des Patienten ist. Eine psychoanalytische Traumbearbeitung, in der der manifeste Trauminhalt lediglich als Ausgangspunkt für die Assoziationen des Patienten benutzt wird, um den dahinter stehenden Kindheitswunsch zu erkunden, vernachlässigt diesen manchmal sehr drängenden Wunsch nach Selbstdarstellung und kann von daher zu einer massiven Kränkung des Patienten führen. Dies gilt besonders dann, wenn der Patient im Traum dem Analytiker jene Teile seines Selbst zu zeigen versucht, die von Mutter oder Vater nicht akzeptiert wurden und deshalb auch nicht in die Selbstrepräsentanz aufgenommen werden konnten. Hinter dem exhibitionistischen Wunsch nach Selbstdarstellung verbirgt sich dann oft das tieferliegende Bedürfnis des Patienten, diese abgewerteten oder einfach «vergessenen» Selbstanteile durch eine nachholende Spiegelung von seiten des Analytikers in die Persönlichkeit zu integrieren. Er wagt mit der Darstellung dieser Selbstanteile im Traum sozusagen einen neuen Versuch.

Als Beispiel möchte ich den Traum einer Patientin anführen, deren Analyse bei mir supervidiert wurde. Die in der Regel recht beredte Patientin brachte eines Tages einen Traum in die Analyse, den sie auf eine merkwürdig umständliche Weise erzählte. Sie schilderte irgendwie schüchtern, aber gleichzeitig umschweifig und mit vielen ablenkenden Details eine Landschaft, in deren Zentrum sich ein rautenförmiges Rosenbeet befand, das wunderbar duftete, an welchem die Leute zu ihrer Verwunderung aber achtlos vorübergingen. Da der Bericht dieses Traumes einen großen Teil der Sitzung einnahm, äußerte die Analytikerin schließlich die Vermutung, daß die weitschweifige Traumerzählung unbewußt dem Zweck diente, von wichtigeren Themen innerhalb der Analyse abzulenken. Sie gab also – wenn man so will – eine Widerstandsdeutung. Die Patientin fing daraufhin an zu weinen und schwieg für den Rest der Stunde. In der darauffolgenden Sitzung wurde deutlich, daß die Patientin der Analytikerin mit der Schilderung des rautenförmigen, duftenden Rosenbeetes versteckt auch ihr eigenes Genitale angeboten hatte, also den Teil ihres Körpers, den ihre Mutter nie beachtet hatte und der ihr selbst deshalb weitgehend unvertraut und wertlos erschienen war. Mit der Annahme dieses Wunsches durch die Analytikerin und seiner anschließenden Durcharbeitung konnte diese Patientin allmählich zu einer anderen Einstellung gegenüber ihrer Sexualität gelangen und sich erstmals in ihrem Leben als ganze, intakte Frau fühlen.

Der Traum ist eines von vielen Beispielen, in denen die Träume narzißtisch gestörter Patienten das beschädigte Selbst zur Darstellung bringen. Sie sind von dem latenten Wunsch getragen, daß dieses beschädigte Selbst von einem Andern – hier dem Analytiker – gesehen und anerkannt wird. Von daher stehen sie im Dienste der narzißtischen Restitution. Dies gilt auch für die Triebwünsche, die in solchen Träumen auftauchen, hier aber als narzißtische Wünsche verstanden werden müssen. Der narzißtische Wunsch besteht darin, als ein Subjekt erkannt zu werden, das begehrt und ein Recht auf Befriedigung hat. Der Traum stellt dabei häufig auf chiffrierte Weise auch die Kränkung des Kindes dar, dem diese Anerkennung verweigert wurde, und das jetzt – als erwachsener Patient – nach einer Anerkennung dieser Kränkung sucht und nicht nach einer vom Analytiker widerstrebend gegebenen (oft einmaligen!) Befriedigung.

7. Schlußbemerkung

In diesem Kapitel wurde die Bedeutung des manifesten Trauminhalts in der psychoanalytischen Behandlung von Patienten mit schwereren Ichstörungen dargestellt. Ich bin dabei von teilweise anderen Voraussetzungen der Traumbearbeitung ausgegangen, als Freud dies in seiner «Traumdeutung» (1900) vorgeschlagen hat. Freud sah den manifesten Inhalt des Traumes bereits als Resultat eines Abwehrprozesses, der dazu dient, den latenten Kindheitswunsch des Traumes zu verschleiern. Mein Ziel war es zu zeigen, daß die via regia zum Unbewußten durchaus auch über den manifesten Trauminhalt führen kann, der eine in vieler Hinsicht kunstvoll angelegte und faszinierende Straße ist, gesäumt von interessanten und vielfältigen Szenerien, so daß es für den Analytiker durchaus lohnend sein kann, auch eine längere Zeit auf ihr zu verweilen.

Kapitel 10
Widerstand, Fehlindikation, Beziehungsfalle – Erklärungsmodelle für das Scheitern psychoanalytischer Psychotherapie

Wie menschliches Scheitern in anderen Lebensbereichen, verlangen auch psychotherapeutische Mißerfolge nach einer Erklärung. Betrachtet man die Theorien der verschiedenen therapeutischen Schulen unter diesem Gesichtspunkt, dann trifft man dort allerdings eher auf Begründungen, warum eine bestimmte psychotherapeutische Methode Erfolg verspricht, und weniger, warum sie möglicherweise auch scheitern kann. Die Psychoanalyse macht darin keine Ausnahme. Andererseits hat Freud seine psychoanalytischen Konzepte in ständiger Auseinandersetzung mit eigenen therapeutischen Mißerfolgen entwickelt. Begriffe wie «Widerstand», «Wiederholungszwang» und «negative psychotherapeutische Reaktion» sind aus der Theorie der Psychoanalyse nicht mehr wegzudenken; sie alle gehen auf die Frage zurück, warum die psychoanalytische Methode bei bestimmten Patienten *nicht* so funktionierte, wie man dies eigentlich hätte erwarten können (Kächele 1984).

Andere Erklärungsversuche führen das Scheitern psychoanalytischer Psychotherapie auf das Fehlen ichstruktureller Voraussetzungen des Patienten zurück (so Kohut [1971] für die narzißtischen Störungen, Kernberg [1975] für die Borderlinestörungen, Rauchfleisch [1981] für die dissozialen Störungen). Darüber hinaus kann das Scheitern psychoanalytischer Therapie als Folge einer *Beziehungsstörung* zwischen Patient und Therapeut verstanden werden, in der nicht mehr auflösbare Übertragungs-Gegenübertragungs-Verstrickungen dazu führen, daß die psychoanalytischen Bemühungen nicht den angestrebten Erfolg erreichen. In solchen Fällen wäre es unredlich, das Scheitern der Psychoanalyse einzig auf den Widerstand des Patienten oder sein ichstrukturelles Defizit zurückzuführen.

Obwohl ich mich in diesem Kapitel stark auf solche Beziehungsstörungen konzentrieren werde, gehe ich davon aus, daß die geschilderten Erklärungsansätze für das Scheitern psychoanalytischer Psychotherapie sich nicht gegenseitig ausschließen, sondern eher ergänzen. Wenn sie im folgenden nacheinander erläutert werden, dient dies vor allem der Übersichtlichkeit der Darstellung und verdankt sich nicht unbedingt einer theoretischen Präferenz.

1. Scheitern als Widerstands-Phänomen

Das Postulat einer unbewußten Kraft im Patienten, die sich der angestrebten Heilung widersetzt und von Freud als Widerstand bezeichnet wurde, steht zusammen mit der Vorstellung vom Wiederholungszwang und der negativen therapeutischen Reaktion an zentraler Stelle der von Freud entwickelten psychoanalytischen Behandlungslehre. Es sind die gleichen Begriffe, die nach Freuds Auffassung auch das Scheitern einer psychoanalytischen Psychotherapie erklären. Sie entstanden in der kontinuierlichen Auseinandersetzung Freuds mit den therapeutischen Mißerfolgen und Fehlschlägen, denen er bei der Entwicklung seiner psychoanalytischen Behandlungsmethode begegnete. Freud hatte bekanntlich zunächst versucht, seine Patientinnen mittels Hypnose in einen Zustand zu versetzen, der ihnen das Wiedererinnern der traumatischen Erlebnisse ermöglichen sollte, die zum Ausbruch der neurotischen Symptomatik geführt hatten. Zu seiner Überraschung traf er dabei aber immer wieder auf Patientinnen, die, obwohl sie schwer an ihrer Neurose litten, sich der Erinnerung an das zugrunde liegende Trauma mit allen Mitteln widersetzten. Später entdeckte Freud, daß dieser «Widerstand» ein Bestandteil der psychoanalytischen Methode war. Was sich im Widerstand manifestiert, sind – so Freud – Charaktereigenschaften und Einstellungen des Ich, welche zur Bekämpfung der angestrebten Veränderungen mobil gemacht werden (1917, S. 301). Die Überwindung dieser Widerstände ist deshalb die wichtigste Aufgabe der Psychoanalyse (a. a. O.) In manchen Fällen erwiesen sich die pathologischen Gegenkräfte im Patienten jedoch als unerwartet stark. Freud sah darin unter anderem eine Manifestation des Wiederholungszwanges, durch den die Patienten gezwungen waren, ein pathogenes Beziehungsmuster auch innerhalb der therapeutischen Beziehung immer wieder neu zu inszenieren.

> Zum Beispiel: Der Analysierte erzählt nicht, er erinnere sich, daß er trotzig und ungläubig gegen die Autorität der Eltern gewesen sei, sondern er benimmt sich in solcher Weise gegen den Arzt. Er erinnert nicht, daß er in seiner infantilen Sexualforschung rat- und hilflos stecken geblieben ist, sondern er bringt einen Haufen verworrener Träume und Einfälle vor, jammert, daß ihm nichts gelinge, und stellt es als sein Schicksal hin, niemals eine Unternehmung zu Ende zu führen. Er erinnert nicht, daß er sich gewisser Sexualbetätigungen intensiv geschämt und ihre Entdeckung gefürchtet hat, sondern er zeigt, daß er sich der Behandlung schämt, der er sich jetzt unterzogen hat, und sucht diese vor allen geheim zu halten usw. (1914, S. 129 f.).

Aus der Sicht der psychoanalytischen Theorie bildet diese Wiederholungsthematik die Grundfigur jeder Neurose (Kächele 1984). Sie kann bis zur negativen therapeutischen Reaktion eskalieren, bei der der Patient auf jeden scheinbaren Fortschritt in der Therapie mit einer Verschlechterung seines Zustands reagiert, manchmal bis hin zur völligen Therapieresistenz. Auch diese scheinbar paradoxe Reaktion hat die Psychoanalyse immer wieder ausführlich beschäftigt (dazu u. a. Grunert 1979). Man fand heftige Neidgefühle, Schuldgefühle und

Ängste (vor Liebesverlust, vor allem aber auch vor Strafe und Kastration), die eine Wendung zum Besseren im Leben des Patienten unbewußt zu einer Bedrohung machten. Sie wird dann als Gefahr erlebt, auf die der Patient mit einer Verschlechterung seines Zustands antwortet. Freud hat einen solchen Mechanismus bereits in seiner Arbeit «Die am Erfolg scheitern» (Freud 1915) beschrieben. Andere unbewußte Ängste des Patienten beziehen sich auf die Verselbständigung, die den Patienten an der Schwelle zu einer autonomen Existenz jedesmal wieder zurück in die alte Abhängigkeit von einem primären, die Autonomie verbietenden Objekt führen (Grunert, a. a. O.). Wenn eine psychoanalytische Therapie scheitert, liegt es deshalb nahe, das Mißlingen der Therapie vor allem auf die unbewußten Schuldgefühle des Patienten zurückzuführen, die mit einer Verbesserung seines Zustands verbunden sind.

2. Scheitern als Folge eines ichstrukturellen Defizits des Patienten

Psychoanalytische Therapien können – wie andere Therapien auch – daran scheitern, daß der Patient nicht die Voraussetzungen mitbringt, um von einer Psychotherapie überhaupt zu profitieren. In diesen Fällen erübrigt sich die Frage nach einer differentiellen Psychotherapie-Indikation. So kann es sein, daß der Patient eine mögliche Psychogenese seiner Symptome grundsätzlich bestreitet, oder daß ihm die nötige Motivation fehlt, an seiner Situation etwas zu verändern. Manchmal können soziale Faktoren eine Wendung zum Besseren so erschweren, daß zunächst diese äußere Situation verändert werden muß. Auch eine körperliche Erkrankung kann die Kräfte des Patienten zumindest vorübergehend so vollständig absorbieren, daß sie ihm für eine Psychotherapie nicht mehr verfügbar sind. Um eine therapeutische Beziehung eingehen zu können, bedarf es darüber hinaus einer gewissen Beziehungs- und Introspektionsfähigkeit (zu diesen allgemeinen Indikationskriterien siehe Heigl 1972; König 1994). Wo diese Voraussetzungen nicht vorhanden sind, enden psychotherapeutische Bemühungen in der Regel für alle Beteiligten unerfreulich.

Wenn wir uns hier mit dem Scheitern psychoanalytischer Psychotherapie befassen, geht es aber weniger um solche allgemeinen Kontraindikationen. Uns interessiert vielmehr die spezifische Unvereinbarkeit der psychoanalytischen Methode mit der psychischen Ausstattung des Patienten, genauer: mit seinen ichstrukturellen Voraussetzungen. Dazu bedarf es zunächst der Betrachtung einiger charakteristischer Merkmale der psychoanalytischen Methode.

Im klassischen psychoanalytischen Setting liegt der Patient (obwohl dies nicht so zwingend erforderlich ist, wie Laien manchmal meinen); der Analytiker sitzt so, daß er den Blicken des Patienten entzogen ist. Die Sitzungen finden mehrmals in der Woche statt; sie dauern knapp eine Stunde. Die Gesamtdauer der Therapie wird von vornherein auf unbestimmte Zeit (mehrere Jahre) veranschlagt. Der Patient wird aufgefordert, in der Sitzung frei zu assoziieren. Das bedeutet, daß er möglichst unzensiert alles sagen soll, was ihm während der psychoanalytischen Sitzung durch den Kopf geht (ohne Rücksicht auf Logik, Wichtigkeit, Konvention, Peinlichkeit, usw.). Das ganze Setting ist so strukturiert, daß die Aufmerksamkeit des Patienten auf innere Vorgänge gerichtet wird. Es lädt zur Regression ein (Liegen; Verzicht auf eine Vis-à-vis-Beziehung; Wegfall stützender äußerer Strukturen; Ersatz sekundärprozeßhaften Denkens durch freie Assoziation; Permissivität des Analytikers, usw.). Die Abstinenz des Analaytikers, d. h. seine neutrale, abwartende Haltung, verstärkt diese regressiven Tendenzen. Der Patient entwickelt unter diesen Bedingungen gegenüber dem Analytiker typischerweise eine stark emotionsgeladene Beziehung, die für ihn von großer Bedeutung ist. In der Übertragung, die der Patient dabei auf den Analytiker richtet, kommen auch seine neurotischen Konflikte zur Darstellung. Aufgabe des Analytikers ist es, diese Übertragung zu deuten. Er wendet sich dabei an das beobachtende, einsichtsfähige Ich des Patienten. Der Patient erfährt in diesem therapeutischen Prozeß, daß es für seine Konflikte auch noch andere Lösungen gibt als die ständige Wiederholung. Seine neuen emotionalen Erfahrungen innerhalb der therapeutischen Beziehung fördern die innere Umorientierung (dazu auch Weiss 1982).

Was aber sind die Voraussetzungen, die ein Patient erfüllen muß, um von dieser psychoanalytischen Methode zu profitieren? Grundlegend ist einmal die Fähigkeit des Patienten zur therapeutischen Ich-Spaltung. Damit ist die Fähigkeit gemeint, sich einerseits intensiv auf die eigenen Gefühle einzulassen (die vom Ich *erlebt* werden), diesen Prozeß zusammen mit dem Analytiker aber auch immer wieder zu beobachten und in einen Sinnzusammenhang einzuordnen. Um dies leisten zu können, bedarf es einer wenigstens minimal ausgebildeten Fähigkeit des Patienten, die eigenen Gefühle wahrzunehmen und zu benennen. Heigl-Evers et al. (1993, S. 194 f.) sprechen im gleichen Zusammenhang von der Fähigkeit zur *Affektdifferenzierung*. Die Affekte müssen darüber hinaus bestimmten Auslösern zugeordnet werden. Vom Patienten wird außerdem eine gewisse *Affekttoleranz* gefordert: Die Wut-, Trauer- oder auch Hochgefühle, die der Patient während der psychoanalytischen Behandung erlebt, sollten ihn nicht in einer Weise überschwemmen, daß er sich davon überwältigt fühlt und Alltagsaufgaben nicht mehr wahrnehmen kann oder sogar soweit dekompensiert, daß er sich oder anderen irreversiblen Schaden zufügt (z. B. durch Suizidhandlungen). Innerhalb der psychoanalytischen Behandlung erlebt der Patient keine unmittelbaren Gratifikationen, auch wenn die mobilisierten regressiven Wünsche gegenüber dem Analytiker noch so dranghaft nach Befriedigung verlangen.

Die psychoanalytische Behandlung kann zudem nur fortschreiten, wenn das assoziative Denken für den Patienten nicht allzu angstbesetzt ist (eine Voraussetzung, die bekanntlich bei vielen zwangsneurotischen Patienten nicht gegeben ist, die nicht nur über ihre Handlungen, sondern auch über ihre Gedanken eine vollständige Kontrolle behalten müssen). Schließlich braucht der Patient ein einigermaßen sicheres soziales Umfeld, das ein verläßliches Gegengewicht gegenüber der Tendenz zur Innenschau darstellt, zu der die psychoanalytische Kur einlädt. Der Sinn einer psychoanalytischen Therapie besteht unter anderem ja gerade darin, die in der Beziehung zum Psychoanalytiker gewonnenen Einsichten auf die Beziehungen des Patienten in der Außenwelt zu übertragen. Wo ein solches Netz von Realbeziehungen außerhalb der Analyse nicht existiert, kommt es oft zu einem unguten Übergewicht der Beziehung des Patienten zum Analytiker, in der der Patient dann seine Befriedigung sucht, und einem allgemeinen Überwiegen der inneren über die äußeren Objekte (dazu auch Stierlin 1971).

Führt man sich diese Zusammenhänge vor Augen, dann wird nicht nur deutlich, unter welchen Voraussetzungen Patienten von einer psychoanalytischen Therapie profitieren können, sondern auch, wann sie an ihr (zumindest in der Version des klassischen Settings) mit großer Wahrscheinlichkeit scheitern müssen. Schaden nehmen dabei vor allem solche Patienten, bei denen das beobachtende Ich derart in den Strudel der Regression hineingezogen wird, daß der Patient sich vom Erleben in den psychoanalytischen Sitzungen nicht mehr distanzieren kann. In der psychoanalytischen Theorie spricht man in einem solchen Fall von *Ich-Regression*. In der Ich-Regression geht das Ich grundlegender Funktionen verlustig, auf die es in der psychoanalytischen Behandlung angewiesen ist, im Gegensatz zu jener partiellen, therapeutisch erwünschten Regression *im Dienste des Ich*, die Voraussetzung für den therapeutischen Fortschritt ist (vgl. dazu auch Rohde-Dachser 1984). Gefährdet im Sinne einer Ich-Regression sind vor allem Borderline- und psychotische Patienten, die in der psychoanalytischen Situation vorübergehend oft derart labilisiert werden, daß man ihnen keinen weiteren Strukturverlust mehr zumuten möchte, um sie vor einem pychotischen Schub oder einer massiv selbstschädigenden Handlung zu bewahren. Der bekannte, publizistisch aufbereitete Fall von Vera Becker (Hemminger u. Becker 1985) erscheint mir paradigmatisch für eine psychotherapeutische Situation, in der eine solche Einschätzung unterbleibt. Hemminger u. Becker schildern, wie die Patientin nacheinanderer mehrere Therapien unternimmt, in der die Therapeuten immer wieder nach dem Muster der Mehr-desselben-Lösung (Watzlawick u. a. 1974) reagierten. Das bedeutet, daß auf das Ausbleiben des erhofften therapeutischen Erfolgs mit dem verstärkten Einsatz der gleichen, auf regressive Gefühlsäußerungen abzielenden Methode reagiert wurde, ohne daß einer der behandelnden Therapeuten offenbar jemals auf den Gedanken gekommen wäre, die grundsätzliche Verträglichkeit gerade dieser Form einer regressionsfördernden Therapie für die Patientin in Frage zu stellen.

Indiziert wäre in solchen Fällen aus meiner Sicht statt dessen ein tiefenpsychologisches Verfahren, das den regressiven Wünschen des Patienten weniger Vorschub leistet oder ihnen sogar ausdrücklich entgegensteuert. Die klassische Psychoanalyse ist immer dann kontraindiziert, wenn der Patient in einer regressionsfördernden Therapie in eine von ihm nicht mehr steuerbare Regression gerät, wenn er nicht wenigstens eine gewisse Affekttoleranz besitzt und wenn er nicht in der Lage ist, auch unter ich-labilisierenden Bedingungen die Fähigkeit zur Realitätsprüfung aufrechtzuerhalten. Eine stärker strukturierte, das Gefühlschaos des Patienten ordnende und auf eine Verbesserung der Realitätsprüfung hinzielende tiefenpsychologisch fundierte Psychotherapie kann in solchen Fällen aber durchaus erfolgversprechend sein. Auf die Parameter, die hier besondere Beachtung verdienen, habe ich an anderer Stelle hingewiesen (vgl. Rohde-Dachser 1979, 1982; ebenso Heigl-Evers u. Heigl 1983).

3. Scheitern auf der Beziehungsebene: Typische Gegenübertragungsverstrickungen

Das psychoanalytische Setting ist so strukturiert, daß es eine möglichst ungestörte Entfaltung der Übertragung des Patienten ermöglicht. Dies gilt auch für die neurotische Übertragung. Die therapeutische Beziehung, in der sich diese Übertragung entfaltet, besteht aus zwei Personen, nämlich Patient und Analytiker. Das bedeutet, daß der Analytiker auf das Beziehungsangebot des Patienten reagiert, und zwar ebenfalls mit Phantasien und Emotionen. Diese Gegenübertragung des Analytikers ist ein unentbehrliches diagnostisches Instrument; die Deutungen des Analytikers beruhen hauptsächlich auf der Analyse der Gegenübertragung (vgl. dazu auch die Ausführungen zur Übertragungs-Gegenübertragungs-Konstellation in Kap. VIII). Es gibt aber auch Gegenübertragungs-Verstrickungen, die zu einer Fixierung der Neurose führen, an der die Therapie schließlich scheitert. Das Scheitern ist dabei nicht nur von Patienten-Variablen, sondern hauptsächlich von Therapeuten-Variablen bestimmt.

Es gibt bestimmte Anzeichen, die auf solche pathologischen Beziehungskonstellationen hinweisen. Der Verdacht, daß aus einer therapeutischen Beziehung ein Beziehungsfilz geworden ist, liegt immer dann besonders nahe, wenn eine Therapie nicht beendet werden kann. Manchmal denken beide Beteiligten gar nicht mehr an ein Ende und haben längst vergessen, weshalb der Patient ursprünglich einmal die Analyse begann. In anderen Fällen möchte einer der Beteiligten (Patient oder Therapeut) gerne aus der Beziehung aussteigen, wird aber durch die Gegensteuerung des Anderen daran gehindert. Es kann sein, daß der Therapeut aus seiner eigenen Pathologie heraus an der Beziehung festhält und dem Patienten nicht den Freiraum einräumt, auf seine Weise die Therapie zu beenden. Häufiger gerät der Therapeut nach meiner Erfahrung gegenüber seinem Patienten in einen Zustand innerer Unfreiheit, der ihn dazu veranlaßt, nach der Pfeife des Patienten zu tanzen. Die Kontrolle über die therapeutische Beziehung ist in diesen Fällen an den Patienten abgetreten. Der Therapeut kann die Beziehung deshalb nicht beenden, obwohl ihm selbst oft nichts lieber wäre, als gerade dies zu tun. Er ist statt dessen in überdurchschnittlichem Maße mit dem Patienten beschäftigt, hat Angst, ihm nicht zu genügen, sich als schlechter Therapeut zu erweisen, usw. Oft wird mit Veränderungen des Settings experimentiert (Erhöhung oder Verminderung der Stundenzahl, Aussetzen der Therapie, Liegen statt Sitzen und umgekehrt, usw.), um die eigene Hilflosigkeit zu verbergen. Hinzu kommt häufig ein typisches Schwanken zwischen übergroßer Hilfsbereitschaft (z. B. Angebote an den Patienten, den Therapeuten jederzeit anzurufen) und gereizter Zurückweisung, sobald der Patient von diesem Angebot Gebrauch macht.

Ich möchte im folgenden *fünf Beziehungsmuster* darstellen, die nach meiner Erfahrung einen großen Teil der beschriebenen Gegenübertragungs-Verstrikkungen ausmachen, ohne innerhalb der psychoanalytischen Theorie bis jetzt ausreichend reflektiert worden zu sein. Es sind dies

a) unerkannte Omnipotenzphantasien, die der Patient auf den Therapeuten projiziert und die der Therapeut unbewußt akzeptiert;

b) die Verwechslung von Wunscherfüllung und Wunschlegitimation;

c) die Fehlinterpretation regressiver Wünsche als Kampf um Macht;

d) die Unfähigkeit zu handeln, und schließlich

e) die Unfähigkeit zu trauern.

a) Unerkannte Omnipotenzphantasien

Viele Patienten suchen nach einem Therapeuten oder nach einer therapeutischen Institution mit der unbewußten Phantasie, daß der Therapeut oder die Institution die Macht besitzen, auf eine magische Weise ihr Leiden zu beseitigen. In dieser Phantasie ist der Therapeut eine allmächtige Elternfigur, die alles bewirken kann, wenn sie nur will (der Allmacht Gottes vergleichbar, in dessen Gewalt es liegt, einen Bittsteller zu erhören oder sich von ihm abzuwenden). Der Patient handelt dann so, als könnte der Therapeut ihn erhören, d. h. sein Leiden beseitigen, wenn er nur wollte. Wenn er weiterleidet, kann dies in der unbewußten Logik des Patienten nur bedeuten, daß der Therapeut ihm die Hilfe verweigert – sei es aus Sadismus, aus Gleichgültigkeit oder einfach aus einem Mißverständnis heraus. Er fühlt sich dann praktisch gezwungen, seine Notsignale zu verstärken. Das kann dazu führen, daß sein Befinden sich verschlechtert; er kann neue Symptome entwickeln, einen Suizidversuch machen, usw. Damit wird eine erpresserische Spirale in Gang gesetzt, auf die der Therapeut häufig mit einem Wechsel von Überangebot und Rückzug reagiert, der darauf hindeutet, daß er selbst unbewußt die Omnipotenzzuschreibungen des Patienten akzeptiert. In der unbewußten Logik des Therapeuten ist das fortbestehende Leiden des Patienten dann ein Zeichen eigenen Versagens. Für dieses Versagen muß ein Schuldiger gefunden werden. Aus der Sicht des Therapeuten ist dieser Schuldige in aller Regel der Patient. Man kann sich ausmalen, wie ein solcher circulus vitiosus weiter eskaliert, wenn es dem Analytiker nicht gelingt, seine eigenen Omnipotenzphantasien in Frage zu stellen und dem Patienten glaubhaft(!) die Beschränktheit der eigenen therapeutischen Möglichkeiten, aber auch das real verfügbare Hilfsangebot zu verdeutlichen (vgl. dazu Rohde-Dachser 1982).

Eine meiner Patientinnen, die wegen chronischer Unterleibsbeschwerden, die organisch nicht erklärt werden konnten, in die psychoanalytische Behandlung gekommen war, hatte mir bereits im Vorgespräch berichtet, daß sie auf mich vertraue wie ein Kind im Wald, das sich verirrt habe und nach langem Suchen nachts auf einer Lichtung am Himmel den Mond erblicke. Sie wisse, daß sie nur dem Mond folgen müsse, um nach Hause zu finden. Und umgekehrt: Wenn sie den Mond verlieren würde, wäre alles verloren.

In diesem Bild wird die Analytikerin als Lebensretterin phantasiert, der alle Initiativen abgetreten werden. Obwohl die dahinter liegenden, auf mich projizierten Omnipotenzphantasien bereits zu Beginn der Therapie nachdrücklich angesprochen wurden, ging es der Patientin während der Behandlung eine Zeitlang immer schlechter. Schließlich träumte sie, daß sie im Innenhof eines Schlosses stand, zusammen mit einer Frau, die mir ähnlich sah. Sie konnte diesen Innenhof nicht verlassen, weil vor dem Haupttor eine Horde gefährlicher Männer lauerte, die für sie bedrohlich war. Es gab aber noch eine Nebentür, die in eine herrliche Landschaft führte. Die Patientin wollte im Traum das Schloß durch diese Tür verlassen, hatte aber keinen Schlüssel dazu. Der Schlüssel – das wußte sie – steckte in der Tasche der Frau, die mit ihr im Schloßhof war, den Schlüssel aber aus uneinsichtigen Gründen nicht herausrückte. In der Bearbeitung dieses Traumes wurde deutlich, daß die Patientin das Verlassen des Schloßhofes durch das Nebentor wie eine Neugeburt phantasierte, die ihr durch die Analytikerin ermöglicht werden sollte, die diesen Wunsch aber irgendwie nicht zu registrieren schien. Die Patientin mußte die Analytikerin also irgendwie motivieren, den Schlüssel zur Nebentür aus der Tasche zu ziehen und aufzusperren. – Die Patientin tat dies, wie die Bearbeitung dieses Traumes ergab, unbewußt durch die Verschlechterung ihrer Unterleibsbeschwerden, die für die Analytikerin das Signal sein sollten, nun endlich tätig zu werden.

Ich habe dieses Beispiel angeführt, um zu zeigen, wie notwendig es ist, solche dem Psychoanalytiker zugeschriebenen Omnipotenzphantasien dem Patienten bewußt zu machen, bevor dieser willens ist, andere Bewältigungsformen des Konflikts in Betracht zu ziehen, in denen er selber aktiv wird.

b) Die Verwechslung von Wunscherfüllung und Wunschlegitimation

Eine ähnliche Beziehungskonstellation kann aus der Neigung des Analytikers entstehen, Wünsche des Patienten ausschließlich auf der Verhaltensebene zu behandeln, anstatt die Frage nach der *Legitimation* des Wunsches aufzugreifen (dazu Searles 1955; Rohde-Dachser 1979). Ein solcher Druck zum Handeln innerhalb der Psychoanalyse, deren Abstinenzforderung schon fast sprichwörtlich geworden ist, mag auf den ersten Blick verwunderlich erscheinen. Nach meiner klinischen Erfahrung ist er aber sehr viel häufiger als angenommen. Ich vermute, daß Balint (1968) eine ähnliche Beziehungskonstellation meint, wenn er von «maligner Regression» spricht. Dabei handelt es sich um eine therapeutische Beziehung, in der der Patient Wünsche an den Analytiker richtet, deren Erfüllung er mit weiteren Wünschen beantwortet, so daß eine suchtartige Spirale entsteht, die durch Deutungen nicht mehr auflösbar ist und häufig zum Scheitern der Analyse führt. Suchtartige Entwicklungen sind aber dadurch charakterisiert, daß das Suchtmittel einen psychischen Mangel ausgleichen soll, für dessen Behebung es überhaupt nicht geschaffen ist. Wenn der Patient aber nur dieses eine (Ersatz-)Mittel zur Verfügung hat, um seine inneren Spannungen zu lindern, wird das Ausbleiben der erhofften Wirkung zum intensiveren Gebrauch des Suchtmittels führen, eine in der Tat destruktive Spirale. Dies kann nur bedeuten, daß das Mittel, nämlich die Wunscherfüllung durch den Analytiker, nicht geeignet ist, die Lösung herbeizuführen, nach der der Patient auf der Suche ist.

Es scheint, als ob der behandelnde Psychoanalytiker oder Psychotherapeut die damit verbundene Gefahr durchaus spüre. Manchmal werden die Patienten dann mit Worten beschrieben wie: «Ich habe das Gefühl, wenn ich dem den kleinen Finger gebe, nimmt er die ganze Hand»; «das ist, als sollte ich ein Faß ohne Boden füllen»; «alles, was ich gebe, wird zu wenig sein, ich werde mich verausgaben und trotzdem am Schluß als schlechter Therapeut dastehen»; «ich muß mich schützen, um nicht aufgefressen zu werden», usw. Solche Äußerungen zeigen, daß der Psychoanalytiker oder Therapeut die orale Gier des Patienten wahrscheinlich durchaus korrekt wahrnimmt und ihm deshalb mit Mißtrauen und Vorsicht begegnet. Genau dies ist aber auch die Reaktion, die der Patient vermutlich bereits als kleines Kind auf seine orale Bedürftigkeit hin erfahren hat. Auch als Erwachsener weiß er immer noch nicht, ob er in diesem hungrigen Zustand liebenswert ist oder nicht. Es ist ein unersättlicher Hunger, der keine Rücksicht auf die Bedürfnisse des anderen kennt. Der Patient stellt deshalb in der Analyse zusammen mit der Äußerung des Wunsches latent immer auch die Frage, ob dieser Wunsch «in Ordnung sei». Es gibt verschiedene Interventionsmöglichkeiten, mit denen der Analytiker auf dieses latente Legitimationsbegehren seines Patienten eingehen kann, ohne sich damit auf die Ebene der Wunscherfüllung zu begeben und damit möglicherweise in die beschriebene Suchtspirale einzusteigen. Sie alle zielen darauf ab, dem Patienten die Legitimität seines Wunsches zu bestätigen, etwa: «Sie haben in Ihrer Kindheit großen Hunger gehabt und verzweifelt auf jemanden gewartet, der diesen Hunger erkennt und Sie trotzdem lieb hat. Sie haben diesen Wunsch auch später niemals aufgegeben und stellen mir jetzt in der Analyse die gleiche Frage.»

Searles (1955) hat ein ähnliches Problem im Umgang mit den Abhängigkeitswünschen von Schizophrenen beschrieben, die in der Kindheit dieser Patienten niemals anerkannt worden waren:

> In der Regel ist der Schizophrene durch die Ablehnung, auf die er in seinem früheren Leben gestoßen ist, zu der Ansicht gelangt, daß es sich bei ihm um ein Geschöpf handeln müßte, das zu viel fordert und damit um ein Geschöpf, dessen Bedürfnisse unvertretbar sind (S. 11).

Nur die Intuition des Therapeuten – so Searles (S. 23) – kann entscheiden, in welcher Situation die Befriedigung einer konkreten Bitte zur Äußerung dieser tief verborgenen Bedürfnisse beiträgt, und in welcher Situation sie umgekehrt bewirkt, die dahinterstehende Frage nach der Legitimität des Bedürfnisses erneut zu verdrängen. Für Searles geht es dabei immer um das Bedürfnis des Patienten nach *Wunschlegitimation*. Durch die mehr oder weniger widerwillige Erfüllung der Wünsche des Patienten durch einen Analytiker, der dabei selbst mit seinem internalisierten Abstinenzgebot hadert (von der Ablehnung eigener Abhängigkeitswünsche ganz zu schweigen), wird dieser Anspruch nicht befriedigt. Eine maligne Regression wird vor allem dann entstehen, wenn der Therapeut unbewußt an sich den Anspruch stellt, doch die bessere Mutter des Patienten zu sein und diesen für die früher erlittenen Entbehrungen realiter, d. h. per Wunscherfüllung, entschädigen zu müssen. Früher oder später steht er dann paralysiert vor dieser Aufgabe, deren grundsätzliche Nichterfüllbarkeit er dann in der Regel der Unersättlichkeit des Patienten anlastet.

c) Die Fehlinterpretation regressiver Wünsche als Kampf um Macht

Manche Patienten streben unbewußt danach, den Analytiker in der Übertragung in einen Machtkampf zu verwickeln. Ein solcher Machtkampf kann der Erprobung dienen, wer der Stärkere ist, dem Austesten der Belastbarkeit des Analytikers, dem «analen» Triumph über den Analytiker oder auch der endlich gewagten Auseinandersetzung mit einem ödipalen Rivalen. Der Analytiker wird versuchen, diese Motive zu erkennen und sie dem Patienten entsprechend zu deuten. Der Patient entscheidet, ob er die Deutung annehmen oder verwerfen will. Die Ablehnung der Deutung kann dabei ihrerseits in den Dienst des Machtkampfes treten. Sie wird dann vom Patienten verworfen, weil ihre Annahme bedeuten würde, dem Analytiker den Sieg zu überlassen. Die Zurückweisung der Deutung bedeutet dann nicht, daß sie inhaltlich falsch ist. Vielmehr geht es bei der Ablehnung der Deutung um ein Beziehungsproblem. In dieser Beziehung kann der Patient, selbst wenn er die Deutung kurzfristig annimmt, den Machtkampf auf der Meta-Ebene fortsetzen.

Der Patient kann die Deutung des Psychoanalytikers aber auch ablehnen, wenn er sich darin in seinem Beziehungsangebot unverstanden fühlt, das er im Gegensatz zum Analytiker nicht als Machtkampf begreift, ohne dies dem Analytiker aber vermitteln zu können. Meist handelt es sich dabei um Patienten, die im Leben nicht gelernt (oder die es verlernt) haben, einem anderen ihre Bedürftigkeit zu zeigen, und sich dabei doch verzweifelt nach dem Akzeptiertwerden gerade dieses schwächeren Teils ihrer Persönlichkeit sehnen. Solche ungestillten Wünsche drängen in der psychoanalytischen Behandlung verstärkt nach Befriedigung. Ein Patient, der gewohnt ist, daß er um alles, was er im Leben haben möchte, kämpfen muß und nicht gelernt hat, seine Anlehnungsbedürftigkeit oder überhaupt irgendeine Art von Schwäche zu zeigen, wird dann auch innerhalb der Analyse um diese regressiven Wünsche kämpfen, und zwar mit den gewohnten progressiven Mitteln. Häufig trifft man hier auf weibliche Patienten, die mit ihrem Analytiker um ihr Recht auf Regression argumentieren, ihm kämpferisch nachweisen, daß er sie nicht verstehe, ihm erklären, was sie eigentlich brauchen, usw. Insbesondere männliche Analytiker scheinen dabei oft nur diese progressiven Signale aufzunehmen. Die Patientinnen schaffen sich damit in der therapeutischen Beziehung früher oder später wieder einen Gegner, wo sie eigentlich einen Beschützer suchen.

Dörte v. Drigalskis (1979) «Blumen auf Granit» scheint mir geradezu exemplarisch für eine solche mißlungene Beziehungskonstellation zu sein, die man aus meiner Sicht auch als einen solchen Kampf um Regression beschreiben könnte. Ich möchte zwei Äußerungen Drigalskis zitieren, um zu zeigen, worauf ich diese Vermutung stütze. Im ersten Zitat beschreibt die Autorin, wie es ihr in der Analyse nicht gelang, sich mit dem Analytiker zu verständigen. Eine Zeitlang lieferte sie ihm deshalb als Ersatz «witzige Anekdoten» (S. 79). Gleichzeitig war diese Heiterkeit «gräßlich. ‹Wie über einen Herrenwitz›» (a. a. O.).

> Ich war am Rande meiner Kräfte. Eine solche Uneinigkeit konnte ich nicht wirklich lange aushalten. Das Amüsierte schien die einzige Ebene geblieben, auf der wir uns treffen konnten. Ich merkte langsam, daß ich nur kämpfen oder mich ganz aufgeben konnte. Er schien nicht wahrzunehmen, wie nah mir alles ging. Warum verstand er nicht wenigstens, daß ich ihn so gerne gemocht hatte? Das war doch wichtig; so böse und widerspenstig konnte ich doch gar nicht sein. – Sollte ich mich unterwerfen? (S. 79 f.).

Und später über die Deutung ihrer Aggression durch den Analytiker:

> «Daß zu oberflächlich gedeutet wurde, kam nicht in Erwägung. Wenn ein Säugling in den Busen beißt, ist er ja auch nicht primär sadistisch; er sucht verbissen nach etwas, was er nicht ausreichend bekommt. Wenn sich hinter einer meiner Fehlleistungen oder Träume ein heftiger Todeswunsch zeigt, ist es eine Gemeinheit, voll makabrer Bewunderung, Schrecken darauf zu starren, statt zu fragen, woher er denn wohl kommt. Aus welchem Elend, welcher fundamentalen Notlage, Entbehrung, Reaktion, auf welche Kränkung er wohl ist. Ich bin ja nicht damit geboren» (S. 263).

Es scheint zumindest, als habe hier nicht nur die Patientin Angst vor ihren Hingabewünschen, sondern auch der Analytiker, der aus diesem Grunde ausschließlich ihre aggressiven und sexuellen Wünsche anspricht, die (progressive) Abwehrebene der Patientin aber nicht hinterfragt.

d) Die Unfähigkeit zu handeln

Weiter oben war von der Gefahr die Rede, sich bei der Frage der Wunscherfüllung mit dem Patienten auf der Handlungsebene zu verstricken, anstatt mit ihm den Hintergrund seines Wunsches zu untersuchen. Manchmal resultiert der Mißerfolg einer psychoanalytischen Therapie aber auch aus dem Gegenteil, nämlich der Neigung des Psychoanalytikers oder Psychotherapeuten, dort nicht zu handeln, wo Handeln dringend erforderlich wäre. Diese Unfähigkeit zu handeln kann ein Ausbildungsartefakt sein (schließlich hat der Analytiker oft mühsam gelernt, Reflexion an die Stelle von Handeln zu setzen); manchmal entspricht sie aber auch einer gewissen Passivität des Analytikers, die seiner Persönlichkeit entspricht und möglicherweise mit dafür verantwortlich war, daß er sich gerade zur psychoanalytischen Methode hingezogen fühlte. Vor allem dann, wenn psychoanalytische Psychotherapeuten ausschließlich mit dem psychoanalytischen Standardverfahren in freier Praxis arbeiten und sich allein von daher nicht mit den typischen Notfallsituationen einer Klinik auseinandersetzen müssen, versäumen sie häufiger den rechten Moment, einzugreifen, wenn die Lage des Patienten dies erfordert. Dies gilt nicht nur für notwendige Konfrontationen und Grenzsetzungen, wenn der Patient im Begriff ist, sich oder anderen – oft aus einem therapieinduzierten regressiven Zustand heraus – irreversiblen Schaden zuzufügen. Manche pathologischen therapeutischen Beziehungskonstellationen können nur verändert werden, wenn der Therapeut dem Patienten ohne Tadel, aber doch klar und entschlossen mitteilt, welche Bedingungen er, der Therapeut, an die Fortsetzung der Therapie knüpft. Notwendig wird dies vor allem dann, wenn in der therapeutischen Beziehung eine Konstellation entstanden ist, die für den Patienten ein so hohes Maß an Befriedigung enthält, daß er von sich aus nicht bereit ist, daran etwas zu verändern.

> Ich denke in diesem Zusammenhang an einen Kollegen, der mich wegen eines Borderline-Patienten konsultierte, den er seit etwa hundert Stunden in Behandlung hatte. Ein Hauptproblem des Patienten war sein Haß auf Autoritätspersonen, den er nicht ausreichend kontrollieren konnte und der ihm in seinem Leben deshalb bereits viele Nachteile eingebracht hatte. In der Therapie übertrug der Patient diesen Haß immer wieder auf den Therapeuten, den er dann jeweils unflätig beschimpfte. Der Therapeut nahm dies hin, weil er meinte, der Patient müsse die Gelegenheit haben, seine Aggressionen in der Therapie zu entfalten. Dies führte schließlich dazu, daß der Patient gegenüber Autoritätspersonen außerhalb der Analyse einigermaßen höflich auftrat, während er seine unterdrückte Wut nunmehr am Therapeuten ausließ, den er dann zum Beispiel ganz unmotiviert als «Arschloch» beschimpfte, ohne dafür mit irgendwelchen Sanktionen rechnen zu müssen. In der Supervision erkannte der Therapeut, daß es nicht seine Pflicht war, sich endlos solche Beschimpfungen anzuhören, die auch dem Fortschritt des Patienten in der Therapie in keiner Weise dienlich waren. Er bekam auf diese Weise die Möglichkeit zu handeln, nämlich sich solche Beschimpfungen zu verbitten und den Patienten mit den Wirkungen seines Verhaltens zu konfrontieren.

e) Die Unfähigkeit zu trauern

Es ist eine Binsenwahrheit, daß nicht nur Patienten ihren Therapeuten brauchen, sondern umgekehrt auch viele Therapeuten ihren Patienten. Nicht nur, daß ein Psychoanalytiker ohne Patienten brotlos würde. Auch der Psychoanalytiker konstelliert mit den Patienten, die bei ihm Hilfe suchen, eine Beziehung, die für ihn eine große Bedeutung erlangen kann, zumal bei der Länge und Intensität, die für eine psychoanalytische Psychotherapie charakteristisch sind. Der Verlust eines bedeutsamen Menschen aber ist mit Trauer verbunden; dies gilt auch für die Trennung von Psychoanalytiker und Patient. Es gibt viele Gründe, warum ein Mensch, also auch ein Psychoanalytiker, eine solche Trauer zu vermeiden sucht. Eine psychoanalytische Therapie kann an der Unfähigkeit des Analytikers zu trauern scheitern. Es sind in der Regel Therapien, die – sofern sie vom Analytiker nicht ganz abrupt beendet werden – endlos dauern. Insofern könnte man zögern, hier von Scheitern zu sprechen. Auffallend ist zunächst oft lediglich ein Verlust der Zeitperspektive, die (oft beidseitige) Überraschung über das unvermutete Ausgeschöpftsein der Kassenleistungen oder auch eine vom Analytiker bei der Kasse beantragte Verlängerung der Psychotherapie, die nicht mit dem Patienten abgesprochen wurde. Die Beziehungen scheinen nach dem Motto zu funktionieren: «Und wenn sie nicht gestorben sind, so leben sie noch heute.»

Patient und Therapeut sind dabei in einer dyadischen Weise aufeinander bezogen; die äußere Realität bleibt ausgeklammert. Erfahrungen des Patienten, die dieser außerhalb der Therapie macht, sind für den Psychoanalytiker nicht relevant, ähnlich wie bei einer Mutter, für die nur diejenigen Erlebnisse ihres Kindes zählen, die sie mit ihm zusammen hat. Der Patient umgekehrt lebt häufig in der Phantasie, daß die Therapie für ihn eine existentielle Ressource darstellt und der Analytiker von daher verpflichtet ist, sie ihm unbeschränkt zur Verfügung zu stellen. Es scheint, als schwebe über solchen Beziehungen ein unbewußtes Triangulierungsverbot, welches alles ausgrenzt, was die Dyade stören könnte. Beim leisesten Signal einer Beziehungsflucht eines Beteiligten reagiert der andere reflektorisch mit einer Gegensteuerung: der Patient mit Verschlechterung, der Therapeut mit einer Widerstandsdeutung oder einem anderen Signal, aus dem hervorgeht, daß er dem Patienten noch keine Verselbständigung zutraue. Der Patient nimmt diese Botschaft seinerseits nach Art einer «self-fulfilling prophecy» auf. Oft werden solche Entwicklungen durch die häufig unklare Zielsetzung der Analyse begünstigt (vgl. zur Frage der «unendlichen Analyse» bereits Freud 1937).

Therapien können aber auch scheitern, wenn dem Patienten eine Trennung zugemutet wird, die er auf Grund seiner eigenen biographischen Erfahrungen nur als traumatisierende Wiederholung erleben kann. Patienten mit schweren Verlusterfahrungen in der frühen Kindheit brauchen eine ganz allmähliche, lange vorbereitete Trennung von ihrem Therapeuten, um diese anders verarbeiten zu können als frühere Verlusterfahrungen. Umgekehrt kann es für hysterisch strukturierte Patienten, die sich grundsätzlich schwer tun, Endgültigkeit zu akzeptieren, eine wichtige Erfahrung sein, daß die Therapie wirklich begrenzt ist und auch – wie vorgesehen – beendet wird (Bach u. Rohde-Dachser 1985). Andere Patienten wiederum (nicht die Hysteriker!) brauchen eine Phase von Kommen und Gehen, oder besser: von Gehen und Kommen, bei der sie erfahren können, daß gehen nicht heißt, nie mehr wiederkommen zu dürfen (ein an Mahlers Begriff der Wiederannäherungsphase orientiertes Konzept, dem ich in diesem Zusammenhang eine große therapeutische Bedeutung beimesse [vgl. Mahler et al. 1975]).

4. Scheitern als Chance

Wo soviel von pathologischen Beziehungskonstellationen und dem damit verbundenen Scheitern psychoanalytischer Psychotherapie die Rede war, scheint es mir sinnvoll, zum Schluß auf jene Wege einzugehen, die aus den geschilderten Sackgassen der therapeutischen Beziehung herausführen. Sackgassen können nur entstehen, wenn nicht nur der Patient, sondern auch der Therapeut Fehler macht, manchmal schwerwiegende Fehler. Ist ein solcher Fehler aber einmal erkannt, ist es durchaus möglich, die Beziehungsverstrickung aufzulösen und den Prozeß in eine konstruktive Neuerfahrung für den Patienten (und den Analytiker) zu verwandeln. Voraussetzung ist, daß dies für alle Beteiligten ohne Rechtfertigungsdruck und damit auch ohne Schuldzuweisung geschieht. Ist der Therapeut dazu in der Lage, kann er seinen Fehler dem Patienten gegenüber offen benennen, ohne ihn dabei anzuklagen oder selbst in die Defensive zu geraten, bedeutet dies für den Patienten oft eine neue Beziehungserfahrung, die der Therapie eine entscheidende Wendung geben kann. Wenn der Therapeut unvollkommen ist, braucht auch der Patient ihm gegenüber nicht vollkommen zu sein. Eine solche Feststellung ist eigentlich trivial. Gerade Trivialitäten haben es aber an sich, daß sie leicht übersehen werden oder in Vergessenheit geraten. Menschliche Beziehungen, also auch therapeutische Beziehungen, scheitern ja in der Regel nicht an dramatischen Schicksalsschlägen oder Verwicklungen vom Format einer griechischen Tragödie; sie scheitern, wie jeder weiß, viel eher an Trivialitäten.

In diesem Kapitel ging es um Erklärungsmodelle für das Scheitern psychoanalytischer Psychotherapie. Ich habe mich dabei vor allem auf das Scheitern in Beziehungen konzentriert, denn Therapie ist Beziehung, und in Beziehungen kann man grundsätzlich Schiffbruch erleiden. Diese Erfahrung macht jeder Mensch, immer wieder, und seinem unbewußten Lebensdrehbuch entsprechend oft auch immer wieder auf die gleiche Weise. Was wir beeinflussen können, ist die Möglichkeit, zu verstehen, warum jemand gescheitert ist, die damit zusammenhängenden Fehler zu korrigieren und eine neue Begegnung zu wagen. Ein solcher Gedanke könnte geeignet sein, sich auch mit der möglichen Erfahrung des Scheiterns psychoanalytischer Therapie ein Stück weit zu versöhnen.

Kapitel 11
Dyade als Illusion?
Über die Struktur der Zweierbeziehung – am Beispiel von Partnerschaft und Psychoanalyse

1. Therapeutische Beziehung und «äußere Realität»

Unter den vielen sogenannten Psychiater-Witzen gibt es eine Anekdote, die offensichtlich ins Schwarze trifft und über den Lacherfolg hinaus unmittelbar zum Thema dieses Kapitels hinführt.

> Zwei alte Damen, die sich lange Zeit nicht gesehen haben, treffen sich. Man fragt sich gegenseitig, wie es denn so gehe und was aus den Kindern geworden sei.
>
> «Oh», berichtet die eine, «mein Sohn hat es weit gebracht. Er verdient viel Geld, fährt einen schnittigen Wagen, und jeden Sonntag kommt er damit zu mir auf Besuch. Aber sag doch, wie geht es Deinem Sohn? Er hat sich doch nie um Dich gekümmert und Dir viel Sorgen gemacht?»
>
> «Das ist jetzt vorbei», sagt die andere Dame. «Mein Sohn hat einen berühmten Arzt gefunden, einen Psychoanalytiker. Der nimmt sich viel Zeit für ihn. Viermal in der Woche reden sie miteinander, eine ganze Stunde lang.»
>
> «Ja, um Himmelswillen», fragt die erste Mutter erstaunt, «worüber sprechen die denn die ganze Zeit?»
>
> Die alte Dame lächelt glücklich und antwortet: «Von mir!»

Hier hat sich der Witz eines Themas bemächtigt, das in der psychoanalytischen Theorie bis jetzt eher stiefmütterlich behandelt worden ist: der Frage nämlich, in welcher Weise die engsten Angehörigen eines Analysanden oder Patienten auf die analytische Zweierbeziehung reagieren, aus der sie realiter ausgeschlossen sind. Denn die herkömmliche psychoanalytische Psychotherapie ist individuumszentriert. Sie beschäftigt sich mit den psychischen Repräsentanzen des Analysanden, also einer innerseelischen Realität. In dieser Perspektive ist für die Angehörigen des Analysanden real kein Raum. Freud hat die psychoanalytische Kur mit einer schwierigen Operation verglichen, während der der Psychoanalytiker – ähnlich wie ein Chirurg – in der Ausführung seiner verantwortungsvollen Tätigkeit nicht durch Dritte gestört werden dürfe, die sich nur allzu leicht ein Vergnügen daraus machten, dem Operateur ins Operationsfeld zu spucken oder ihn zu bedrohen, sobald es Blut oder unruhige Bewegungen bei dem Kranken gebe (vgl. Freud 1911 b, S. 110). Er empfahl deshalb, den Kontakt mit den Angehörigen des Patienten nach Möglichkeit zu meiden. An diesem Bild des Angehörigen als eines potentiellen «Störfaktors» (Thomä u. Thomä 1968, S. 803), den es im Interesse der Unverfälschtheit der analytischen Situation so weit wie möglich auszuschalten gilt, scheint sich trotz der Weiterentwicklung der psychoanalytischen Theorie bis heute kaum etwas verändert zu haben. Helmut u. Brigitte Thomä, die 1968 die einzige mir bekannte systematische Untersuchung über die Rolle der Angehörigen in der psychoanalytischen Technik vorgelegt haben, sprechen deshalb auch vom Widerwillen gegen die Angehörigen als einer überindividuellen, professionellen Gegenübertragung (S. 814), die es dem Analytiker unmöglich mache, dem Wunsch des Patienten, seine nächsten Angehörigen in die Analyse einzubeziehen, anders zu begegnen, als diesen Wunsch «zu analysieren» (S. 813).

Neun Jahre später, nämlich 1977, äußert Nerenz, gestützt auf Schafer (1970), Hurvich (1972) und Sandler, Dare und Holder (1973), die Vermutung, daß die Theorie der psychoanalytischen Behandlungstechnik keine Konzeption des Umgangs mit einer äußeren Realität enthalte, die auf die psychoanalytische Situation variabel reagiert. In der psychoanalytischen Situation gilt die Außenwelt in der Regel als vorgegeben; sie ist vor allem Austragungsort für die inneren Konflikte des Patienten. In der psychoanalytischen Behandlung werden diese Konflikte früher oder später in die Beziehung zum Analytiker hineingetragen und dort bearbeitet. Die Realität, um die es dabei geht, ist die der psychoanalytischen Situation, genauer: der Übertragungs-Gegenübertragungs-Beziehung von Patient und Analytiker.

Wir haben es also mit *zwei Realitäten* (nämlich einer therapeutischen und einer «äußeren») zu tun, zwischen denen es kaum Berührungspunkte gibt. Dies macht es auch schwer, systemtheoretisch zu denken, d. h. an die Stelle von Gegensätzen Regelkreise einzuführen, in denen die Variablen sich wechselseitig beeinflussen. Auch dort, wo solche systemtheoretischen Ansätze aufgegriffen werden (wie etwa in der psychoanalytisch orientierten Familientherapie), tut sich die Psychoanalyse mit der Erweiterung ihres Realitätsbegriffs eher schwer. Die psychoanalytische Behandlungslehre basiert auf einer Krankheitslehre, von der aus es grundsätzlich schwierig ist, Normalität zu definieren. Von daher überrascht es nicht, daß auch das systemtheoretische Denken innerhalb der Psychoanalyse hauptsächlich dazu benutzt wird, die Psychopathologie von Systemen zu beschreiben. Dazu gehört der Begriff des «indizierten Patienten» (Sperling 1979), der «Delegation» (Stierlin 1978) oder der «Kollusion» (Willi 1975). Alle diese Begriffe beschreiben eine psychische Erkrankung, wenn auch im Bezugsrahmen eines größeren Systems. Sie tragen nur wenig zum Verständnis jener «normalen» sozialen Realtität bei, in der Menschen immer bereits Mitglieder einer Gruppe sind, mit der sie sich durch ein Wir-Gefühl verbunden fühlen, auch wenn sie sich selbst als Individuen definieren und Selbstverwirklichung anstreben.

Für diesen sog. Normalfall gibt es in der psychoanalytischen Theorie meines Wissens bis jetzt keine ausreichende Terminologie. Noch weniger gilt dies für die Zugehörigkeit eines Menschen zu mehreren Gruppen, von denen jede bestimmte Ausschließlichkeitsansprüche stellt, die miteinander konkurrieren und in Loyalitätskonflikte führen können. Um diese Verhältnisse zu konzeptualisieren, bedarf es einer theoretischen Sprache, die die Psychoanalyse mit ihrer Ausrichtung auf innere psychische Strukturen nur begrenzt verfügbar hat. Es gibt sie aber in der Nachbarwissenschaft der Soziologie. Ich will mich im folgenden dieser Sprache bedienen, um die teilweise konflikthaften Verflechtungen aufzuzeigen, die zwischen der therapeutischen Beziehung und anderen sozialen Beziehungsformen entstehen können, und den Ursachen dieser Konflikte nachspüren. Nützlich sind mir dabei vor allem die Unterscheidung zwischen Primärbeziehung und Sekundärbeziehung (nach Cooley, 1902) und eine vergleichbare Einteilung, die Talcott Parsons (erstmals 1951) in seinen *Pattern Variables* vorgenommen hat.

2. Primär- und Sekundärbeziehungen – ein Rekurs auf die Sprache der Soziologie

Gestützt auf die Kategorisierung von Beziehungsmustern, wie sie Cooley und Parsons vorgenommen haben, lassen sich Primärbeziehungen und Sekundärbeziehungen global nach folgenden Kriterien unterscheiden:

Primärbeziehung	Sekundärbeziehung
affektiv	affektiv neutral
umfassend (auf die ganze Person gerichtet)	ausgegrenzt (auf eine Funktion gerichtet)
vorgegebener Status	erworbener Status
Bezug zu einer *einzigartigen* Person	Bezug auf eine Kategorie von Individuen
Beziehung als Wert an sich	zweckbestimmte Beziehung
Vorrang der Beziehung	Vorrang des einzelnen
vorherrschendes Wir-Gefühl	Vorherrschen selbstbezogener Interessen
Übergewicht informeller Kontrollmechanismen	Übergewicht formaler Kontrollmechanismen
exklusiv	Mehrfachbeziehungen möglich
auf Dauer angelegt	vorübergehend
Notwendigkeit symbolischer Außendarstellung	Außendarstellung sekundär

Abbildung 1: Primär- und Sekundärbeziehungen

Die einzelnen Unterscheidungsmerkmale lassen sich folgendermaßen beschreiben:

- Die Primärbeziehung ist affektiv getönt, während die Sekundärbeziehung sich affektiv neutral darstellt.
- Die Primärbeziehung richtet sich auf eine ganze Person, im Gegensatz zur Sekundärbeziehung, in der das Gegenüber immer nur in einem bestimmten Ausschnitt, meist einer spezifischen Funktion, erscheint. (Ein Chirurg etwa wird wegen seines professionellen Könnens aufgesucht und nicht wegen seiner persönlichen Qualitäten.)
- Der Status in der Primärbeziehung ist festgelegt, durch bestimmte Merkmale «zugeschrieben», wie die Soziologen sagen, wobei diese Merkmale sich durch individuelle Anstrengung nur ganz beschränkt beeinflussen lassen; der Status in der Sekundärbeziehung ist demgegenüber das Produkt einer persönlichen Leistung. «Ehemann» und «Vater» wären ein zugeschriebener Status, «Arzt», «Chirurg» oder auch «Psychoanalytiker» demgegenüber ein erworbener.
- Die Primärbeziehung richtet sich immer auf eine einzigartige, nicht austauschbare Person, und nicht auf Personenkategorien. Sie gilt dem Ehemann, dem Vater, und nicht allen Ehemännern oder Vätern in einer sozialen Gruppe. Dagegen sind die Rollen in der Sekundärbeziehung kategorial bestimmt: Hier treten «Patienten» und «Ärzte» oder – um noch ein anderes Beispiel zu gebrauchen – «Verkäufer» und «Käufer» zueinander in Beziehung.
- Die Primärbeziehung stellt einen Wert an sich dar, während die Sekundärbeziehung vorrangig zweckbestimmt ist.
- Die Primärbeziehung beansprucht demgemäß Vorrang vor den Interessen des einzelnen; das «wir» besitzt Priorität. Die Sekundärbeziehung dagegen kennt keine solche Einbindung in das Kollektiv; in ihr hat der einzelne Vorrang und das Verfolgen egoistischer Interessen gilt als legitim.
- In der Primärbeziehung überwiegen die informellen Kontrollmechanismen; d. h. die Partner bestimmen gegenseitig, wie sie sich kontrollieren wollen und sind dabei in ihrem Spielraum nur durch ganz globale formale Regelungen eingeengt, etwa die Verpflichtung, für ein gemeinsames Kind zu sorgen. In der Sekundärbeziehung überwiegen demgegenüber die formalen Kontrollmechanismen. Ein Arzt ist beispielsweise in seinem Verhalten dem Patienten gegenüber an strenge soziale Normen gebunden; er kann aber auch sein Honorar beim Patienten einklagen und braucht sich dabei nicht auf persönliche Händel einzulassen.
- Die Primärbeziehung ist von ihrer Natur her exklusiv und auf Dauer angelegt, während multiple und wechselnde Sekundärbeziehungen in unserer Gesellschaft als selbstverständlich gelten.
- Da die Sekundärbeziehungen in einem breiteren sozialen Rahmen definiert

sind, entfällt für sie die subjektive Notwendigkeit, sich ständig wieder neu symbolisch nach außen darzustellen. Anders die Primärbeziehung, deren Wir-Erleben immer wieder einer Resonanz von außen bedarf, um das Wir-Gefühl zu bestätigen (ebenso wie der einzelne in seiner Identitätsfindung auf zwischenmenschliche Spiegelung angewiesen ist, um eine stabile Selbstdefinition aufrechtzuerhalten). Aus diesem Grunde drängt die Primärbeziehung in aller Regel nach symbolischer Außendarstellung, durch die demonstriert werden soll, daß «man zusammengehört».

Loyalitätskonflikte – so meine These – entstehen in erster Linie zwischen Primärbeziehungen, während das gleichzeitige Bestehen von Primär- und Sekundärbeziehungen nicht zu solchen Konflikten führt. Im folgenden werde ich dies am Beispiel eines Patienten zu demonstrieren versuchen, der in einer festen Partnerbeziehung lebt und sich gleichzeitig in psychoanalytischer Behandlung befindet.

3. Partnerbeziehung und therapeutische Beziehung als miteinander konkurrierende Dyaden

An dem Beziehungsgeflecht, das wir analysieren wollen, sind drei Personen beteiligt: Der Patient (P), der Analytiker (A) und der Partner des Patienten (D). Die Struktur läßt sich in einer einfachen Abbildung darstellen (Abb. 2):

Abbildung 2

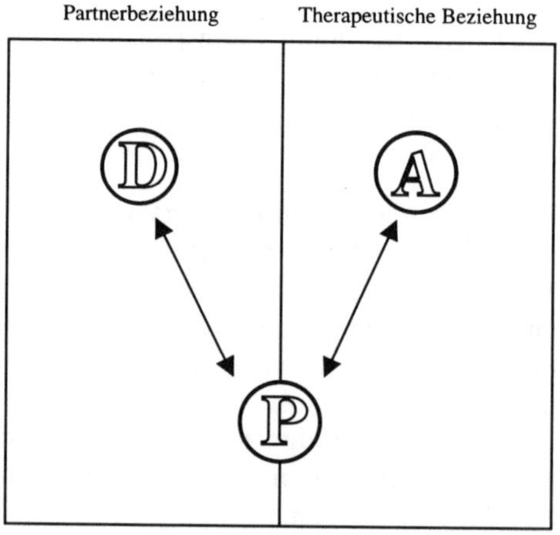

A = Analytiker
P = Patient
D = Dritter (Partner von P)

Unsere nächste Frage lautet, inwieweit es sich bei den hier dargestellten Beziehungen des Patienten P um eine Primär- oder aber um eine Sekundärbeziehung handelt. Nach den Kriterien unseres Schemas läßt sich die Partnerbeziehung ohne weiteres dem Typ der Primärbeziehung zuordnen. Schwieriger wird es mit der therapeutischen Dyade. Das therapeutische Arbeitsbündnis zwischen Psychoanalytiker und Patient, auf dem die therapeutische Beziehung aufbaut, ist eine Sekundärbeziehung: Die Behandlung dient eingegrenzten Zielen, nämlich der Heilung (bei einer Lehranalyse: der Berufsausbildung) des Patienten bzw. Analysanden. Analytiker und Patient sehen sich zu diesem Zweck in regelmäßigen Zeitabständen; der Analytiker steht dem Patienten in dieser Zeit mit seinem Fachwissen zur Verfügung; der Patient hat sich unter der Voraussetzung, daß er geheilt werden oder einen therapeutischen Beruf erlernen möchte, zur Mitarbeit verpflichtet. Er hat auch eingewilligt, die Sitzungen zu bezahlen. Gegenüber der Partnerbeziehung ergeben sich auf diesem Hintergrund keine Konflikte. Ein Konflikt könnte nach unserem Schema erst dann entstehen, wenn die Sekundärbeziehung eine mehr oder weniger klare Umdefinition erfährt, in der ihr Eigenschaften der Primärbeziehung zugeschrieben werden, wie etwa in dem Schlager, in dem es heißt: «Heirate doch dein Büro!»

Genau dieser Mechanismus kommt jedoch in der therapeutischen Beziehung zwischen Analytiker und Analysand zum Tragen. Denn die analytische Beziehung erschöpft sich bekanntlich nicht im Arbeitsbündnis, sondern impliziert eine Übertragungsbeziehung. In der Übertragung, die der Patient ganz real erlebt, auch wenn sie auf früher erlebte Konflikte zurückgeführt werden kann (Weiss 1982), wird der Analytiker nach dem Muster einer Primärbeziehung besetzt. Damit entsteht eine Konstellation, wie sie in Abbildung 3 dargestellt ist:

Abbildung 3

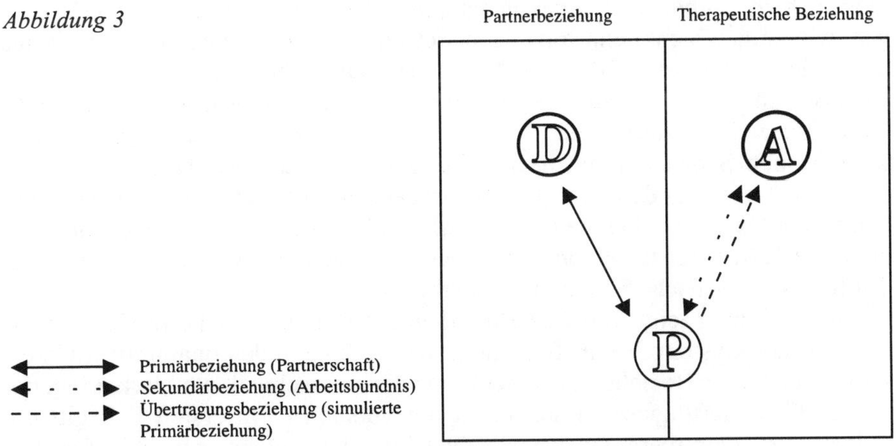

In Abbildung 3 unterhalten P und A eine reziproke Sekundärbeziehung; parallel dazu erlebt der Patient eine Primärbeziehung zu A, die ganz bestimmte Eigenschaften aufweist, welche sie zwangsläufig in eine Konkurrenzsituation mit der Partnerbeziehung des Analysanden, dem System D/P in unserem Schema, bringen müssen. Wir müssen uns dazu nochmals kurz vergegenwärtigen, unter welchen Bedingungen Primärbeziehungen untereinander in Konflikt geraten können. Primärbeziehungen richten sich grundsätzlich auf die ganze Person der Beziehungspartner, von denen sie gleichzeitig eine entsprechende Loyalität verlangen. In dieser Definition ist der Konflikt mit gleichartigen Parallelbeziehungen bereits angelegt. Ein Beziehungspartner, der solche Parallelbeziehungen unterhält, muß aus diesem Grunde Prioritäten schaffen und diese auch nach außen erkennbar machen. In unserer Kultur ist es in aller Regel die Partnerbeziehung, die einen solchen Prioritätsanspruch stellt. Die Schwierigkeiten eines Ehemannes etwa, der sich noch eng an seine Mutter gebunden fühlt und diese deshalb jeden Sonntag unter Hintanstellung der Interessen von Frau und Kindern besucht, sind voraussagbar. Sie hängen mit der Tatsache zusammen, daß einer der Beziehungspartner sich hier dem Prioritätsanspruch der Partnerbeziehung verweigert und der Beziehung zu seiner Mutter den Vorrang gibt. Ist dagegen klargestellt, daß die Schwiegermutter nur dann besucht wird, wenn auch die Ehefrau dies wünscht und mit ihren sonstigen Erwartungen an den Partner als vereinbar empfindet, wird sich der sprichwörtliche Schwiegermutterkonflikt in Grenzen halten und das Wochenende kann für alle Beteiligten vielleicht sogar erfreulich verlaufen.

Leider ist aber dieser relativ einfache Weg der Konfliktvermeidung zwischen der Partnerbeziehung des Analysanden und seiner therapeutischen Beziehung nicht ohne weiteres beschreitbar. Denn hier ist es die therapeutische Beziehung, die absolute Priorität beansprucht. Der Anspruch gilt als legitim, weil er dem Ziel der Analyse, nämlich der Heilung des Patienten, dient. Diese Zielsetzung hat Vorrang auch gegenüber den Interessen der Partnerbeziehung; D muß also zurückstehen, will er sich nicht dem Vorwurf aussetzen, aus egoistischen Motiven heraus die Heilung von P zu sabotieren. D ist aber auch noch aus anderen Gründen in einer benachteiligten Situation. Sie hängt mit dem besonderen Charakter der Übertragungsbeziehung zusammen. D konkurriert mit dieser Übertragungsbeziehung wie mit einem Schatten. Denn die psychoanalytische Situation ist nach außen nicht als Primärbeziehung definiert; die Primärbeziehung verläuft – wenn man so will – unter der Decke des therapeutischen Arbeitsbündnisses, das als Sekundärbeziehung eine Konkurrenzsituation zum System D/P eigentlich ausschließt. Abbildung 4 soll diese spezifische Situation verdeutlichen.

Die Abbildung zeigt, daß die Partnerdyade D/P auf zweifache Weise zum therapeutischen System A/P in Beziehung tritt (ich habe den qualitativen Unterschied der beiden Beziehungsmuster durch die unterschiedliche Markierung der beiden Orientierungspfeile auszudrücken versucht). Im ersten Fall gilt die Orientierung dem therapeutischen Arbeitsbündnis, welches dem Ziel der Heilung des Patienten dient und sekundären Charakter hat. Konflikte zwischen D/P und A/P sind in diesem Bereich ausgeschlossen. Daneben reagiert D/P aber auf die analytische Beziehung A/P als einer Übertragungsbeziehung, die alle Eigenschaften einer affektiven und emotional hoch bedeutsamen Primärbeziehung aufweist. Der Realitätscharakter dieser Beziehung ist in doppelter Weise schillernd: P erlebt real eine Primärbeziehung, obwohl er in der Regel weiß, daß es sich um eine Sekundärbeziehung handelt. Das Leiden des Patienten an

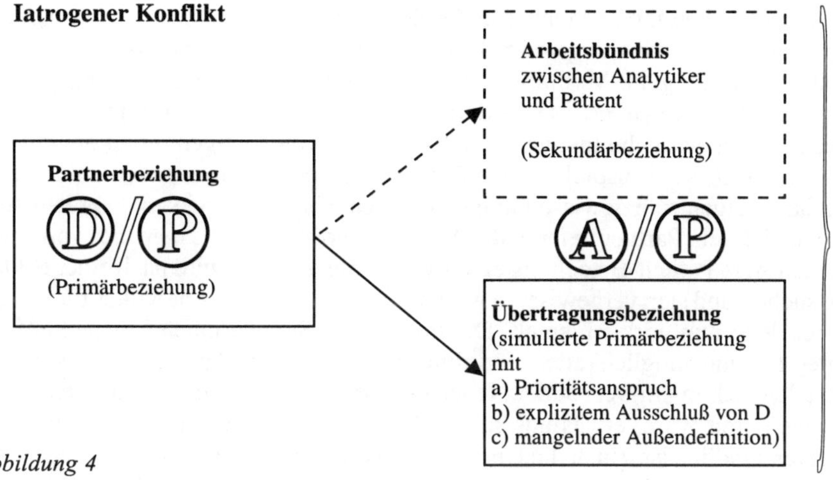

Abbildung 4

genau diesem Widerspruch kommt in der psychoanalytischen Behandlung bekanntlich immer wieder zur Sprache. Die hier geschilderte Primärbeziehung ist *nicht nach außen definiert.* Sie verläuft unter explizitem Ausschluß von D. Das Stichwort «Verbot von Nebenanalysen», das Analytiker und Patient meist bereits im Vorgespräch vereinbart haben, bekräftigt diesen Ausschluß. Und sie stellt einen Prioritätsanspruch, der sich mit der Zielsetzung «Heilung» des therapeutischen Arbeitsbündnisses legitimiert und damit indirekt auch den Vorrang der Übertragungsbeziehung gegenüber der Partnerbeziehung abstützt.

In diesem Bereich nun muß eine massive Konkurrenzsituation zwischen D/P und A/P entstehen, die man getrost als iatrogen induziert bezeichnen kann. Wichtig ist, daß es sich dabei um einen strukturellen Konflikt handelt, der sich nicht auf psychopathologische Reaktionsmuster der Beteiligten reduzieren läßt. Wir wollen unter diesem Gesichtspunkt zunächst die Lage von D betrachten.

4. Konflikte, die mit der Ausklammerung des Dritten entstehen

Der Dritte (D) befindet sich in einer Lage, wie sie vielleicht eine Ehefrau erlebt, der ihr Mann mitteilt, er müsse dreimal in der Woche leider länger abends im Büro mit seiner Sekretärin arbeiten, weil dies für seine weitere Karriere unumgänglich notwendig sei. Die Ehefrau kann gegen ein solches Ansinnen nicht legitim protestieren, ohne in den Verdacht zu geraten, die Karriere ihres Mannes aus egoistischen Motiven heraus behindern zu wollen. Gleichzeitig sagt ihr aber vielleicht ihr Gefühl, daß an diesem Arrangement etwas nicht stimmig ist. Ihr Mann kommt spät am Abend nach Hause zurück und wirkt dabei häufig irgendwie verändert: geistesabwesend, gereizt, euphorisch, jedenfalls in einer Stimmungslage, die mit nüchterner Büroarbeit nur schwer zu vereinbaren ist. Sie bekommt den Verdacht, daß sich zwischen ihrem Mann und der Sekretärin vielleicht noch etwas anderes abspielt als die Abwicklung von Schriftverkehr. Man kann sich denken, wie diese Geschichte weitergeht. Vermutlich wird die Ehefrau über kurz oder lang versuchen, sich zu vergewissern, sei es durch eine klare Aussprache mit ihrem Mann, sei es durch persönliche Inaugenscheinnahme der verdächtigen Situation.

Wenn wir dieses Beispiel auf den Partner D unseres Analysepatienten übertragen, dann zeigen sich gewisse Parallelen. Auch er spürt aus vielen diskreten Anzeichen, daß sein Partner tiefer in die Analyse involviert ist, als man dies von einer üblichen Arzt-Patient-Beziehung erwarten könnte. Auch er wird nach einer Erklärung suchen und sich vergewissern wollen, welche Rolle der Analytiker für seinen Partner denn nun wirklich spielt. Die in unserem Sekretärinnen-Beispiel aufgezeigten Lösungsmöglichkeiten sind ihm jedoch versperrt. Die Aussprache mit P wird allein schon am Verbot der Nebenanalyse scheitern, selbst wenn dieser von sich aus bereit wäre, etwas aus seiner Analyse preiszugeben, was keineswegs selbstverständlich ist. Auch die Überzeugung durch persönlichen Augenschein ist D verwehrt, hat er doch – um in unserem Bild zu bleiben – zum Sprechzimmer des Analytikers keinen Schlüssel. Gewährt ihm der Analytiker mit dem Einverständnis seines Patienten ein Gespräch (auch dies ist nicht selbstverständlich), dann trifft er dabei auf den Analytiker, der mit dem Analysanden in einem Arbeitsbündnis steht, und nicht auf die phantasierte Übertragungsfigur, mit der der Lebenspartner sich vielleicht gerade emotional auseinandersetzt. Die Doppelbödigkeit der Situation bleibt also auch bei einer möglichen Kontaktaufnahme zwischen D und A grundsätzlich erhalten. Wie kann D reagieren?

Vermutlich wird die mit der Analyse des Partners verbundene Hoffnung auf Heilung bei D früher oder später einer emotionalen Verunsicherung Platz machen. In dieser Verunsicherung bleibt D auf sich allein gestellt, es sei denn, er sucht sich seinerseits einen Analytiker – ein Lösungsversuch, der den hier geschilderten Beziehungskonflikt in der Regel weiter kompliziert, da nunmehr drei Primärbeziehungen auf immer weniger durchschaubare Weise miteinander in Konkurrenz geraten. Lassen wir diesen Ausweg, der sich nach meiner Erfahrung oft als Sackgasse erweist, einmal außer Betracht, dann sehen wir D in der Situation, in der er – sozusagen per Reaktionsbildung – versuchen muß, seine Phantasie vom Analytiker seines Partners als professionellem Experten festzuhalten, an ihn zu «glauben». Der Volksmund sagt: «Glauben heißt, nichts wissen» und trifft, wie gewöhnlich, auch hier ins Schwarze. D *kann* nichts wissen und muß deshalb – wie stets in solchen Situationen – zu Glaubenssätzen greifen, die zumindestens angstmindernd wirken. Wenn dies nicht oder nicht auf Dauer gelingt, entstehen Verunsicherungen, die häufig mit einem Gefühl der Bedrohung ohne faßbaren Gegner gekoppelt sind.

Bekanntlich ist dies der typische Nährboden für sensitive bis hin zu paranoiden Reaktionen. Angst und Aggression suchen sich dabei ein Projektionsziel, man könnte auch sagen: einen Sündenbock. Der Kampf mit dem auf diese Weise geschaffenen Gegner mindert die diffuse Spannung und bindet Angst. Gleichzeitig wird die Situation auf der kognitiven Ebene wieder stimmig und

Unsicherheit und quälende Grübelei lassen sich in subjektiv sinnvolle Aktion überführen. Es handelt sich dabei um ein ubiquitäres Reaktionsmuster, von dem wir vermuten können, daß es auch bei D auftritt. Dies bedeutet, daß D früher oder später feindselig auf die analytische Beziehung seines Partners reagiert, den Analytiker als Rivalen oder sogar als bösartigen Gegner empfindet und beginnt, ihn zu bekämpfen. Mit diesen feindseligen Reaktionen setzt er sich jedoch zwangsläufig ins Unrecht, denn die (grundsätzlich nicht zu leistende) Beweislast liegt auf seiner Seite. Hinzu kommt, daß er den phantasierten Gegner, nämlich A, in der Regel nicht erreicht. Sein Gesprächspartner in diesem Konflikt ist einzig und allein P. Der Konflikt muß also real mit P ausgetragen werden und erreicht A nur indirekt, nämlich auf dem Umweg über P, der seine Erlebnisse mit D in der Analyse schildert. In dem Dreieck zwischen D, P und A (denn um ein solches handelt es sich) existieren also vorgegebene Kommunikationsbahnen, die den Austragungsmodus des Konfliktes bestimmen.

5. Der vorgebahnte Austragungsmodus des Konflikts

Abbildung 5 zeigt die Kommunikationsbahnen, auf denen der Konflikt zwischen Partnerbeziehung und therapeutischer Dyade ausgetragen wird, aber auch, an welcher Stelle diese Austragung unterbrochen wird.

Bei der Betrachtung dieser Abbildung sehen wir, daß zwischen D und P ebenso wie zwischen P und A eine emotional bedeutsame Kommunikation besteht, wobei die Mitteilungen von D über P an A gelangen. D selbst erreicht den Analytiker (A) nicht; seine auf ihn gerichteten Emotionen können sich wegen der Exklusivität der analytischen Beziehung also nicht in verbale Kommunikation

Abbildung 5

Kommunikationsbahnen für die Austragung des Konflikts

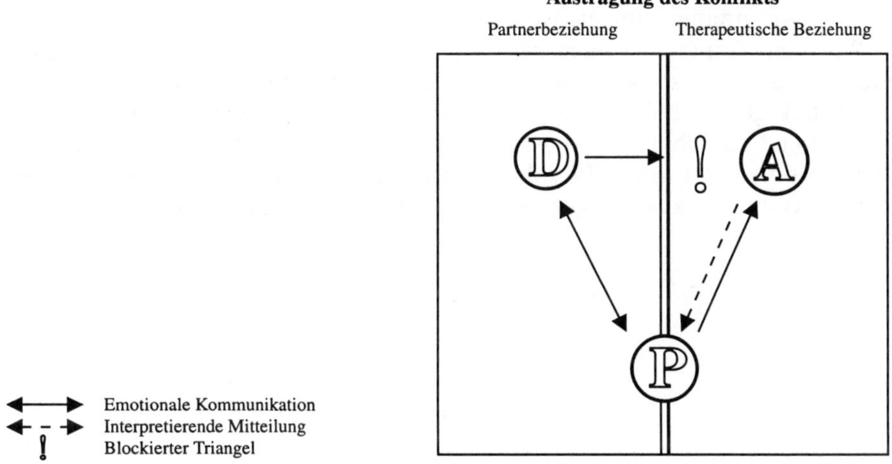

gegenüber A übersetzen. A seinerseits reagiert in unserem Modell formal lediglich auf P. Die Kommunikation zwischen P und A ist dabei insofern asymmetrisch, als A seinerseits die stark affektbesetzten Mitteilungen von P interpretiert, d. h. deutend (also affektneutral) beantwortet. (Wir setzen voraus, daß der Analytiker seine Gegenübertragungs-Reaktionen kontrollieren kann, so daß diese nicht unreflektiert in die Deutung einfließen.)

Früher oder später steht der Analytiker damit auch vor der Aufgabe, den Konflikt zwischen D und P zu interpretieren. Daß dies eine Situation ist, die auch für den bemühtesten Analytiker eine ganze Reihe von Fallstricken bereit hält, dürfte unmittelbar einleuchten. Zunächst kennt A den zu definierenden Konflikt ausschließlich aus der Schilderung von P. P aber ist Partei und oft gleichzeitig in einen tiefen Loyalitätskonflikt zwischen seinem Partner und seinem Analytiker verstrickt. Auch bei absoluter Offenheit könnte er zudem den Konflikt nur so darstellen, wie er ihn erlebt. A interpretiert also zwangsläufig einen Konflikt, den er eigentlich nicht kennt, zumindest nie als neutraler Beobachter mitverfolgen konnte. Er kennt auch nicht die eingefahrenen Kommunikationsmuster zwischen D und P, die in der Regel von den Beteiligten selbst nicht durchschaut und von P in der Analyse deshalb auch nicht problematisiert werden können. Das bedeutet, daß der Konflikt «draußen», nämlich in der Partnerbeziehung, weiter schwelt, obwohl P in der Analyse seinen möglichen Anteil an dem Konflikt vielleicht sogar ganz bereitwillig bearbeitet. Das Fortbestehen des Konflikts drängt nach Erklärung. Die Versuchung, sie bei D zu suchen, liegt auf der Hand. Der Analytiker steht zusätzlich vor dem Dilemma, daß er mit der Interpretation des Konfliktes zwischen P und D zwangsläufig D mitanalysiert – eine *Analyse ohne Arbeitsbündnis*, wie wir in diesem Fall eigentlich sagen müßten. D kann nicht dazu Stellung nehmen. Was er häufiger erlebt, ist statt dessen, daß sein Partner in der Beziehung plötzlich neue Wertmaßstäbe und Normen setzt, die innerhalb der Analyse ausgehandelt wurden, nicht mit, sondern aus seiner Sicht häufiger eher gegen ihn. Wehrt er sich, wird der Konflikt möglicherweise in einer Art circulus vitiosus weiter eskalieren.

Wenn wir den (sicher nicht ganz seltenen) Fall ausklammern, daß P seinem Partner eigentlich schon längst eins auswischen wollte, sich dazu aber allein nicht stark genug fühlte und nun im Bund mit seinem Analytiker heimlich triumphierend die Ohnmacht des Partners genießt, dann sehen wir P dabei aber auch in einem oft tiefen Loyalitätskonflikt. Mit den Möglichkeiten, diesen Loyalitätskonflikt auszutragen, wollen wir uns im letzten Abschnitt dieses Kapitels befassen.

6. Lösungsmuster des Loyalitätskonflikts

Wenn man die Lösungsmöglichkeiten für den Loyalitätskonflikt von P zwischen seiner therapeutischen und seiner Partnerbeziehung theoretisch durchzuspielen versucht, dann gelangt man zu einem Modell, wie es in Abbildung 6 dargestellt wird.

	Strategien	Verhalten
1	Regression auf eine konfliktfreie Ebene in *beiden* Systemen	Patient als schutzbedürftiges geliebtes Kind
2	Depressiver Rückzug aus *beiden* Systemen	Depression, Apathie, Suizidalität, Autismus
3	Libidoabzug aus *einem* System	Ritualismus: «Widerstand» bzw. Liebesentzug
4	Realer Rückzug aus *einem* System	Trennung/Scheidung, Therapieabbruch
5	Spaltung zwischen *beiden* Systemen	Agieren gegenüber einem guten und einem bösen Objekt
6	Reformveruch gegenüber *einem* System, Aussöhnung	Werben um Veränderung bei D/ Übergang zur Paartherapie

Abbildung 6: Lösungsmuster für den Loyalitätskonflikt von P

Die hier dargestellten Strategien für die Lösung des Loyalitätskonflikts von P lassen sich wie folgt beschreiben:

1. *Regression auf eine konfliktfreie Ebene in beiden Systemen.* Der Patient vermeidet den Konflikt, indem er weiter regrediert und unter Aufhebung der Differenzierung zwischen Partner und Analytiker beide als nährende und bergende Mütter erlebt, während er die Aggression auf eine böse Außenwelt projiziert. In dieser Lösung verschwimmen die beiden prinzipiell konkurrierenden Primärbeziehungen zu einer allumfassenden symbiotischen Einheit; aus dem Konflikt wird Harmonie.

2. *Depressiver Rückzug aus beiden Systemen.* Der Patient tritt vor dem schuldhaft erlebten Loyalitätskonflikt den inneren Rückzug aus beiden Beziehungen an und verfällt in Depression, Apathie, Suizidalität, Autismus (eine denkbare, wenn auch vermutlich seltene Lösung).

3. *Libidoabzug aus einem System.* Der Patient reagiert mit Libidoabzug aus einem System, an dem er zwar äußerlich weiter partizipiert, innerlich aber nicht mehr beteiligt ist. Das Verhalten bekommt rituellen Charakter (vgl. Merton 1949). Ritualisierte Beteiligung an der analytischen Beziehung heißt Widerstand, der dem Patienten vom Analytiker entsprechend interpretiert wird. Widerstandsbearbeitung und Übertragung führen – zumindest nach meiner Erfahrung – dazu, daß es häufiger die Partnerbeziehung ist, von der die Libido abgezogen wird. Für den Partner bedeutet dies Abwendung und

Liebesentzug; seine folgerichtigen Reaktionen sind Enttäuschung, Vorwurf und Verlustangst mit allen sich daraus ergebenden Konsequenzen.

4. *Realer Rückzug aus einem System.* Die weitergehende Lösung ist der äußere Rückzug aus einem der beiden konkurrierenden Systeme. Konkret bedeutet dies entweder Therapieabbruch oder Trennung bzw. Scheidung. Insbesondere Lehranalysanden scheinen in dieser Situation eher zur Trennung vom Partner zu neigen. Es könnte sein, daß in einer langen Lehranalyse die Partnerwahl radikaler in Frage gestellt wird als in der therapeutischen Analyse. Der Abbruch der Analyse würde für den Lehranalysanden darüber hinaus den Verzicht auf die angestrebte Berufskarriere bedeuten. Demgegenüber wird ihm das Opfer der Partnerbeziehung sozusagen mit einer neuen professionellen Identität vergolten, vielleicht mit einer besseren Identität überhaupt.

5. *Spaltung zwischen den beiden Systemen.* Der Patient kann auf den Loyalitätskonflikt aber auch mit einem Spaltungsmechanismus reagieren, bei dem die beiden konkurrierenden Beziehungen derart unterschiedlich besetzt werden, daß dem Loyalitätskonflikt die Basis entzogen wird. In der Regel wird dabei der negative Anteil der Ambivalenz auf die Partnerbeziehung projiziert, der positive auf die Analyse. Dies hängt mit der früher bereits erwähnten «Überlegenheit» des psychoanalytischen Settings zusammen, in welchem der Patient auf ein empathisches, permissives, verläßlich verfügbares Objekt trifft, das selbst keine Ansprüche an P stellt. Diese Konstellation ist nur unter den Bedingungen des psychoanalytischen Settings denkbar und in der Partnerbeziehung, wo D als eigenständiges Objekt in Erscheinung tritt, selten auch nur annähernd realisiert. Von daher gilt die positive Übertragung des Patienten oft über lange Strecken dem Analytiker, während die negative Übertragung beim Partner landet. Ebenso werden Näheängste unter diesen Bedingungen eher mit dem Partner ausagiert, während die Sehnsucht nach Nähe auf den Analytiker übertragen wird, von dem der Patient weiß, daß dieser ihn mit Sicherheit nicht in der befürchteten Weise festhält, sondern sogar erwartet, daß er, der Patient, sich nach 50 Minuten ohne Widerspruch verabschiedet. Aus den gleichen Gründen dürfte der Analytiker eher eine idealisierende Übertragung auf sich ziehen, während die davon abgespaltene Aggression auf den Partner projiziert wird. Ich möchte auch diese (häufige) Form der Übertragungsspaltung in Abbildung 7 veranschaulichen.
Die behandlungstechnischen Überlegungen, die sich aus dieser Darstellung ergeben, erinnern an die Kontroverse zwischen Kohut (1971, 1977) und Kernberg (1975) über den Umgang mit der idealisierenden Übertragung. Kohuts Vorschlag ist, die idealisierende Übertragung in der psychoanalytischen Behandlung über eine längere Zeit nicht zu hinterfragen, um dem Patienten auf diese Weise Gelegenheit zu einer nachholenden Verinnerlichung zu geben. Folgt man Kernberg, geht dieser Umgang mit der idealisierenden Übertragung oft auf Kosten eines Dritten, auf den die mit der Idealisierung unverträgliche massive Aggression projiziert wird. Kernberg schlägt deshalb

Abbildung 7

Vermeidung der Dreiecksbeziehung durch Spaltung

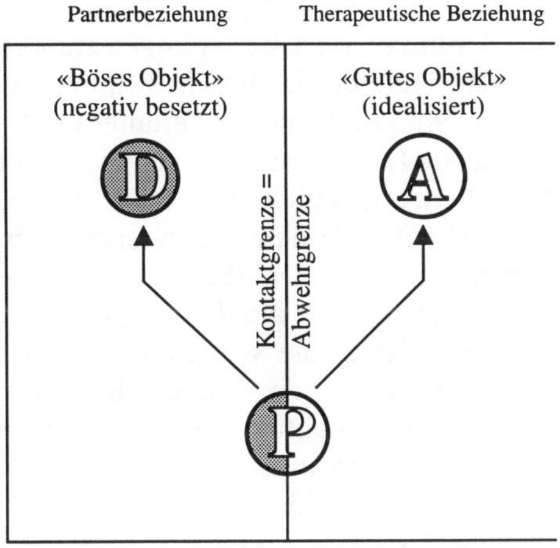

vor, daß der Analytiker sich aktiv um die projizierte aggressive Übertragung kümmern und sie in die analytische Beziehung zurückholen müsse, weil der Patient selbst wenig Anlaß habe, diese für ihn oft mit hoher Befriedigung verbundenen Projektionen in Frage zu stellen.

6. *Versöhnung der beiden Systeme.* P kann versuchen, die konkurrierenden Systeme soweit einander anzunähern, daß eine Aussöhnung möglich ist. Er kann z. B. die positiven Anstöße, die er in der Analyse erfährt, auf so werbende Weise an D weitergeben, daß dieser das Gefühl bekommt, auch selbst von der Veränderung seines Partners zu profitieren. D kann auf diese Weise wieder anfangen zu vertrauen, wo er vielleicht sonst über längere Zeit nur eine vage Bedrohung spürte. Wenn dies gelingt, wird der Loyalitätskonflikt hinfällig. Die therapeutische Beziehung tritt in den Dienst der Partnerbeziehung, der therapeutische Erfolg bewirkt auch deren Konsolidierung.
P kann einen solchen Versöhnungsversuch grundsätzlich aber auch innerhalb der analytischen Beziehung starten und zum Beispiel zu erreichen versuchen, daß das dyadische Setting in eine Paartherapie überführt wird. Die reale Einbeziehung von D in das therapeutische Dreieck bringt den Loyalitätskonflikt ebenfalls zum Verschwinden. D kann sich dann, anstatt mit dem Analytiker zu konkurrieren, mit ihm und seinen Zielsetzungen identifizieren, so wie auch P dies tut. Man könnte auch sagen, daß die Dreierkonstellation hier aufgelöst wird, weil D im Rahmen der Paartherapie ebenfalls zum Patienten wird und insofern nicht mehr um die Priorität der Partnerbeziehung gegenüber der therapeutischen Beziehung kämpfen muß. Beide Strategien führen zu einer Aussöhnung der bislang konkurrierenden Systeme.

7. Schlußbetrachtungen.

Am Schluß dieser Überlegungen zur «Dyade als Illusion» steht das Eingeständnis, daß viele der in diesem Kapitel aufgeworfenen Fragen unbeantwortet geblieben sind und eine im Zeitalter der System- und Chaostheorie nicht mehr zu leugnende Herausforderung an die Theorie der psychoanalytischen Behandlung darstellen, aber auch eine Chance für die konstruktive Auseinandersetzung mit den bis heute oft uneingestandenen Prämissen, auf denen die psychoanalytische Behandlung ruht. Die therapeutische Beziehung ist keine Dyade, sondern eingebettet in eine soziale Realität, mit der sie in einem ständigen Austausch steht. Sie hat lediglich die Wahl, dies zu registrieren oder zu verleugnen. Die Beunruhigung, die mit der Einbeziehung der sozialen Realität verbunden ist, kann deshalb auch fruchtbar sein; sie erscheint mir überdies die zum gegenwärtigen Zeitpunkt einzig annehmbare Alternative gegenüber einer in jeder Hinsicht trügerischen Scheinlösung, wie man sie in der Antwort des Rabbi in einer der «Maghrebinischen Geschichten» findet:

> Da soll eine Hochzeit stattfinden, aber die Brauteltern sind arm. Sie haben nur einen Hahn und eine Henne, und eines der beiden Tiere soll zum Hochzeitsschmaus geschlachtet werden. Die Bauersleute geraten nun in Konflikt. Sie überlegen: «Schlachten wir die Henne, grämt sich der Hahn. Schlachten wir den Hahn, grämt sich die Henne.» Sie finden keine Lösung, so sehr sie auch beide Möglichkeiten gegeneinander abwägen. Schließlich schicken sie einen reitenden Boten zum Rabbi, der entscheiden soll. Der Bote kommt zurück und wird gleich mit der Frage überfallen: «Was hat der Rabbi gesagt? Was sollen wir tun?» – «Der Rabbi», berichtet der Bote, «der Rabbi hat gesagt: Schlachtet den Hahn!» – «Aber», meinen die Bauersleute aufgeregt, «hast Du ihm denn unser Problem nicht erklärt: Schlachten wir die Henne, grämt sich der Hahn; schlachten wir den Hahn, grämt sich die Henne?» – «Hab' ich dem Rabbi gesagt», meint der Bote, «und Rabbi hat gesagt: ‹Soll sich grämen!›»

Kapitel 12
Zeitbegriff und Zeitbegrenzung in der Psychotherapie

Im letzten Kapitel möchte ich menschliches Erleben und Handeln mit der Kategorie der «Zeit» in Verbindung bringen und insbesondere der Frage nachgehen, wie Menschen sich zwischen der Illusion der Zeitlosigkeit und dem Wissen um die zeitliche Beschränkung ihres Lebens einrichten und dabei manchmal auch eine psychoanalytische Therapie aufsuchen. Das Erleben der Zeit hängt mit Abschied zusammen. Ich habe das Thema «Zeit» deshalb auch hier an das Ende des Buches gestellt – eines Buches, das für mich gleichzeitig eine Bestandsaufnahme darstellt, das eng mit meinem bisherigen Leben als Psychoanalytikerin verbunden ist. Es verkörpert insofern, wenn man so will, auch etwas von meiner eigenen Lebenszeit. «Zeit» bekommt vor diesem Hintergrund eine existentielle Dimension, die sich mit der Frage nach ihrer Rolle innerhalb der psychoanalytischen Therapie nur unvollkommen zur Deckung bringen läßt. Bei näherem Zusehen kommt sie aber gerade in der psychoanalytischen Therapie nicht zuletzt in dieser existentiellen Weise zum Tragen. Wie sie dies tut, will ich in diesem Kapitel zeigen.

1. Objektive (gemessene) und subjektive (erlebte) Zeit

Innerhalb der psychoanalytischen Psychotherapie gibt es eine Reihe von Bezeichnungen, die eine Therapie ausdrücklich als «kurz» beschreiben. Insbesondere gilt dies für die «psychoanalytische Kurztherapie», deren Titel unmittelbar auf ihre zeitliche Begrenzung hinweist. Damit wird ein Zeitmaß eingeführt, wie wir es unter anderem aus der Vorstellung von «kurz» im Gegensatz zu «lang», «vorübergehend», «von geringer Dauer» kennen, oder auch von «zu kurz», wie etwa in der Redewendung «zu kurz kommen». Gleichzeitig bleibt merkwürdig unklar, welches der Zeitmaßstab ist, mit dem hier gemessen wird, wer ihn verordnet, wie er die Therapie beeinflußt und welche subjektive Bedeutung er für die Beteiligten, also Patient und Therapeut, besitzt. Um diese Frage zu beantworten, möchte ich mich im folgenden zunächst der Unterscheidung von objektiver und subjektiver, man könnte auch sagen: von gemessener und erlebter Zeit zuwenden.

Das, was wir «Zeit» nennen, ist weder eine apriorische Gegebenheit der Menschennatur, wie etwa Kant meinte, noch eine immanente Eigentümlichkeit der nicht-menschlichen Natur, sondern ein sozialer Tatbestand, eine menschliche Syntheseleistung, deren heutige Ausgestaltung das Resultat der Tätigkeit vieler Generationen ist, die wir als «Zeitbestimmen» bezeichnen können. Mit dieser Feststellung von Elias (1984) wird der Zeitbegriff seiner Verdinglichung entkleidet, die ihm mit jenen Substantiven verliehen wird, mit denen wir von der Zeit sprechen, die vergeht, verrinnt, stillsteht, die knapp oder im Überfluß vorhanden ist, die uns drängt und die besser oder – dies häufiger – schlechter werden kann. In der modernen Industriegesellschaft verfügen wir über ein so feingegliedertes Raster von ineinandergreifenden Zeiteinheiten (von Jahren, Monaten, Tagen, Stunden bis hin zu Mikrosekunden), das unser ganzes Leben umspannt und der Zeit eine unentrinnbare Allgegenwart verleiht, daß wir kaum umhin können, «Zeit» als eine selbständige, d. h. unabhängig vom Menschen existierende Gegebenheit zu erfahren (Elias 1984). Daß wir so anonymen Instrumenten wie Kalendern und Uhren erlauben, unsere Zeit zu bestimmen und unser Leben in Abschnitte zu zerteilen, ist jedoch ebenso Resultat einer sozialen Übereinkunft, wie wir das heute von primitiven Gesellschaften wissen, in denen häufig Priestern die Aufgabe des Zeitbestimmens übertragen war, und wo aus der Beobachtung von Sonnen- und Mondzyklen abgelesen wurde, wann die «rechte Zeit» für wichtige Tätigkeiten wie Aussaat und Ernte gekommen war (Elias 1984). Auch bei einem so selbstverständlichen Datum wie dem Jahresanfang am 1. Januar handelt es sich keineswegs um einen natürlichen Einschnitt in den Fluß der Jahreszeiten, sondern um eine soziale Übereinkunft, die von Karl IX. mit seinem Edikt im Jahre 1566 durchgesetzt wurde. Vorher begann das Jahr üblicherweise an Ostern (Elias, a. a. O., S. 21 ff.).

«Zeit», die eine sinnlich nicht wahrnehmbare Größe darstellt, wird von Menschen also offensichtlich zu einem äußeren Objekt vergegenständlicht und als solches dann auch vermessen. In der Sprache der Psychoanalyse bedeutet dies, daß wir unser subjektives Zeiterleben in die Außenwelt projizieren, wo es uns dann als «äußere Zeit» entgegentritt. Zeit ist eine Funktion des Bewußtseins, die mit der Wahrnehmung einer Veränderung außerhalb des eigenen Selbst beginnt (vgl. Hartocollis 1983, S. 58). In der Regel nehmen wir den Wandel deshalb außerhalb unserer selbst wahr, während wir unser Selbst als konstant erleben. Wir sehen, wie die Zeit verstreicht, empfinden sie als beschleunigt oder verlangsamt, wünschen ein Ereignis herbei, usw. In all diesen psychischen Akten nehmen wir selbst den festen, scheinbar unveränderlichen Standpunkt des Betrachters ein und registrieren Veränderungen «draußen». Das gilt sowohl für unser Erleben der *Zeit als Dauer* als auch der *Zeit als Perspektive* (Hartocollis, S. 8 ff.). Wir können eine Zeitspanne subjektiv als «kurz» oder «lang» erleben, z. B. eine endlose Zeit des Wartens oder glückhafte Stunden, die wie im Flug vergehen – Lebensspannen, die sich nach objektiver Zeitmessung über einen jeweils gleichen Zeitraum erstrecken können. Ähnliches gilt für unser Erleben der *Zeit als Perspektive,* mit der wir unser Denken und Handeln einem Vorher, Jetzt und Nachher zuordnen, also bestimmen, was Vergangenheit, Gegenwart und Zukunft ist. Auch hier handelt es sich um eine Form der Zeitbestimmung, mit der wir willkürliche Einschnitte in den kontinuierlichen Fluß der Ereignisse um uns herum vornehmen (Loewald 1976; Hartocollis 1983) und auf diese Weise Realität konstruieren. In dieser Realität tritt uns Zeit dann als äußeres, soziales Dressat entgegen, als Zeit, die uns zugemessen ist und die jederzeit in Kontrast zu unserem subjektiven Zeiterleben treten kann, das sich sehr viel stärker am Lustprinzip, man könnte auch sagen: am Augenblick, orientiert.

2. Die Frage nach dem objektiven Zeitmaßstab in der klassischen Psychoanalyse und in der Kurztherapie

Die Maßstäbe, nach denen im klinischen Alltag eine Psychotherapie «kurz» erscheint, sind unterschiedlich, häufig mehrfach determiniert und selten explizit. Mancherorts spricht man automatisch von «Kurztherapie», wenn die Zahl der Sitzungen durch das Setting (beispielsweise die Dauer eines Klinikaufenthaltes oder die derzeit gültige Kassenregelung für tiefenpsychologisch fundierte Psychotherapie, d. h. fünfzig, maximal achtzig Sitzungen) limitiert ist. Manchmal erscheint eine Psychotherapie auch kurz, wenn man die jeweils verfügbaren zeitlichen Möglichkeiten mit der Schwere der Erkrankung des Patienten und dem damit verbundenen Therapieziel vergleicht. Kurzpsychotherapie erscheint dann oft als «Notbehelf» (Beck 1974, S. 52). Daran knüpft sich die bis heute immer wieder aufgeworfene und kontrovers diskutierte Frage der Indikation zur Kurztherapie, die manche Autoren auf leichter erkrankte Patienten mit einem umschreibbaren neurotischen Konflikt eingegrenzt sehen wollen, während andere diese Einschränkung eher hinterfragen.

Der wichtigste, bis heute immer noch gültige und scheinbar objektive Vergleichsmaßstab für die Bezeichnung einer Psychotherapie als «kurz» ist das *psychoanalytische Standardverfahren,* von dem sich die ersten Ansätze einer psychodynamisch orientierten Kurztherapie ableiten. Es handelt sich dabei um eine Therapieform, in der es keinen eingegrenzten Fokus gibt; das Ziel ist vielmehr die Entfaltung eines länger dauernden, regressiven therapeutischen Prozesses, in welchem der Patient seine neurotischen Konflikte in der Übertragung auf den Psychoanalytiker wiederbelebt und durcharbeitet. Wann ein solcher Prozeß wirklich beendet ist, ist auch unter Psychoanalytikern bis heute umstritten (Bach u. Rohde-Dachser 1985; Cremerius 1990). Viele unter ihnen neigen der Auffassung zu, daß der analytische Prozeß keinesfalls von außen, sozusagen künstlich, unterbrochen oder limitiert werden sollte; nur dann sei gewährleistet, daß sich die Übertragungsneurose voll entfalten und schließlich auflösen könne und der Prozeß damit einem quasi natürlichen Ende entgegensteuere. In seinem berühmten Essay über «Endliche und unendliche Analyse» (Freud 1937) bezeichnete Freud jede Limitierung des Prozesses als «erpresserische Maßregel» (S. 62), die manchmal allerdings auch sinnvoll zum Nutzen des Patienten eingesetzt werden könne.

An solchen Vorstellungen gemessen ist eine Psychotherapie von zwölf Stunden (Mann 1973) oder auch von fünfzig bis achtzig Sitzuungen (derzeitige Krankenkassen-Regelung) selbstverständlich kurz. Patienten und Psychotherapeuten leiden deshalb oft notorisch unter dem Gefühl, zu wenig zu geben bzw. zu bekommen. Nach meiner Erfahrung kann dies auch den Therapieerfolg nachhaltig und nachteilig im Sinne einer «self-fullfilling prophecy» beeinflussen: Eine Leistung, die von einem oder beiden Beteiligten von vornherein als insuffizient beurteilt wird, beschneidet sich naturgemäß selbst in ihrer Wirkung und scheint von daher im nachhinein oft tatsächlich die Vorstellung zu bestätigen, es habe eben zu wenig Zeit zur Verfügung gestanden. Psychoanalytiker, die sich mit einem solchen chronischen Gefühl von Zeitmangel herumquälen, gehen darüber hinaus oft von einer Prämisse aus, die sich bei näherem Zusehen als Vorurteil erweisen kann. Sie glauben nämlich, daß in der analytischen Psychotherapie «mehr» besser sei als «weniger», und daß für den Patienten insbesondere ein «mehr» an Nähe und Holding (Winnicott) zuträglicher sei als eine «gewöhnliche» therapeutische Distanz. Beides sind in dieser Form irrige Annahmen.

Eine «klassische», d. h. zeitlich nicht begrenzte Psychoanalyse oder auch eine mit dreihundert Stunden limitierte psychoanalytische Psychotherapie, die mehrmals in der Woche stattfindet, ist keinesfalls jedem Patienten zuträglich; in vielen Fällen ist sie unnötig, in manchen ausdrücklich kontraindiziert. Letzteres gilt vor allem für schwerer ichgestörte Patienten, insbesondere sogenannte «Borderline-Störungen», die auf Grund ihrer strukturellen Ich-Schwäche in aller Regel keinem regressionsfördernden therapeutischen Verfahren ausgesetzt werden sollten. Die klassische Psychoanalyse ist ein solches regressionsförderndes therapeutisches Verfahren. Manchmal sind es aber bereits häufige, lange und emotional dichte Sitzungen, die solche Patienten in einen unerwünschten regressiven Sog hineinziehen, der auch das beobachtende Ich in einer Weise schwächen kann, daß eine zielgerichtete therapeutische Arbeit nicht mehr möglich ist. Jeder Psychoanalytiker kennt Fälle, wo solche Therapien in schwerem auto- oder heterodestruktiven Agieren oder in einer Übertragungspsychose endeten (Rohde-Dachser 1979). Fürstenau hat deshalb aus meiner Sicht zu Recht betont, daß alle Langzeittherapien ein iatrogenes Risiko enthalten (Bach u. Rohde-Dachser 1985, S. 94 ff.). Für Borderline-Patienten läßt sich sogar mit einer gewissen Wahrscheinlichkeit voraussagen, daß sie sich unter einer intensiven Psychotherapie verschlechtern (Rohde-Dachser 1988). Den Patienten wird dabei oft ein zu intensives zeitliches und emotionales Näheangebot gemacht, dem sie auf Grund ihrer Ich-Ausstattung nicht gewachsen sind. Dafür profitieren sie manchmal nachhaltig von einem Sitzungsangebot mit niedriger Frequenz (mit manchmal zwei- bis dreiwöchigen oder noch weiteren Intervallen), das aber über einen sehr langen, vielleicht sogar unbefristeten Zeitraum aufrechterhalten wird. Derartige, auf den Patienten und seine spezifische Problematik zugeschnittenen «kurztherapeutischen» Angebote stehen im heutigen Psychotherapieverständnis gleichrangig und gleichwertig neben der Möglichkeit einer intensiven Langzeittherapie, für die andere Indikationen bestehen (Kächele 1985).

3. «Kurztherapie» als Absage an Zeitlosigkeit: Der subjektive Maßstab

Daß eine Indikation zur Kurztherapie sich trotz solcher sachlich begründeter Argumente vermutlich immer wieder gegenüber der Forderung nach «mehr Zeit» rechtfertigen muß, hat Gründe, die tief im subjektiven Zeiterleben des Menschen wurzeln. Mit dieser Form des Zeiterlebens muß sich jede Psychotherapie, insbesondere aber jede sog. Kurztherapie auseinandersetzen; die individuellen neurotischen Konflikte, die den Patienten zum Psychotherapeuten geführt haben, lassen sich, wie wir sehen werden, durchweg auch unter einer Zeitdimension verstehen und beschreiben. Im Menschen existiert eine «tiefverwurzelte Rebellion gegen die Tyrannei der Zeit, beginnend mit der Bedürfnis-Frustration beim Kind und kulminierend in dem Wissen, daß der Mensch dazu bestimmt ist, den Kampf gegen den Tod zu verlieren» (Arlow 1986, S. 525 f., meine Übersetzung). Dem entspricht mehr oder weniger verborgen, eine tiefe Sehnsucht nach Zeitlosigkeit (und damit letztlich Unsterblichkeit), nach einer Fortdauer jener ursprünglichen narzißtischen Einheit, wie sie möglicherweise am Anfang des Lebens in der Dualunion mit der Mutter erlebt und später in wenigen außeralltäglichen Augenblicken (einer mystischen Erfahrung, einem tiefen Liebesglück vielleicht) wieder erfahren oder doch erahnt wurde. Mit der Reifung des Zeitsinnes und des damit verbundenen Erkennens von Zeit erweisen sich solche Erfahrungen aber zunehmend als Illusion. Sie kollidieren außerdem mit der Erfahrung des Generationsunterschieds und mit der Erkenntnis, daß man selbst einmal sterben wird, ebenso wie die Menschen, die man liebt. Mit diesen Einsichten sind Verzichtsleistungen verbunden, die viele Menschen wahrscheinlich nicht gänzlich und dauerhaft vollziehen.

4. Zeiterleben und Neurose

Die Erfahrungen, die ein Mensch als Kind mit dem Einbruch des durch Zeit verkörperten Realitätsprinzips in sein zeitlos-narzißtisches Universum gemacht hat, werden auch seinen späteren Umgang mit der Zeit, sein subjektives Zeiterleben prägen.

So wird die wiederholte Erfahrung des hungernden Kindes, die Mutter herbeirufen zu können und schließlich satt zu werden, sich in der inneren Zuversicht niederschlagen, daß Warten lohnt, weil sich «eine ausreichende Befriedigung mit ausreichender Sicherheit vorhersagen läßt» (Erikson 1956, S. 180). Der Gegenpol hierzu wäre «eine allgemeine Haltung, die so etwas wie ein Mißtrauen gegen die Zeit an sich darstellt; jeder Aufschub erscheint als ein Betrug, jedes Wartenmüssen als ein Ohnmachtserlebnis, jede Hoffnung als eine Gefahr, jeder Plan als eine Katastrophe, jeder potentielle Versorger als ein Verräter» (a. a. O.). Nicht nur das Erlebnis der glückhaften Vereinigung mit der Mutter, zum Beispiel in der Erfahrung des Genährtwerdens, ist ja für das Kind mit Zeitlosigkeit verbunden, sondern auch die Erfahrung des Ungestilltseins und damit des Bildes einer bösen Mutter, die sich verweigert und das Kind in einer solchen Situation ungeschützt seinen Haß- und Verlassenheitsgefühlen ausliefert. Religiöse Höllenvorstellungen mögen hier ihren Ursprung haben, so wie die Vorstellung eines zeitlosen Paradieses vermutlich der ursprünglichen Erfahrung einer befriedigenden Dualunion mit der Mutter entspringt. In jeder psychischen Erkrankung, die solche frühen Konflikte aktiviert, verändert sich mithin auch das Zeitgefühl des Patienten; die Zeitperspektive geht mehr oder minder verloren und der vorherrschende Gefühlszustand (Glück oder Verzweiflung) wird als endlose Dauer erlebt. Daß die Vorstellung von Zeitlosigkeit unter diesem Aspekt Menschen auch mit tiefem Schrecken erfüllen kann, davon zeugen Visionen vom Ewigen Juden oder vom Fliegenden Holländer, von Menschen also, die zum ewigen Leben verurteilt sind, nur, um darin immer das gleiche, sich wiederholende Leid zu erfahren. Es ist deshalb sinnvoll, bei der Analyse neurotischer Konflikte, die in der Definition der Psychoanalyse immer *infantile Konflikte* sind, nach dem begleitenden, der entsprechenden Phase der kindlichen Entwicklung adäquaten Zeiterleben zu fragen, um zu verstehen, warum sich ein erwachsener Mensch so vor der Zeit, ihrer Dauer oder ihrer Version als Vergangenheit, Gegenwart und der Zukunft ängstigt. Ich möchte dies am Beispiel zwanghafter Patienten und ihres Umgangs mit der Zeit verdeutlichen.

4.1 Zwang und Zeit

Wie jedes andere subjektive Erleben des Menschen kann auch das Zeiterleben ebenso in den Dienst der Triebbefriedigung wie der Abwehr treten. Freud hat bereits 1909 darauf hingewiesen, daß Zwanghafte viel dazu tun, sich in Ungewißheit und Zweifel zu halten. Ein Mittel dazu sei ihre Abneigung gegen Uhren, die die Zeitbestimmung sichern, häufig zusammen mit dem unbewußt eingeführten Kunststück, solche den Zweifel ausschließende Instrumente unschädlich zu machen. Der Umgang des zwanghaften Patienten mit Zeit wird dabei als ähnlich willkürlich wie der Umgang mit Geld beschrieben. Das kann bedeuten, daß Pünktlichkeit und Unpünktlichkeit sich auf unberechenbare, eben willkürliche Weise abwechseln, oder eine chronische Unpünktlichkeit merkwürdig mit dem sonst eher verläßlichen Charakter eines zwanghaften Menschen kontrastiert. Da in der Zwangsneurose Zeit und väterliche, verbietende Autorität regelmäßig gleichgesetzt werden (Hartocollis 1983, S. 81 f.), bedeutet Unpünktlichkeit häufig auch Aggression gegen einen solchen Vater. «Ich habe keine Zeit» heißt dann: «Vater erlaubt es nicht» (Meerloo 1984). «Die Zeit totschlagen» wird in diesem Zusammenhang zur Metapher für Vatermord.

Oft tun Zwangsneurotiker alles, um den Eintritt eines Ereignisses zu verhindern. Vorbereitende Akte treten dann an die Stelle der endgültigen Entschließung; Denken ersetzt das Handeln (Freud a. a. O., S. 459). Mit dieser Haltung gegenüber der Zeit ist einerseits die omnipotente Illusion verknüpft, den Ablauf der Zeit zu kontrollieren, sie zu dehnen, zum Stillstand zu bringen oder ihr Dahinschwinden nicht zu registrieren. Dem dient auch das Aushöhlen der Zeit mit zwanghaften Ritualen und Akten in Form vieler nebeneinanderstehender Einzelhandlungen, so daß die Zeit dahinschwindet, ohne daß wirklich etwas geschieht. Unter anderem kann es dabei um die Abwehr von Schuldgefühlen durch Aufschub gehen («etwas ist noch nicht geschehen, steht noch bevor»), aber auch um die Überwindung der Zeit und damit letzten Endes des Todes, hier unbewußt durch den Aufschub oder die Verspätung bei Verabredungen in Szene gesetzt. Umgekehrt zeigt sich gerade am Beispiel zwanghafter Individuen mit ihrem starken Bedürfnis nach Struktur, wie äußere Zeit auch eingesetzt werden kann, um sich in der Realität zu verankern und dem inneren Chaos Struktur entgegenzusetzen. Bei all ihrem manipulativen Umgang mit subjektiver Zeit erscheinen sie ständig irgendwo mit «Zeit» befaßt, die hier vor allem als Vergewisserung der Realität dient, mit der sich hier eine elementare Sicherheitsgarantie verbindet.

4.2 Das Erleben der Zeit in anderen Neuroseformen

Wichtig und erwähnenswert erscheint mir die Verflechtung von Zeiterleben und neurosespezifischem Affekt darüber hinaus vor allem bei der Angstneurose, bei manchen masochistischen Neuroseformen und bei Borderline-Störungen. Affekte besitzen immer eine zeitliche Dimension (Hartocollis, S. 59 ff.). Manche Affekte beziehen sich unmittelbar auf die Gegenwart, manche sind stärker vergangenheits- oder zukunftsorientiert. Immer dann, wenn das emotionale Erleben eines Patienten einseitig von Affekten bestimmt ist, die eine solche Form des Zeiterlebens auf Kosten anderer unangemessen in den Vordergrund rücken, darf man annehmen, daß es sich dabei um eine Verzerrung des Zeiterlebens (im Sinne von Dauer oder Perspektive) handelt. Neurotische Krankheitsbilder gehen in der Regel mit jeweils charakteristischen Zeitverzerrungen einher. Angst und Hoffnung zum Beispiel sind zukunftsorientierte Affekte, weil sie sich auf Ereignisse beziehen, deren Eintritt erst erwartet wird. So gesehen, verhindert die einseitige Beschäftigung eines Menschen mit der Angst, was geschehen könnte, wenn er dieses oder jenes tun würde (einen Plan ausführen, das Haus verlassen, sich verselbständigen, über eine Brücke gehen, usw.), die Wahrnehmung einer lebendigen und erfüllten Gegenwart oder auch die möglicherweise konflikthafte Erinnerung an Vergangenes. Solche überdimensionalen Angstaffekte sind typisch für die Angstneurose, die insofern auch als eine neurotische Erkrankung verstanden werden kann, in der es um die Vermeidung der Gegenwarts- und Vergangenheitsperspektive geht. Ich selbst habe an anderer Stelle beschrieben (vgl. Rohde-Dachser 1980), daß manche Menschen in masochistischer Hartnäckigkeit an einem Leiden festhalten und es zum Zentrum ihres Erlebens machen können, um auf diese Weise Trauer und Abschied zu vermeiden. In der Trauer geht es um das Akzeptieren der Tatsache, daß ein Ereignis irreversibel vergangen ist und auch nicht durch ein immer neu aktualisiertes Leiden in die Gegenwart zurückgeholt werden kann.

Auch Borderline-Störungen lassen sich unter einer Zeitdimension beschreiben. Es handelt sich dabei um eine Form der Störung, in der Ärger, Langeweile (Anhedonie) und Entfremdungsgefühle im Vordergrund des Erlebens stehen. All dies sind ausschließlich gegenwartsbezogene Affekte, so daß man vermuten darf, daß sie dem Borderline-Patienten unter anderem dazu dienen, andere, mit größerer Angst besetzte Affekte wie zum Beispiel Hoffnung (und die damit verbundene notorische Erwartung der Enttäuschung) abzuwerten und zu überdekken (Rohde-Dachser 1979, S. 118 ff.). Ähnlich stellt auch Hartocollis (1983, S. 95 ff.) fest, daß Borderline-Patienten in der Regel ohne Zeitperspektive (also ohne Zukunft und ohne Vergangenheit) leben, sondern sich im Hier und Jetzt eingeschlossen fühlen, in einer «endlosen, bedeutungslosen, objektlosen Gegenwart» (S. 99, meine Übersetzung). Die Abwehr, die diesem Erleben zugrunde liegt, ist die Spaltung, ein primitiver Abwehrmechanismus, der der Etablierung sekundärprozeßhaften Denkens vorangeht und damit auch der Entwicklung eines realistischen Zeitkonzepts. Auf Realitätsprüfung wird dabei vor allem dort verzichtet, wo es um die Fähigkeit geht, die eigene Erfahrung zu «zeiten», d. h. sie entlang einer zeitlichen Perspektive zu bestimmen. Borderline-Patienten fühlen sich dann so, als ob ihre ganze Existenz im Hier und Jetzt lokalisiert wäre, während sie ihre vergangenen Gefühle oder auch die Aussicht auf eine Veränderung ihrer emotionalen Erfahrungen in der Zukunft ignorieren (Hartocollis, S. 106). In ihrem Erleben wechseln sich gute und böse Selbst-Objekt-Imagines dann gegenseitig ab, ohne daß die Patienten in der Lage wären, eine emotionale (und das heißt immer auch zeitliche) Verbindung zwischen diesen Repräsentanzen herzustellen. Für die Persönlichkeitsentwicklung hat dies mannigfaltige Konsequenzen, von denen hier nur die Unfähigkeit erwähnt sei, aus der Vergangenheit zu lernen. Menschen ohne die Fähigkeit zur zeitlichen Synthese können gemachte Erfahrungen nicht in die Zukunft hineintragen und müssen deshalb zu ihrer eigenen Verwunderung und zum meist größeren Verdruß ihrer Mitmenschen immer wieder «von vorne» anfangen.

5. Zeiterleben und Zeitbegrenzung als psychotherapeutischer Fokus

Während manche Autoren (z. B. Beck 1974, S. 52) in der Kurztherapie wegen der damit verbundenen zeitlichen Beschränkung eher einen Notbehelf sehen, verstehen andere diese Zeitbegrenzung als ein durchaus sinnvolles therapeutisches Instrument. Einige Analytiker gehen sogar so weit, die Zeitbegrenzung ins Zentrum der Behandlungsmethode zu rücken und eng mit dem Therapieziel zu verschränken. Der profilierteste Vertreter dieser Richtung ist *James Mann*. In seinem Buch «Psychotherapie in 12 Stunden – Zeitbegrenzung als therapeutisches Instrument» (1973) schlägt er vor, bereits den Fokus der Psychotherapie ausdrücklich unter einer Zeitperspektive zu formulieren. Ein solcher Fokus könnte zum Beispiel lauten: «Aus all dem, was Sie mir sagen, entnehme ich, daß das größte Problem, dem Sie sich zur Zeit gegenüber sehen, die sehr tiefe Enttäuschung über sich selber ist, daß Sie sich so, wie Sie sind, zu diesem Zeitpunkt Ihres Lebens vorfinden» (Mann, S. 37 ff.). Ein derartiger Fokus wird mit dem Patienten dann in einer auf zwölf Sitzungen limitierten Therapie durchgearbeitet, wobei bereits zu Beginn der Psychotherapie das Ende, nämlich die zwölfte Sitzung, klar definiert wird (so werden etwa die zwölf vorgesehenen Sitzungstermine vor den Augen des Patienten vom Therapeuten in den Kalender eingetragen). Auf diese Weise wird ein therapeutischer Prozeß in Gang gesetzt, der sich über die ersten sechs Stunden hinweg auf einen zeitlichen Scheitelpunkt hinbewegt, um dann über nochmals die gleiche Zeitstrecke hinweg irreversibel seinem Ende entgegenzusteuern.

Folgt man Mann, dann verläuft der therapeutische Prozeß unter diesen Bedingungen regelmäßig in folgenden Phasen (zit. n. Bach u. Rohde-Dachser 1985, S. 92):

1. Eine illusionäre, unambivalente Beziehung (alles ist noch möglich);
2. Wiederbelebung alter Abwehrformen gegen Enttäuschung, Trauer und Verzicht;
3. Durchbruch der Ambivalenz, Protest gegen die zugemutete Begrenzung;
4. Bewältigung der Ambivalenz, Trauer und Verzicht.

Die Aufgabe des Therapeuten besteht für James Mann darin, die ambivalenten Gefühle des Patienten, die spätestens mit dem Überschreiten des Scheitelpunktes der Therapie moblisiert werden, aktiv zu erfragen und durchzuarbeiten. Die Therapie bewegt sich dabei um jenen Punkt, an dem die infantilen narzißtischen Wünsche des Patienten, sein ptolemäisches Weltbild sozusagen, auf ein kopernikanisches Universum treffen, das sich nach anderen (vom Patienten unabhängigen) Gesetzen bewegt, und damit einer Schnittstelle, an der auch die neurotischen Konflikte des Patienten (Autonomie vs. Abhängigkeit, Aktivität vs. Passivität, Nähe vs. Distanz, usw.) entstanden sind. Die Einführung der Zeitperspektive mobilisiert diese Konflikte, weil sie den Patienten mit einer Realität konfrontiert, die Grenzen setzt und ihm damit gleichzeitig eine zeitliche Festlegung zwischen seiner biographischen Vergangenheit und einem noch nicht vollzogenen Zukunftsentwurf abfordert. Manche Patienten fühlen sich angesichts eines solchen therapeutischen Settings unmittelbar mit der Frage konfrontiert, ob in dieser kurzen Zeit wirklich etwas für sie getan werden kann. Wenn der Therapeut um die Hintergründe dieser Frage weiß, die der unbewußten Sehnsucht nach kindhafter Zeit – also letztlich nach «Ewigkeit» – entspringt und einem Anliegen des Patienten entspricht, sich nicht mit der allgegenwärtigen Erfahrung von der Flüchtigkeit der Zeit und der Sorge, daß so wenig davon da ist, abzufinden, und wenn er die gleiche Situation auch für sich selbst akzeptiert, dann kann er auf die Frage des Patienten mit einem ruhigen und aufrichtigen «Ja» antworten (Mann, S. 41). Die Voraussetzung für ein solches «Ja» hängt damit zusammen, ob es dem Therapeuten gelingt, für sich und den Patienten ein jeweils realistisches Behandlungsziel abzustecken. Der Zeitdruck wird geringer, wenn das Ziel klar definiert ist (Mann 1984/85).

6. Gegenübertragungsprobleme in der zeitlich limitierten Psychotherapie

Selbstverständlich ist es auch für einen Therapeuten nicht leicht, eine solche Zeit- und Zielbegrenzung zu akzeptieren. Zu sehr ist er selbst aus seiner selten wirklich reflektierten Helferhaltung heraus darauf eingeschworen, dem Patienten etwas geben zu müssen, ihm vielleicht sogar etwas zu schulden. Wenn er sieht, daß seine Anstrengungen scheinbar umsonst sind oder unbelohnt bleiben, fühlt er sich leicht in seiner therapeutischen Identität in Frage gestellt. Das negative Selbstbild, das auf diese Weise aktiviert wird, wird dann oft projektiv dem Patienten zugeschoben. Mann (1973, 1984/85) weist ausdrücklich darauf hin, daß diese mit dem Erlebnis von Begrenzung und Verlassenwerden verbundenen negativen Selbstbilder untersucht und bearbeitet werden müssen, und zwar bei Patient und Therapeut gleichermaßen. Andernfalls bestehe die Gefahr, daß Kurztherapien (wenn nicht Therapien überhaupt) gegen Ende vor allem um die Frage kreisen, bei wem am Schluß der Schwarze Peter des «zu wenig» hängenbleibt. Kein Analytiker sollte – so Mann – glauben, daß er insbesondere in zeitlich limitierten Therapien den massiven Gegenübertragungsgefühlen entgehen könne, die durch die Enttäuschung des Patienten aktiviert werden. Meist handelt es sich dabei um eigene biographische Enttäuschungen und die daran geknüpften Schuld- und Aggressionsgefühle, die gewöhnlich durch den Helferimpuls überspielt werden.

7. Schlußgedanken

Eine Psychotherapie verkörpert aber niemals die ganze Welt; sie kann deshalb auch niemals der legitime Ort sein, an dem ein Patient sein scheinbares Recht auf vollkommene Gesundheit gegenüber einem sozialen Kollektiv, repräsentiert durch den Therapeuten, einklagt, noch sollte der Therapeut sich mit einem solchen Anspruch identifizieren. Psychotherapie ist vielmehr eine Brücke zur Welt, die verlangt, daß man sie überschreitet. Die Vorstellung, daß dazu innerhalb der Therapie ein hohes Maß an persönlicher Vervollkommnung erreicht worden sein muß, bevor es möglich wird, diesen Schritt zu wagen, kann oft heißen, ihn zu verhindern. Verkannt wird dabei die Tatsache, daß auch ein Kind aus dem Elternhaus nicht perfekt entlassen wird, sondern immer nur hinein in einen Weiterreifungsprozeß, der – ähnlich wie in der Psychotherapie – immer stärker auch zu der Fähigkeit führt, die Selbstanalyse von Konflikten vorzunehmen (Bach u. Rohde-Dachser 1985).

Eine solche therapeutische Einstellung bedeutet gleichzeitig Abschied von der Illusion therapeutischer Omnipotenz, ganz ähnlich, wie auch Mütter früher oder später von der Illusion Abschied nehmen müssen, aus ihren Kindern vollkommene, menschlichem Leiden und menschlicher Ohnmacht enthobene Menschen zu formen. Nach meiner Erfahrung dauert es lange, bis eine Mutter wirklich in der Lage ist, den Satz ihres Kindes: «Ich brauche Dich nicht mehr» innerlich zu akzeptieren. Oder bis ein Mensch, vermutlich auch ein Psychoanalytiker, seine eigene Vergänglichkeit nicht nur mit jener Bewußtseinsklarheit, sondern auch mit der lächelnden Demut akzeptiert, die in dem 906 verfaßten Gedicht von Tagore sichtbar wird:

Der Kirschbaum blühte, schwarz war mein Haar.
Ich tanzte in der Gefährtenschar.
Der Kirschbaum blühte, grau war mein Haar,
und die Blüte war jung, wie sie damals war.
Auf eines lächelnden Gottes Geheiß
blüht er nun wieder. Mein Haar ward weiß.»

Tagore

Literatur

Abelin, E.L. (1971): Role of the father in the separation-individuation process. In: McDevitt, J.B. und C.F. Settlge (eds.): Separation-Individuation. Essays in Honor of Margaret S. Mahler. New York (International University Press).

Abelin, E.L. (1975): Some further observations and comments on the earliest role of the father. Int. J. Psycho-Anal. 56 (293–302).

Akhtar, S., Byrne, J.P., Doghramji, K. (1986): The demographic profile of borderline personality disorder. Journal of Clinical Psychiatry 47, S. 196–198.

American Psychiatric Association (1980): Diagnostisches und Statistisches Manual Psychischer Störungen (DSM-III). Deutsche Bearbeitung von K. Koehler u. H. Saß. Weinheim Basel (Beltz) 1984.

American Psychiatric Association (1987): Diagnostisches und Statistisches Manual Psychischer Störungen (DSM-III-R). Deutsche Bearbeitung und Einführung von H.-U. Wittchen, H. Saß, M. Zaudig u. K. Köhler. Weinheim Basel (Beltz) 1989.

Andersen, H.Ch.: Die kleine Seejungfrau. In: Andersen Märchen. Berlin (Th. Knaur Nachf.) 1938, S. 308–335.

Argelander, H. (1970): Das Erstinterview in der Psychotherapie. Darmstadt (Wissenschaftliche Buchgesellschaft).

Arlow, J.A. (1986): Psychoanalysis and time. J. Amer. Psycho-Anal. Assoc. 34 (507–528).

Atwood, G.E., Stolorow, R.D. (1984): Structures of Subjectivity: Explorations in Psychoanalytic Phenomenology. Hillsdale, NJ (The Analytic Press).

Bach, H., Rohde-Dachser, Ch. (1985): Probleme der Limitierung in der Psychoanalyse. In: Th. F. Hau, F. Wyatt (Hrsg.): Therapeutische Anwendungen der Psychoanalyse. Göttingen (Verlag für Medizinische Psychologie).

Balint, M. (1968): Therapeutische Aspekte der Regression. Die Theorie der Grundstörung. Reinbek (Rowohlt) 1973.

Barthes, R. (1957): Mythen des Alltags. Frankfurt/M. (Suhrkamp) 1964.

Barnard, Ch.P., Hirsch, C. (1985): Borderline personality and victims of incest. Psychological Reports 57 (715–718) 1985.

Beck, D. (1974): Die Kurzpsychotherapie. Eine Einführung. Bern Stuttgart Wien (Huber).

Beck, U. (1986): Risikogesellschaft. Auf dem Weg in eine andere Moderne. Frankfurt/M. (Suhrkamp).

Benedetti, G. (1983): Todeslandschaften der Seele. Psychopathologie, Psychodynamik und Psychotherapie der Schizophrenie. Göttingen (Verlag für Medizinische Psychologie).

Benjamin, J. (1985): Die Fesseln der Liebe: Zur Bedeutung der Unterwerfung in erotischen Beziehungen. Feministische Studien 4 (10–33).

Berliner, B. (1958): Die Rolle der Objektbeziehungen im moralischen Masochismus. In: Grunert, J. (Hrsg.): Leiden am Selbst. Zum Phänomen des Masochismus. München (Kindler)1981.

Bieber, I. et al. (1962): Homosexuality: A Psychoanalytic Study of Male Homosexuals. New York (Basic Books).

Bieber, I., Bieber, H.J., Dince, P.R. et al. (1988): Homosexuality. A Psychoanalytic Study. New York (Jason Aronson).

Bion, W.R. (1965): Transformations. In: Seven Servants. Four Works by Wilfred R. Bion. New York (Jason Aronson) 1977.

Blanck, G., Blanck, R. (1974): Angewandte Ichpsychologie. Stuttgart (Klett-Cotta) 1978.

Blanck, G., Blanck, R. (1979): Ich-Psychologie II – Psychoanalytische Entwicklungspsychologie. Stuttgart (Klett-Cotta) 1980.

Blum, H.P. (1976): Masochism, the ego ideal, and the psychology of women. In: H.P. Blum (ed.): Female Psychology. Contemporary Psychoanalytic Views. New York (International Universities Press) 1977, S. 157–191.

Bowlby, J. (1969): Bindung. Eine Analyse der Mutter-Kind-Beziehung. Frankfurt/M. (Fischer) 1984.

Boyer, L.B. (1967): Die psychoanalytische Behandlung Schizophrener. München (Kindler) 1976.

Braun, CH. v. (1985): Nicht ich. Logik, Lüge, Libido. Frankfurt/M. (Neue Kritik).

Broverman, I.K., Broverman, D.M. et al. (1972): Sex-role stereotypes and clinical judgments of mental health. In: Bardwick, J.M. (ed.): Readings on the Psychology of Women. New York (Harper & Row).

Bryer, J.B., Nelson, B.A. et al. (1987): Childhood sexual and physical abuse as factors in adult psychiatric illness. Amer. J. Psychiatry 144 (1426–1430).

Camus, A. (1937): Licht und Schatten. In: Literarische Essays. Reinbek (Rowohlt) 1959.

Castaneda, R., Franco, H. (1985): Sex and ethnic distribution of borderline personality disorder in an inpatient sample. Amer. J. of Psychiatry 146:4.

Chasseguet-Smirgel, J. (1984): Kreativität und Perversion. Frankfurt/M. (Nexus) 1986.

Chodorow, N. (1978): Das Erbe der Mütter. Psychoanalyse und Soziologie der Geschlechter. München (Frauenoffensive) 1985.

Ciompi, L. (1982): Affektlogik. Über die Struktur der Psyche und ihre Entwicklung. Ein Beitrag zur Schizophrenieforschung. Stuttgart (Klett-Cotta).

Cohen, D.B. (1976): Dreaming: Experimental investigation of representational and adaptive properties. In: G.E. Schwartz, D. Shapiro (eds.): Consciousness and Self-Regulation. Vol. 1, 313–360. New York London (Plenum Press).

Cooley, Ch.H. (1902): Human Nature and the Social Order. New York (Scriber's).

Cooper, A.M. (1987): Changes in psychoanalytic ideas: transference interpretation. J. Amer. Psycho-Anal. Assoc. 35, 77–98.

Cremerius, J. (1984): Die psychoanalytische Abstinenzregel. Vom regelhaften zum operationalen Gebrauch. Psyche 38 (769–800).

Cremerius, J. (1990): Die hochfrequente Langzeitanalyse und die psychoanalytische Praxis. Psyche 44 (1–29) 1990

Deleuze, G., Guattari, F. (1972): Anti-Ödipus. Frankfurt/M. (Suhrkamp) 1974.

Dinnerstein, D. (1976): Das Arrangement der Geschlechter Stuttgart (Deutsche Verlagsanstalt) 1979.

Dornes, M. (1992): Der kompetente Säugling. Die präverbale Entwicklung des Menschen. Frankfurt/M. (Fischer).

Drigalski, D. v. (1979): Blumen auf Granit. Eine Irr- und Lehrfahrt durch die deutsche Psychoanalyse. Frankfurt/M. Berlin (Ullstein).

Eagle, M.E. (1984): Neuere Entwicklungen in der Psychoanalyse. Eine kritische Würdigung. München Wien (Internationale Psychoanalyse) 1988.

Eisenbud, R.-J. (1982): Early and later determinants of lesbian choice. Psychoanal. Review 69 (85–109).

Eisenbud, R.J. (1986): Die lesbische Objektwahl: Übertragungen auf die Theorie. In: Alpert, J.L. (Hrsg.): Psychoanalyse der Frau jenseits von Freud. Berlin Heidelberg New York (Springer) 1992, S. 226–246.

Eisenstein, V.W. (1952): Differential psychotherapy of borderline states. In: Bychowski, G., Despert, J. (eds.): Specialized Techniques in Psychotherapy. New York (Basis Books).

Elias, N. (1984): Über die Zeit. Frankfurt/M. (Suhrkamp).

Emde, R.N. (1988 a): Development terminable and interminable. I. Innate and motivational factors from infancy. Int. J. Psycho-Anal. 69 (23–42).

Emde, R.N. (1988 b): Development terminable and interminable. II. Recent psychoanalytic theory and therapeutic considerations. Int. J. Psycho-Anal. 69 (283–296).

English, F. (1971/72): Die Ersatzlösung: Über «Rackets» und echte Gefühle. In: Petzold, H., Paula, M. (Hrsg.): Transaktionale Analyse und Skript-Analyse – Aufsätze und Vorträge von Fanita English. Hamburg (Altmann) 1976.

Ensink, B.J. (1992): Confusing Realities. A Study on Child Abuse and Psychiatric Symptoms. Dissertation. Amsterdam (University Press).

Erikson, E.H. (1954): Das Traummuster der Psychoanalyse. Psyche 8 (561–604) 1955.

Erikson, E. (1956): Das Problem der Ich-Identität. In: Identität und Lebenszyklus. Drei Aufsätze. Frankfurt/M. (Suhrkamp) 6. Aufl. 1980.

Ermann, M. (1985): Die Fixierung in der frühen Triangulierung. Forum Psychoanal. 1 (93–110).

Fast, I. (1984): Von der Einheit zur Differenz. Psychoanalyse der Geschlechtsidentität. Berlin Heidelberg New York (Springer) 1991

Federn, P. (1932): Das Ich-Gefühl im Traume. In: Federn, P.: Ichpsychologie und die Psychosen. Frankfurt/M. (Suhrkamp) 1978.

Finkelhor, D. (1979): Sexually Victimized Children. New York (Free Press).

Fischer, G. (1986): Zur traumatischen Wirkung von Doppelbindungen bei der Entstehung von Charakterstörungen. Forum Psychoanal., 2, 309–325.

Fraiberg, S.H., Adelson, E., Shapiro, V. (1975): Ghosts in the nursery: A psychoanalytic approach to the problem of impaired infant-mother relationships. J. of Amer. Academy of Child Psychiatry 14 (387–422).

Freud, S. (1900): Die Traumdeutung. GW Bd. II/III. Frankfurt/M. (Fischer).

Freud, S. (1905): Drei Abhandlungen zur Sexualtheorie. GW Bd. V, S. 27–145.

Freud, S. (1909): Bemerkungen über einen Fall von Zwangsneurose. GW Bd. VII, S. 57–99.

Freud, S. (1910 a): Beiträge zur Psychologie des Liebeslebens. I. Über einen besonderen Typus der Objektwahl beim Manne. GW Bd. VIII, S. 65–77.

Freud, S. (1910 b): Eine Kindheitserinnerung des Leonardo da Vinci. GW Bd. VIII, S. 127–211.

Freud, S. (1911 a): Die Handhabung der Traumdeutung in der Psychoanalyse. GW Bd. VII, S. 349–357.

Freud, S. (1911 b): Die zukünftigen Chancen der psychoanalytischen Theorie. GW Bd. VIII, S. 103–115.

Freud, S. (1912 a): Zur Dynamik der Übertragung. GW Bd. VIII, S. 363–374.

Freud, S. (1912 b): Ratschläge für den Arzt bei der psychoanalytischen Behandlung. GW Bd. VIII, S. 375–387.

Freud, S. (1913): Zur Einleitung der Behandlung. GW Bd. VIII, S. 453–478.

Freud, S. (1914): Erinnern, Wiederholen, Durcharbeiten. GW Bd. X, S. 125–136.

Freud, S. (1915): Einige Charaktertypen aus der psychoanalytischen Arbeit. GW Bd. X, S. 363–391.

Freud, S. (1917): Vorlesungen zur Einführung in die Psychoanalyse. GW Bd. XI.

Freud, S. (1919): Ein Kind wird geschlagen. GW 12, S. 195–226.

Freud, S. (1920 a): Über die Psychogenese eines Falles von weiblicher Homosexualität. GW Bd. Bd. 12, S. 269–302.

Freud, S. (1920 b): Jenseits des Lustprinzips. GW Bd. XIII, S. 1–69.

Freud, S. (1923 a): «Psychoanalyse» und «Libidotheorie». GW Bd. XIII, S. 211–233.

Freud, S. (1923 b): Das Ich und das Es. GW Bd. XIII, S. 235–289.

Freud, S. (1923 c): Die infantile Genitalorganisation. GW Bd. XIII, S. 291–298.

Freud, S. (1924 a): Der Untergang des Ödipuskomplexes. GW Bd. XIII, S. 393–402.

Freud, S. (1924 b): Der Realitätsverlust bei Neurose und Psychose. GW Bd. XIII, S. 361–368.

Freud, S. (1924 c): Das ökonomische Problem des Masochismus. GW Bd. XIII, S. 369–383.

Freud, S. (1925 a): «Selbstdarstellung». GW Bd. XIV, S. 31–96.

Freud, S. (1925 b): Über einige psychische Folgen des anatomischen Geschlechtsunterschieds. GW XIV, S. 17–30.

Freud, S. (1930): Das Unbehagen in der Kultur. GW Bd. XIV, S. 419–506.

Freud, S. (1931): Über die weibliche Sexualität. GW Bd. XIV, S. 515–537.

Freud, S. (1933): Die Weiblichkeit. In: Neue Folge der Vorlesungen zur Einführung in die Psychoanalyse. GW XV, S. 119–145.

Freud, S. (1937): Die endliche und die unendliche Analyse. GW Bd. XVI, S. 57–99.

Friedman, R.C. (1986): Toward a further unterstanding of homosexual men. Presented at the meeting of the Amer. Psychoan. Ass. New York, 18 December. Summary by R.C. Friedman in J. Amer. Psycho-Anal. Assoc. 34 (193–206).

Friedman, R.C. (1988): Männliche Homosexualität. Aus der Reihe «Psychoanalyse der Geschlechterdifferenz», hrsg. von Ch. Rohde-Dachser und W. Mertens. Berlin Heidelberg New York (Springer) 1993.

Frieze, I.H., Parsons, J.E., Johnson, P.B. et al. (1978): Women and Sex Roles. A Social Psychological Perspective. New York – London (W.W. Norton).

Galenson, E. (1986): Early pathways to female sexuality in advantaged and disadvantaged girls. In: Bernay, T., Cantor, D.W. (eds.): The Psychology of Today's Woman. New Psychoanalytic Visions. Hillsdale, NJ (The Analytic Press) 1986, S. 37–51.

Galenson, E., Roiphe, H. (1977): Some suggested revisions concerning early female development. In: H.P. Blum (ed.): Female Psychology. Contemporary Psychoanalytic Views. New York (International Universities Press) 1977, S. 29–57.

Gill, M.M. (1982): Analysis of transference. Vol. 1. New York (International Universities Press) 5. Aufl., 1987.

Green, A. (1975): Analytiker, Symbolisierung und Abwesenheit im Rahmen der psychoanalytischen Situation. Psyche 29 (503–541).

Green, A. (1977): The borderline concept. In: Hartocollis, P. (ed): Borderline Personality Disorders. New York (International Universities Press).

Greenson, R.R. (1961): Zum Problem der Empathie. Psyche 15 (142–154).

Greenson, R. (1967): Technik und Praxis der Psychoanalyse. Stuttgart (Klett) 1973.

Greenson, R.G. (1968): Die Beendigung der Identifizierung mit der Mutter und ihre besondere Bedeutung für den Jungen. In: Psychoanalytische Erkundungen. Stuttgart (Klett-Cotta).

Grunberger, B. (1971): Vom Narzißmus zum Objekt. Frankfurt/M. (Suhrkamp) 1976.

Grunberger, B. (1982): Narziß und Ödipus und die Entwicklung der psychoanalytischen Theorie. Psyche 36 (515–540).

Grunert, U. (1979): Die negativ-therapeutische Reaktion. Psyche 33 (1–28).

Grunert, J. (Hrsg.) (1981): Leiden am Selbst. Zum Phänomen des Masochismus. München (Kindler).

Gunderson, J.G, Kolb, J. (1978): Discrimiating features of borderline patients. Amer. J. Psychiatry 135 (792–796).

Gunderson, J.G., Zanarini, M.C. (1987): Current Overview of the Borderline Diagnosis. J. Clin. Psychiatry 48 (5–11.

Habermas, J. (1968): Erkenntnis und Interesse. Frankfurt/M. (Suhrkamp) 1973.

Hamer, D.H. et al. (1993): A Linkage Between DNA Markers on the X Chromosome and Male Sexual Orientation. Science 261 (321–327)

Hartmann, H. (1958): Ich-Psychologie und Anpassungsproblem. Stuttgart (Klett) 3. Aufl. 1975.

Hartocollis, P. (1983): Time and Timelessness. The Varieties of Temporal Experience (A Psychoanalytic Inquiry). Madison, Connecticut (International Universities Press).

Heider, F. (1958): Psychologie der interpersonalen Beziehungen. Stuttgart (Klett) 1977.

Heigl, F. (1972): Indikation und Prognose in Psychoanalyse und Psychotherapie. Göttingen (Verlag für Medizinische Psychologie).

Heigl-Evers, A. (1980): Zur Bedeutung des psychotherapeutischen Prinzips der Interaktion. In: Haase, H.J. (Hrsg.): Psychotherapie im Wirkungsbereich des psychiatrischen Krankenhauses. Erlangen (Perimed).

Heigl-Evers, A., Heigl, F. (1983): Das interaktionelle Prinzip in der Einzel- und Gruppentherapie. Zschr. psychosom.Med. 29 (1–14).

Heigl-Evers, A., Heigl, F., Ott, J. (Hrsg.) (1993): Lehrbuch der Psychotherapie. Stuttgart Jena (Gustav Fischer).

Heimann, P. (1950): On Countertransference. Int. J. Psycho-Anal.31 (81–84).

Heimann, P. (1960): Counter-transference. Br. J. Med. Psychol.33 (9–15).

Heimannsberg, B., Schmidt, Ch.J. (Hrsg.) (1988): Das kollektive Schweigen. Nazivergangenheit und gebrochene Identität in der Psychotherapie. Heidelberg (Asanger).

Hemminger, H., Becker, V. (1985): Wenn Therapien schaden. Kritische Analyse einer psychotherapeutischen Fallgeschichte. Reinbek (Rowohlt).

Henry, K.A., Cohen, C.I. (1983): The role of labeling processes in diagnosing Borderline Personality Disorder. Amer. J. Psychiatry 140 (1527–1529).

Herman, J.L. (1981): Father-Daughter Inzest. Cambridge (Harvard University Press).

Herman, J.L., Perry, Ch., van der Kolk, B.A. (1989): Childhood trauma in borderline personality disorder. Amer. J. Psychiatry 146 (490–495).

Hertoft, P. (1976): Klinische Sexologie. Köln (Deutscher Ärzte-Verlag) 1989.

Hirsch, M. (1993): Das Fremde als unassimiliertes Introjekt. In: Streeck, U. (1993): Das Fremde in der Psychoanalyse. Erkundungen des «Andern» in Seele, Körper und Kultur, S.213–224. München (Pfeifer) 1993.

Hoch, P.H., Polatin, P. (1949): Pseudoneurotic forms of schizophrenia. Psychiat. Quart. 23 (248).

Hohl, J. (1983): Neurotischer Konflikt. In: Mertens, W. (Hrsg.): Psychoanalyse. Ein Handbuch in Schlüsselbegriffen. München Wien Baltimore (Urban & Schwarzenberg) 76–82.

Hooker, E. (1957): The adjustment of the male overt homosexual. In: H.M. Ruitenbeck (ed.): The Problem of Homosexuality in Modern America. New York (Dutton) 1963, pp. 141–161.

Horkheimer, M., Adorno, Th.W. (1944): Dialektik der Aufklärung. Frankfurt/M. (Fischer) 1969.

Horney, K. (1926): Flucht aus der Weiblichkeit. Der Männlichkeitskomplex der Frau im Spiegel männlicher und weiblicher Betrachtung. In: Die Psychologie der Frau. Frankfurt/M. (Fischer-Taschenbuch) 1984, S. 26–42.

Horowitz, M.J. (1976): Stress Response Syndromes. New York (Jason Aronson).

Hurvich, M. (1972): Zum Begriff der Realitätsprüfung. Psyche 26 (853–880).

Irigaray, L. (1974): Speculum – Spiegel des anderen Geschlechts. Frankfurt/M. (Suhrkamp) 1980.

Isakower, O. (1936): Beitrag zur Pathopsychologie der Einschlafphänomene. Int. Zschr. Psychoanal. 22, S. 466 ff.

Isay, R. (1989): Schwul sein. Die psychologische Entwicklung des Homosexuellen. München (Piper) 1990.

Jacobi, J.(1971): Die Psychologie von C.G. Jung. Eine Einführung in das Gesamtwerk. Olten und Freiburg i. Br. (Walter).

Jordan, J.V., Surrey, J.L. (1986): The self-in-relation: Empathy and the mother-daughter relationship. In: Bernay,T., Cantor, D.W. (eds.): The Psychology of Today's Woman. New Psychoanalytic Visions. Hillsdale, NJ (The Analytic Press) 1986, S. 81–101.

Jung, C.G. (1921): Psychologische Typen. GW Bd. VI. Olten Freiburg i. Br. (Walter).

Jung, C.G. (1928): Über psychische Energetik und das Wesen der Träume. Olten Freiburg i. Br. (Walter) 1971.

Jung, E. (1934): Animus und Anima. Zürich (Rascher) 1967

Kächele, H. (1984): Mißerfolg in der Psychotherapie aus psychoanalytischer Sicht. Verhaltensmodifikation 5 (235–249).

Kächele, H. (1985): Was ist psychodynamische Kurztherapie? Prax. Psychother. Psychosom. 30 (119–127).

Kanzer, M. (1955): The communicative function of the dream. Int. J. Psycho-Anal. 36 (260–266).

Kemper, W.W. (1977): Der Traum und seine Be-Deutung.München (Kindler).

Kernberg, O.F. (1975): Borderlinestörungen und pathologischer Narzißmus. Frankfurt/M. (Suhrkamp) 1978.

Kernberg, O.F. (1976): Objektbeziehungen und Praxis der Psychoanalyse. Stuttgart (Klett-Cotta) 1981.

Kernberg, O.F. (1984): Schwere Persönlichkeitsstörungen. Theorie, Diagnose, Behandlungsstrategien. Stuttgart (Klett-Cotta) 1988.

Kernberg, O.F. (1985): Ein konzeptuelles Modell zur männlichen Perversion. Forum Psychoanal. 1 (167–188).

Kernberg, O.F. et al. (1989): Psychodynamic Psychotherapy of Borderline Patients. New York (Basic Books).

Khan, M.M.R. (1962): Die Psychologie der Traumvorgänge und die Entwicklung der psychoanalytischen Situation. In: Khan, M.M.R.: Selbsterfahrung und Therapie. München (Kindler)1977.

Khan, M.M. (1979): Entfremdung bei Perversionen. Frankfurt/M. (Suhrkamp) 1983.

Kinsey, A., Pomeroy, W., Martin (1948): Sexual Behavior in the Human Male. Dt.: Das sexuelle Verhalten des Mannes. Philadelphia: Saunders. Frankfurt (Fischer) 1954.

Kinsey, A., Pomeroy, W., Martin, C. et al. (1953): Sexual Behavior in the Human Female. Dt.: Das sexuelle Verhalten der Frau. Philadelphia: Saunders. Frankfurt/M. (Fischer) 1970.

Klein, D.F. (1977): Psychopharmacological treatment and delineation of borderline disorders. In: P. Hartocollis (ed.): Borderline Personality Disorders: The Concept, the Syndrome, the Patient, pp. 365–383. New York (International Universities Press).

Klein, G.S. (1976): Psychoanalytic Theory: An Exploration of Essentials. New York (International Universities Press).

Klein, M. (1927): Frühstadien des Ödipuskonfliktes. In: Frühstadien des Ödipuskomplexes. Frühe Schriften 1928–1945. Frankfurt/M. (Fischer) 1985, S. 7–21.

Klein, M. (1945): Der Ödipuskomplex unter dem Aspekt früher Angstsituationen. In: Frühstadien des Ödipuskomplexes. Frankfurt/M. (Fischer) 1985, 107–166.

Klein, M. (1960): Über das Seelenleben des Kleinkindes. In: Das Seelenleben des Kleinkindes und andere Beiträge zur Psychoanalyse. Reinbek (Rowohlt) 1972, S.144–173.

König, K. (1994): Indikation. Entscheidungen vor und während einer psychoanalytischen Therapie. Götingen (Vandenhoeck u. Ruprecht)

Kohlberg, L. (1966): A cognitive developmental analysis of children's sex role concepts and attitudes. In: E.E. Maccoby (ed.): The Development of Sex Differences. Stanford (Stanford University Press).

Kohlberg, L. (1969): Stages and sequence: The cognitive-developmental approach to socialization. In: D.A. Goslin (ed.): Handbook of Socialization Theory and Research. Chicago (Rand McNally).

Kohut, H. (1959): Introspektion, Empathie und Psychoanalyse. Zur Beziehung zwischen Beobachtungsmethode und Theorie. In: Introspektion, Empathie und Psychoanalyse. Aufsätze zur psychoanalytischen Theorie, zu Pädagogik und Forschung und zur Psychologie der Kunst. Frankfurt/M. (Suhrkamp) 1977.

Kohut, H. (1971): Narzißmus. Eine Theorie der psychoanalytischen Behandlung narzißtischer Persönlichkeitsstörungen. Frankfurt/M. (Suhrkamp) 1973.

Kohut, H. (1977): Die Heilung des Selbst. Frankfurt/M. (Suhrkamp) 1979.

Koukkou, M., Leuzinger-Bohleber, M. (1992): Psychoanalysis and Neuropsychophysiology: A Look at Case Material from Two Theoretical Perspectives. An Interdisciplinary Understanding of Some Basic Psychoanalytic Concepts. In: M. Leuzinger-Bohleber, H. Schneider, and R. Pfeifer (eds.): «Two Butterflies on My Head...». Psychoanalysis in the Interdisciplinary Scientifique Dialogue. Berlin Heidelberg New York (Springer) 1992

Krause, R. (1984): Über die primäre Identifikation und ihre Abwehr. In: Schweizerische Gesellschaft für Psychoanalyse (Hrsg.): Psychoanalyse. Neuchatel (La Baconniere) 1984, S.95–122.

Krause, R. (1990): Emotionsstörungen. In: Scherer, K.U. (Hrsg.): Psychologie der Emotion. Bd. C/IV/3, Enzyklopädie der Psychologie. Göttingen (Hogrefe) 1990.

Kroll, J. (1988): The Challenge of the Borderline Patient. Competency in Diagnosis and Treatment. New York – London (W.W. Norton & Co.).

Krüll, M. (1979): Freud und sein Vater. Die Entstehung der Psychoanalyse und Freuds ungelöste Vaterbindung. München (Beck).

Kuhn, T.S. (1962): Die Struktur wissenschaftlicher Revolutionen. Frankfurt/M. (Suhrkamp) 2. rev. Aufl. 1976.

Landrine, H. (1989): The politics of personality disorder. Psychology of Women Quarterly 13 (325–339) 1989.

Lang, H. (1973): Die Sprache und das Unbewußte. Jaques Lacans Grundlegung der Psychoanalyse. Frankfurt/M. (Suhrkamp) 1986.

Laplanche, J., Pontalis, J.-B. (1967): Das Vokabular der Psychoanalyse. Bd. 2. Frankfurt/M. (Suhrkamp) 2. Aufl. 1975

Lasky, R. (1984): Dynamics and problems in the treatment of the oedipal winner. Psycho-Anal. Rev. 71 (351–374).

Lautmann, R. (Hrsg.) (1993): Homosexualität. Handbuch der Theorie- und Forschungsgeschichte. Frankfurt New York (Campus) 1993.

Lebovici, S. (1982): The origins and development of the Oedipuscomplex. Int. J. Psycho-Anal. 63 (201–215).

Lichtenberg, J.D. (1983): Psychoanalysis and Infant Research. Deutsch: Psychoanalyse und Säuglingsforschung. Springer 1991. Hillsdale, NJ (The Analytic Press).

Lichtenberg, J.D. (1987): Die Bedeutung der Säuglingsbeobachtung für die klinische Arbeit mit Erwachsenen. Zschr. f. pschychoanal. Theorie und Praxis 2 (123–147).

Lichtenberg, J.D. (1987): Some analogies between findings in infant research and clinical observatins of adults, particularly patients with borderline and narcissistic personality disorders In: J.S. Grotstein, M.F. Solomon, J.A. Lang (eds.): The Borderline Patient. Emerging Concepts in Diagnosis, Psychodynamics, and Treatment. Hillsdale, NJ (The Analytic Press) 1987.

Loewald, H.W. (1976): Perspektiven der Erinnerung. In: Psychoanalyse. Aufsätze aus den Jahren 1951–1979. Stuttgart (Klett-Cotta) 1980, S. 130–157.

Loewald, H.W. (1980): Das Dahinschwinden des Ödipuskomplexes. In: Psychoanalyse. Aufsätze aus den Jahren 1951–1979. Stuttgart (Klett-Cotta) 1986, 377–400.

Lorenzer, A. (1970): Sprachzerstörung und Rekonstruktion. Frankfurt/M. (Suhrkamp) 3. Aufl. 1985.

Lorenzer, A. (1974): Die Wahrheit der psychoanalytischen Erkenntnis. Ein historisch-materialistischer Entwurf. Frankfurt/M. (Suhrkamp).

Lüders, W. (1982): Traum und Selbst. Psyche 36 (813–829).

Lüders, W. (1986): Narzißmus und Aggression. Psyche 40 (412–422).

Mahler, M. (1968): Symbiose und Individuation. Bd. 1: Psychosen im frühen Kindesalter. Stuttgart (Klett) 1972.

Mahler, M.S., Pine, F., Bergman, A. (1975): Die psychische Geburt des Menschen. Symbiose und Individuation. Frankfurt/M. (Fischer) 1978.

Mann, J. (1973): Psychotherapie in 12 Stunden. Zeitbegrenzung als therapeutisches Instrument. Olten und Freiburg i. Br.(Walter) 1978.

Mann, J. (1984): The management of countertransference in time-limited psychotherapy: The role of the central issue. Int. J. Psychoanal. Psychother. 10 (205–214).

Masterson, J.F. (1976): Psychotherapie bei Borderline-Patienten. Stuttgart (Klett-Cotta) 1980.

Maturana, H.R., Varela, F.J. (1984): Der Baum der Erkenntnis. Die biologischen Wurzeln des menschlichen Erkennens. Bern München Wien (Scherz) 2. Aufl. 1987.

McDougall, J. (1978): Plädoyer für eine gewisse Anomalität. Frankfurt/M. (Suhrkamp) 1985.

McDougall, J. (1980): Die Inszenierung des nicht Darstellbaren: «Ein Kind wird gegessen». In: Theater der Seele. München Wien (Internationale Psychoanalyse) 1988.

Meerloo, A.M. (1984): Father-time. An analysis of subjective conceptions of time. Psychiat. Quart. 22 (587–608).

Melito, R. (1983): Cognitive aspects of splitting and libidinal object constancy. J. Amer. Psycho-Anal. Assoc. 31 (515–534).

Mentzos, S. (1971): Die Veränderung der Selbstrepräsentanz in der Hysterie: Eine spezifische Form der regressiven De-Symbolisierung. Psyche 25 (669–684).

Mertens, W. (1991): Einführung in die psychoanalytische Therapie. 3 Bde. Stuttgart Berlin Köln (Kohlhammer).

Merton, R.K. (1949): Social Theory and Social Structure. London (Free Press of Glencoe) 9. Aufl. 1964.

Meyer zur Capellen, R. (1980): Empathiestörung, Perversion und Übergangsphänomene bei Borderline-Patienten. Psyche 34(246–164).

Miller, A. (1980): Am Anfang war Erziehung. Frankfurt/M. (Suhrkamp).

Mitscherlich, M. (1985): Die friedfertige Frau. Frankfurt/M. (Fischer).

Money, J. (1986): Lovemaps. Clinical concepts of Sexual/Erotic Health and Pathology, Paraphilia, and Gender Transposition in Childhood, Adolescence, and Maturity. New York (Irvington Publishers).

Money, J. (1988): Homosexuell, bisesuell, heterosexuell. Zum psychoendokrinologischen Forschungsstand. Sexualforschung 1(2) 123–131.

Morgenthaler, F. (1974): Die Stellung der Perversionen in Metapsychologie und Technik. Psyche 28 (1077–1098).

Morgenthaler, F. (1984): Homosexualität, Heterosexualität, Perversion. Frankfurt/M. (Fischer) 1987.

Moser, T. (1986): Der Psychoanalytiker als sprechende Attrappe. Eine Streitschrift. Frankfurt/M. (edition Suhrkamp)

Nerenz, K. (1977): Äußere Realität und psychoanalytische Situation. Zschr. f. psychosom. Med. und Psychoanal. 23(152–169).

Niederland, W.G. (1965): The role of the ego in the recovery of early memories. Psychoanalytic Quarterly 34 (564–571).

Nigg, J.T., Silk, K.R. et al. (1991): Object representations in the early memories of sexually abused borderlie patients. Am. J. Psychiatry 148 (864–869).

Oerter, R., Montada, L. (1987): Entwicklungspsychologie. Ein Lehrbuch. 2., völlig neubearb. u. erw. Aufl. München Weinheim (Psychologie Verlags-Union).

Ogata, S.N., Silk, K.R. et al. (1989): Childhood Abuse and Clinical Symptoms in Borderline Patients. (Unpublished manuscript), zit. nach D. Westen et al. (1990).

Olivier, Ch. (1980): Jokastes Kinder. Die Psyche der Frau im Schatten der Mutter. Düsseldorf (Claassen) 1984.

Panken, S. (1973): The Joy of Suffering. New York (Jason Aronson).

Parsons, T. (1951): The Social System. Glencoe (Free Press) III, 3. Aufl. 1959.

Pflanz, M. (1968): Münchhausen-Syndrom. In: Psychologie der abnormen Persönlichkeiten. Darmstadt (Wissenschaftliche Buchgesellschaft).

Piaget, J., Inhelder, B. (1966): Die Psychologie des Kindes. Frankfurt/M. (Fischer) 1977.

Plaßmann, R. (1989): Artifizielle Krankheiten und Münchhausen-Syndrome. In: M. Hirsch (Hrsg.): Der eigene Körper als Objekt. Zur Psychodynamik selbstdestruktiven Körperreagierens, S. 118–154. Berlin Heidelberg New York (Springer) 1989.

Prodgers, A. (1984): Psychopathology of the physically abusing parent: a comparison with the borderline syndrome. Child Abuse & Neglect 8 (411–424).

Pulver, S.E. (1987): The manifest dream in psychoanalysis: a clarification. J. Amer. Psycho-Anal. Assoc. 35 (99–118).

Pulver, S.E., Escoll, Ph.J., Fischer, N. (eds.) (1987): How theory shapes technique: perspectives on a clinical study. Psychoanalytic Inquiry, Vol. 7, Nr. 2.

Rado, S. (1940): A critical examination of the theory of bisexuality. Psychosom. Med. 2 (459–67).

Rado, S. (1949): An adaptional view of sexual behavior.In: P. Hoch, J. Zubin (eds.): Psychosexual Development in Health and Deseas. New York (Grune & Stratton).

Rauchfleisch, U. (1981): Dissozial. Entwicklung, Struktur und Psychodynamik dissozialer Persönlichkeiten. Göttingen (Vandenhoeck & Ruprecht)

Rauchfleisch, U. (1993): Homosexualität und psychoanalytische Ausbildung. Forum Psychoanal 9 (339–347)

Reich, W. (1933): Charakter-Analyse. Köln Berlin (Kiepenheuer u. Witsch) 1970.

Reik, Th. (1940): (1940/41) Aus Leiden Freuden. Hamburg (Hoffmann u. Campe) 1977.

Richards, D. (1987): Recent challenges to traditional assumptions about homosexuality: some implications for practice. J. Homosexuality 13 (1–12) 1987.

Richter, H.E. (1963): Eltern, Kind und Neurose. Psychoanalyse der kindlichen Rolle. Stuttgart (Klett).

Rohde-Dachser, Ch. (1979): Das Borderline-Syndrom. Bern Stuttgart Wien (Huber) 4. erg. Aufl. 1989

Rohde-Dachser, Ch. (1980): Loslösungs- und Individuationsprozesse in der psychoanalytisch orientierten Psychodrama-Psychotherapie. In: G.A. Leutz, K. Oberborbeck (Hrsg.): Psychodrama. Themenheft der Zeitschrift Gruppenpsychotherapie und Gruppendynamik. Göttingen (Verlag für Medizinische Psychologie) 1980, S. 271–306.

Rohde-Dachser, Ch. (1982): Diagnostische und behandlungstechnische Probleme im Bereich der sogenannten Ich-Störungen. Psychother. med. Psychol. 32 (14–18).

Rohde-Dachser, Ch. (1983): Ichstrukturelles Defizit. In: W. Mertens (Hrsg.): Psychoanalyse – Ein Handbuch in Schlüsselbegriffen. München-Wien-Baltimore (Urban & Schwarzenberg) 1983, S. 83–90.

Rohde-Dachser, Ch. (1983): Träume in der Behandlung von Patienten mit schweren Ichstörungen. In: M. Ermann (Hrsg.): Der Traum in Psychoanalyse und analytischer Psychotherapie. Berlin Heidelberg New York (Springer) 1983, S. 107–119.

Rohde-Dachser, Ch. (1984): Regression als Strukturverlust, Abwehrmanöver und kreative Anpassungsleistung – Zur Differentialdiagnose regressiver Prozesse bei Neurosen und Borderlinestörungen. In: K. Heinrich (Hrsg.): Psychopathologie der Regression. Stuttgart New York (Schattauer) 1984, S. 71–76.

Rohde-Dachser, Ch. (1986): Borderlinestörungen. In: K.P. Kisker, H. Lauter et al. (Hrsg.): Psychiatrie der Gegenwart, Bd. 1: Neurosen – Psychomatische Erkrankungen – Psychotherapie. Berlin Heidelberg New York Tokyo (Springer) 3. Aufl. 1986, S. 125–150.

Rohde-Dachser, Ch. (1986): Ringen um Empathie. Ein Interpretationsversuch masochistischer Inszenierungen. Forum Psychoanal 2 (44–58).

Rohde-Dachser, Ch. (1987): Die ödipale Konstellation bei narzißtischen und bei Borderlinestörungen. Psyche 41(773–799).

Rohde-Dachser, Ch. (1988): Widerstand, Fehlindikation, Beziehungsfalle. Erklärungsmodelle für das Scheitern psychoanalytischer Psychotherapie. In: D. Kleiber, A. Kuhr (Hrsg.): Handlungsfehler und Mißerfolge in der Psychotherapie. Tübinger Reihe 8. Tübingen (Dtsch. Gesellschaft für Verhaltensther.) 1988, S. 61–72.

Rohde-Dachser, Ch., Baum-Dill, B., Brech, E. et al. (1993): «Mutter» und «Vater» in psychoanalytischen Fallvignetten. Über einige latente Regeln im Diskurs der Psychoanalyse. Psyche 47 (613–646) 1993.

Rosenthal, D. (1970): Genetic Theory and Abnormal Behavior. New York (McGraw Hill Book Company).

Rothstein, A. (1979): Oedipal conflicts in narcissistic personality disorders. Int. J. Psycho-Anal. 60 (189–199).

Rotmann, M. (1978): Über die Bedeutung des Vaters in der «Wiederannäherungsphase». Psyche 32 (1105–1147).

Rudolf, G., Stratmann, H. (1989): Psychogene Störungen bei Männern und Frauen. Zschr. psychosom. Med. 35 (201–219).

Sachsse, U. (1989): «Blut tut gut». Genese, Psychodynamik und Psychotherapie offener Selbstbeschädigungen der Haut. In: M. Hirsch (Hrsg.): Der eigene Körper als Objekt. Zur Psychodynamik selbstdestruktiven Körperreagierens, S. 94–117. Berlin Heidelberg New York (Springer) 1989.

Sacks, M.H. (1985): «The Oedipuscomplex: A reevaluation». Panel der American Psychoanalytic Association unter der Moderation von A. Modell 1983. J. Amer. Psycho-Anal. Assoc. 33 (201–216).

Saghir, M.T., Robins, E. (1973): Male and Female Homosexuality: A Comprehensive Investigation. Baltimore (Williams & Wilkins).

Sandler, J. (1960): Sicherheitsgefühl und Wahrnehmungsvorgang. Psyche 15 (124–131) 1961

Sandler, J., Dare, Chr., Holder, A. (1973): Die Grundbegriffe der psychoanalytischen Psychotherapie. Stuttgart (Klett)1973.

Sandler, J. (1976): Gegenübertragung und Bereitschaft zur Rollenübernahme. Psyche 30 (297–305).

Sandler, J. (1976): Träume, unbewußte Phantasien und «Wahrnehmungsidentität» Psyche 30 (769–785).

Sandler, J. (1983): Die Beziehungen zwischen psychoanalytischen Konzepten und psychoanalytischer Praxis. Psyche 37 (577–595) 1983.

Sandler, J., Sandler, A.-M. (1983): The «second censorship», the «three box model» and some technical implications. Int. J. Psycho-Anal. 64 (413–425).

Sandler, J., Sandler, A.-M. (1984): Vergangenheits-Unbewußtes, Gegenwarts-Unbewußtes und die Deutung der Übertragung. Psyche 39 (800–829) 1985.

Sandner, D. (1988): Die Erfassung der unbewußen Beziehungsphantasie mit Hilfe der psychoanalytisch-empirischen Hermeneutik. Unveröffentlichtes Manuskript.

Schafer, R. (1970): Die psychoanalytische Anschauung der Realität. Psyche 26 (881–898) 1972.

Schafer, R. (1974): Problems in Freud's psychology of women. In: H.P. Blum (ed.): Female Psychology. Contemporary Psychoanalytic Views. New York (International Universities Press) 1977, S. 331–360

Schafer, R. (1976): Eine neue Sprache für die Psychoanalyse. Stuttgart (Klett-Cotta) 1982.

Schenk, H. (1984): Die Unkündbarkeit der Verheißung. Frankfurt/M. (Fischer) 1987.

Schepank, H. (1987): Psychogene Erkrankungen der Stadtbevölkerung. Eine epidemiologisch-tiefenpsychologische Feldstudie in Mannheim. Berlin Heidelberg New York (Springer).

Schlesier, R. (1981): Konstruktionen der Weiblichkeit bei Sigmund Freud. Zum Problem von Entmythologisierung und Remythologisierung in der psychoanalytischen Theorie. Frankfurt/M. (Europäische Verlagsanstalt)

Schuyf, J. (1993): Gegenwärtige Lesbenforschung in Deutschland. In: R. Lautmann (Hrsg.): Homosexualität. Handbuch der Theorie- und Forschungsgeschichte. Frankfurt New York (Campus) 1993

Searles, F.S. (1955): Abhängigkeitsprozeß bei der Psychotherapie von Schizophrenie. In: Searles, H.F.(1965): Der psychoanalytische Beitrag zur Schizophrenieforschung. München (Kindler) 1974.

Searles, H.F. (1958): Positive Gefühle zwischen dem Schizophrenen und seiner Mutter. Psyche 14 (165–203) 1960.

Searles, F.S. (1962): Die Differenzierung zwischen konkretistischem und metaphorischem Denken bei gesunden Schizophrenen. In: Searles, H.F. (1965): Der psychoanalytische Beitrag zur Schizophrenieforschung. München (Kindler) 1974.

Shengold, L. (1989): Soul Murder. The Effects of Childhood Abuse and Deprivation. New Haven London (Yale University Press)

Siegel, E. (1988): Female Homoxosexuality: Choice Without Volition. New York (Brunner/Mazel).

Simon, F.B. (1984): Der Prozeß der Individuation. Über den Zusammenhang von Vernunft und Gefühlen. Göttingen (Vandenhoeck & Ruprecht).

Simon, S. (1992): «Incest – see under oedipus complex»: the history of an error in psychoanalysis. J. Amer. Psychoanalytic Assoc. 40 (955–988)

Socarides, C. (1968): The Overt Homosexual. New York (Grune & Stratton).

Socarides, C.W. (1978): Homosexuality. New York (Jason Aronson).

Spence, D.P. (1982): Narrative Truth and Historical Truth. Meaning and Interpretation in Psychoanalysis. New York (Norton).

Sperling, E. (1979): Der Weg in die Familientherapie. In: Heigl-Evers, A. u. Streeck, U. (Hrsg.): Die Psychologie des 20. Jahrhunderts. Band VIII. Zürich (Kindler).

Spiegel, D., Hunt, T., Dondershine, H.E (1988): Dissociation and hypnotizability in posttraumatic stress disorder. Am. J. Psychiatry 145 (301–305).

Spitz, R.A. (1957): Nein und Ja. Die Ursprünge menschlicher Kommunikation. Stuttgart (Klett) 2. Aufl. 1970.

Spitz, R.A. (1963): Das Leben und der Dialog. Psyche 26 (249–264) 1972.

Spitz, R.A. (1964): Der Dialog entgleist. Psyche 26 (135–156) 1974.

Spitz, R.A. (1965): Die Evolution des Dialogs. Psyche 27 (697–717) 1973.

Stern, D.N. (1985): Die Lebenserfahrung des Säuglings. Stuttgart (Klett-Cotta) 1992.

Stern, D.N. (1990): Tagebuch eines Babys. Was ein Kind sieht, spürt, fühlt und denkt. München Zürich (Piper) 1990

Stierlin, H. (1971): Die Funktion der inneren Objekte. Psyche 25 (81–97).

Stierlin, H. (1978): Delegation und Familie. Frankfurt/M. (Suhrkamp).

Stine, R. (1989): Gender difference in DSM-III-R diagnosis of borderline personality disorder. Unpublished thesis, zit. nach D. Gibson (1991): Borderline personality disorder. Issues of etiology and gender. Occupational therapy in mental Health 10 (63–77).

Stoller, R.J. (1968): Sex and Gender. On the Development of Masculinity and Feminity. New York (Science House)

Stoller, R.J. (1975): Perversion. Die erotische Form von Haß. Reinbek (Rowohlt) 1979.

Stolorow, R.D. (1975): Die narzißtische Funktion des Masochismus. München (Kindler) 1981

Stolze, H. (1976): Ödipale Situation, ödipaler Konflikt, Ödipuskomplex. In: Die Psychologie des 20. Jahrhunderts, Bd. II: Freud und die Folgen (1), hrsg. von D. Eicke. Zürich (Kindler) 1976, 616–622.

Stone, M.H. (1980): The Borderline Syndromes. Constitution, Personality, and Adaptation. New York (McGraw-Hill Book Company).

Stone, M.H. (1981): Vulnerability to Schizophrenic and Affective Disorders: Implications for Psychoanalytic Therapy of Borderline Patients. In: S. Klebanow, S. Arieti (eds.): Changing Concepts in Psychoanalysis. New York (Gardner Press).

Stone, M.H. (1990): Incest in the borderline patient. In: Kluft, R.P. (ed.): Incest Related Syndromes of Adult Psychopathology, pp. 183–204. Washington (American Psychiatric Press)

Stork, J. (1983): Frühe Triangulation. In: Mertens, W. (Hrsg.): Ein Handbuch in Schlüsselbegriffen. München Wien Baltimore (Urban u. Schwarzenberg) 1983, S. 69–76.

Tajfel, H. (1981): Gruppenkonflikt und Vorurteil. Entstehung und Funktion sozialer Stereotypen. Bern Stuttgart Wien (Huber) 1982.

Tatz, M., Kent, J. (1977): Karma – Durch Wiedergeburt zur Befreiung. Das tibetanische Orakelspiel. Düsseldorf Köln (Diederichs) 1978.

Thomä, H., Thomä, B. (1968): Die Rolle der Angehörigen in der psychoanalytischen Technik. Psyche 22 (205–236).

Thomäe, H., Kächele, H. (1985): Lehrbuch der psychoanalytischen Psychotherapie. Bd. 1: Grundlagen. Berlin Heidelberg New York Tokyo (Springer).

Tyson, R.L. (1986): Countertransference evolution in theory and practice. J. Amer. Psychoanal. Assoc. 34 (251–274).

Wallerstein, R.S. (1988): Eine Psychoanalyse oder viele? Zschr. f. psychoanal. Theorie und Praxis 4 (126–153) 1989.

Watzlawick, P., Beavin, J.H., Jackson, D.D. (1967): Menschliche Kommunikation. Formen, Störungen, Paradoxien. Bern Stuttgart Wien (Huber) 1969.

Watzlawick, P., Weakland, J.H. (1974): Lösungen. Zur Theorie und Praxis menschlichen Wandels. Bern Stuttgart Wien (Huber) 1974.

Watzlawick, P. (1987): Wenn die Lösung das Problem ist. Fernseh-Vortrag im Südwestfunk Baden-Baden.

Weiss, J. (1982): Psychotherapy research: Theory and findings – Theoretical introduction. Psychotherapy Research Group, Department of Psychiatry. Mount Zion Hospital & Medical Center, Bulletin Nr. 5.

Weiss, J., Sampson, H. et al. (1977): Research on the psychoanalytic process I: A comparison of two theories about analytic neutrality. Psychotherapy Research Group, Department of Psychiatry. Mount Zion Hospital & Medical Center, Bulletin Nr. 3.

Weiss, J., Sampson, H. et al. (1980): Further research on the psychoanalytic process. Psychotherapy Research Group, Department of Psychiatry. Mount Zion Hospital & Medical Center, Bulletin Nr. 4.

Wender, P.H., Rosenthal, D., Kety, S.S. (1968): A psychiatric assessment of the adoptive parents of schizophrenics. In: D. Rosenthal, S.S. Kety (eds.): The Transmission of Schizophrenia, pp. 235–250. New York (Pergamon).

Werthmann, V. (1975): Die zwei Dimensionen der psychoanalytischen Interpretation und der «unbewußte Begriff». Psyche 29 (118–130).

Westen, D., Ludolph, P. et al. (1990): Physical and sexual abuse in adolescent girls with borderline personality disorder. Amer. J. Orthopsychiat. 60 (55–66).

Willi, J. (1975): Die Zweierbeziehung. Reinbek (Rowohlt).

Winnicott, D.W. (1958): Die Fähigkeit zum Alleinsein. In: Reifungsprozesse und fördernde Umwelt. München (Kindler) 1974, S. 36–46.

Winnicott, D.W. (1965): Die Frage des Mitteilens und des Nicht-Mitteilens führt zu einer Untersuchung gewisser Gegensätze. In: Reifungsprozesse und fördernde Umwelt. München (Kindler) 1974.

Winnicott, D.W. (1967): Die Spiegelfunktion von Mutter und Familie in der kindlichen Entwicklung. In: Vom Spiel zur Kreativität, S. 128–135. Stuttgart (Klett-Cotta) 3. Aufl. 1985, S. 128–135.

Wolberg, A.R. (1973): The Borderline Patient. New York (Intern. Medical Book Corporation).

World Health Organization (1991): Internationale Klassifikation psychischer Störungen (ICD-10), hrsg. von H. Dilling, W. Mombour, M.H. Schmidt. Bern Göttingen Toronto (Huber)

Wright, K. (1991): Vision and Separation Between Mother and Baby. Northvale NJ (Jason Aronson).

Zanarini, M.C., Gunderson, J.G. et al. (1989): Childhood experiences of borderline patients. Comprehensive Psychiatry 30 (18–25).

Zanarini, M.C., Gunderson, J.G. et al. (1989): The revised diagnostic interview for borderlines: Discriminating BPD from other axis II disorders. Journal of Personality Disorders 3 (10–18)

Erstveröffentlichungen

«Skizzen einer zweisamen Einsamkeit – Das Verfehlen des Anderen und die Möglichkeiten der Reparation»: Stark überarbeitete Fassung des Aufsatzes «Frühkindliche Traumatisierungen durch Ausfall des empathischen Objekts». In: R. Naske: Aufbau und Störungen frühkindlicher Beziehungen zu Mutter und Vater. Verlag Brüder Hollinek, Wien 1980, S. 31–48.

«Ringen um Empathie – Ein Interpretationsversuch masochistischer Inszenierungen». Überarbeitung des gleichnamigen Aufsatzes in: Forum Psychoanalyse 2, 1986, S. 44–58.

«Zum Problem der Näheangst – theoretische und klinische Aspekte». Überarbeitete Fassung des Aufsatzes «Zum Problem der Näheangst». In: U. Rüger (Hrsg.): Neurotische und reale Angst. Der Beitrag der Psychoanalyse zur Erkennung und Bewältigung von Angst in der klinischen Versorgung und im psychosozialen Feld. Verlag für Medizinische Psychologie, Göttingen 1984, S. 36–46.

«Die ödipale Dreieckskonstellationen bei narzißtischen und bei Borderline-Störungen». Überarbeitung des Aufsatzes «Ausformungen der ödipalen Dreieckskonstellation bei narzißtischen und bei Borderlinestörungen». In: Psyche 41, 1987, S. 773–799.

«Unbewußte Phantasie und Mythenbildung in psychoanalytischen Theorien über die Differenz der Geschlechter». Überarbeitete Fassung des gleichnamigen Aufsatzes in: Psyche 43, 1989, S. 193–218.

«Männliche und weibliche Homosexualität». Deutsche Fassung des Aufsatzes «Male and female homosexuality». In: Internationales Forum für Psychoanalyse I: 1992, S. 67–73.

«Die psychoanalytische Behandlungstechnik in der Entwicklung». Stark veränderte Fassung des gleichnamigen Aufsatzes in: Wolfgang Tress (Hrsg.): Psychosomatische Medizin und Psychotherapie in Deutschland. Verlag für Medizinische Psychologie, Göttingen 1992, S. 148–164.

«Der Umgang mit Träumen in der Behandlung ichgestörter Patienten». Überarbeitete Fassung des gleichnamigen Aufsatzes in: M. Ermann (Hrsg.): Der Traum in Psychoanalyse und analytischer Psychotherapie. Springer, Berlin Heidelberg 1983, S. 107–119.

«Widerstand, Fehlindikation, Beziehungsfalle – Erklärungsmodelle für das Scheitern psychoanalytischer Psychotherapie». Überarbeitete Fassung des gleichnamigen Aufsatzes in: D. Kleiber u. A. Kuhr (Hrsg.): Handlungsfehler und Mißerfolge in der Psychotherapie – Beiträge zur psychosozialen Praxis. Tübingen: Deutsche Gesellschaft für Verhaltenstherapie, 1988, S. 61–73.

«Dyade als Illusion? Über die Struktur der Zweierbeziehung am Beispiel von Partnerschaft und Psychoanalyse». Leicht überarbeitete Fassung des Aufsatzes «Dyade als Illusion? Überlegungen zu einigen Strukturbedingungen der Zweierbeziehung am Beispiel von Partnerschaft und Psychoanalyse» in: Zeitschrift für psychosomatische Medizin 27, 1981, S. 318–337.

«Zeitbegriff und Zeitbegrenzung in der Psychotherapie». Überarbeitete Fassung des gleichnamigen Aufsatzes in: Praxis der Psychotherapie und Psychosomatik 32, 1987, S. 227–286.